AF545771

»Ich sehe Hemingway ab und zu... Er ist ein komischer Kauz, sehr liebenswert, voller Verve und ein glänzender Geschichtenerzähler. (Bei einem Schriftsteller ist das Phantasie, bei allen anderen Lüge. Das nennt man Genie.) Also sitze ich da und habe gerade das Ms. zu seinem neuen Buch gelesen und gebe dazu furchtbar kluge Dinge von mir; anderer Leute Bücher zu beurteilen, ist ein Kinderspiel, das eigene eine Qual.«
Martha Gellhorns Karriere als Kriegsreporterin führte sie an die vorderste Front praktisch jedes bedeutenden internationalen Konflikts, vom Spanischen Bürgerkrieg bis zum Ende des Kalten Kriegs. Sie war in jeder Hinsicht eine leidenschaftliche Frau, so lebte und so schrieb sie. Die liebevollen Briefe an ihre Freunde geben Zeugnis vom intensiven Leben der Schriftstellerin, die stets das harte Leben suchte und doch fast daran zerbrach.

Martha Gellhorn, 1908 in St. Louis/Missouri geboren, war Autorin, Essayistin, Reise- und Kriegsreporterin. Sie studierte in Bryn Mawr, ging 1930 nach Paris. 1937 folgte sie Ernest Hemingway in den Spanischen Bürgerkrieg. Bis zum Ende des Kalten Krieges war sie bei jedem wichtigen internationalen Konflikt dabei, um als Reporterin darüber zu berichten. Martha Gellhorn starb 1998 im Alter von 90 Jahren in London.

Miriam Mandelkow, 1963 in Amsterdam geboren, studierte Anglistik und Amerikanistik in Hamburg und den USA. Zuletzt erschienen in ihrer Übersetzung Werke von James Baldwin, Samuel Selvon, David Vann und Eimear McBride.

Weitere Informationen finden Sie auf www.fischerverlage.de

MARTHA GELLHORN

AUSGEWÄHLTE BRIEFE

Herausgegeben von
Caroline Moorehead

Aus dem Englischen von
Miriam Mandelkow

Mit einem Nachwort von
Sigrid Löffler

FISCHER Taschenbuch

Aus Verantwortung für die Umwelt hat sich der S. Fischer Verlag zu einer nachhaltigen Buchproduktion verpflichtet. Der bewusste Umgang mit unseren Ressourcen, der Schutz unseres Klimas und der Natur gehören zu unseren obersten Unternehmenszielen.

Gemeinsam mit unseren Partnern und Lieferanten setzen wir uns für eine klimaneutrale Buchproduktion ein, die den Erwerb von Klimazertifikaten zur Kompensation des CO_2-Ausstoßes einschließt.

Weitere Informationen finden Sie unter: www.klimaneutralerverlag.de

Erschienen bei FISCHER Taschenbuch
Frankfurt am Main, September 2020

Die Originalausgabe erschien 2006 unter dem Titel
›Selected Letters of Martha Gellhorn‹
bei Chatto & Windus, London

Druck und Bindung: GGP Media GmbH, Pößneck
Printed in Germany
ISBN 978-3-596-90030-5

Martha Gellhorn

Die Anfänge 1908–1936

Martha Gellhorn wurde am 8. November 1908 in St. Louis, Missouri, geboren. Ihr Vater, Dr. George Gellhorn, Sohn eines Kaufmanns aus Breslau, war ein bedeutender Frauenarzt und Geburtshelfer, Spezialist für Krebs und Syphilis, der seine Ausbildung in Krankenhäusern in Berlin und Wien erhalten hatte, bevor er um die Jahrhundertwende nach Amerika auswanderte. Ihre Mutter, Edna Fischel, war eine in ihrer Geburtsstadt St. Louis sehr beliebte Frauenrechtlerin. Beide hatten einen jüdischen Elternteil. Martha hatte zwei ältere Brüder: George, 1902, und Walter, 1904 geboren. Ein dritter Sohn, Alfred, folgte 1913. Die Familie war eng verbunden, wohlhabend und glücklich – und glückliche Kinder, pflegte Martha zu sagen, haben wie glückliche Familien keine Geschichte.

Als Martha zwölf war, unterstützten die Gellhorns die Gründung einer – nach dem Naturforscher John Burroughs benannten – fortschrittlichen gemischten Ganztagsschule, um ihren beiden Jüngsten eine interessantere und modernere Erziehung angedeihen zu lassen, als die konventionelleren Schulen von St. Louis boten. Als Martha aufs College Bryn Mawr ging, schrieb sie bereits Gedichte und Kurzgeschichten für die Schülerzeitung und war sowohl Schulsprecherin wie Vorsitzende des Theaterclubs gewesen, zwei Ämter, die ihr nach eigenen Anga-

ben Führungspositionen schmackhaft gemacht hatten. Martha fühlte sich ihrem Vater nah, sie bewunderte ihn und stritt mit ihm, ihre tiefe Liebe jedoch galt ihrer Mutter, die stets ihr »wahrer Norden« blieb, ihre feste Orientierung und bedingslose Liebe bis zu Ednas Tod im Alter von 91 im Jahre 1970. Der erste Brief in Marthas Archiv ist an ihre Mutter gerichtet, geschrieben im Alter von sechs Jahren. »Liebe Mutter. Du bist so hübsch. Mutter, ich liebe Dich. Ich finde, Du bist so nett zu mir.« Die Zuneigung beruhte auf Gegenseitigkeit. Als Martha aufs College ging, schrieb George ihr: »Sie liebt Dich so, daß es mich schmerzt.«

Bryn Mawr und das Collegeleben lagen Martha nicht, und sie gab sich wenig Mühe damit. Durch Nachlässigkeit fiel sie bei einer Reihe von Prüfungen durch, und obwohl sie die folgenden ohne weiteres bestand, war ihr so langweilig, daß sie das College ohne Abschluß verließ. Dennoch hatte sie in Bryn Mawr gelernt, wie aufregend intensive Arbeit sein konnte und welche Zuflucht sie bot, und sie hängte sich François Mauriacs Maxime über den Schreibtisch: »Travail: opium unique.« *Ihr Leben lang beschwor sie diese Worte sich selbst und Freunden gegenüber. Arbeit war Marthas Schlupfloch und ihre Pflicht, dorthin zog sie sich in schwierigen Zeiten zurück. Außerdem hatte Bryn Mawr ihr eine Freundin beschert und – nach den Eltern – ihr zweites Vorbild für eine glückliche Ehe. Hortense Flexner, eine heute kaum noch gelesene, in den 1930er Jahren jedoch bewunderte Dichterin, war Marthas Englischlehre-*

rin gewesen. Sie fingen an, einander zu schreiben, und führten ihren Briefwechsel fort bis zu Hortense' Tod vierzig Jahre später. Marthas Anrede für sie lautete »Leererin«, und sie unterschrieb mit »Gellhorn«. Sie sagte, die Leererin sei ein Sinnbild an »Ausdauer, Mut und Lebensfreude«, Tugenden, an die sie glaubte.

Als Martha siebzehn war, zeigte Dr. Gellhorn seinen Kindern Deutschland, ein Besuch, der mit weiteren Familienreisen nach Europa in ihr den Wunsch weckte, dorthin zurückzukehren. Nach Bryn Mawr berichtete sie als Volontärin für die Albany Times Union über Frauenclubs und die Schutzpolizei, und als das Volontariat nach einem halben Jahr um war, wußte Martha, daß es Zeit war, Amerika zu verlassen. Sie war einundzwanzig, rastlos, ungeduldig und voller Neugier. Als sie aufbrach, überraschte es niemanden.

Kurz nach Weihnachten 1929 gab Edna ihrer Tochter das Geld für eine Fahrkarte nach New York, dort schiffte sich Martha beim Germanischen Lloyd ein, wo sie für ihre Überfahrt mit einem Artikel über dessen Europa-Verbindungen bezahlte. »Ich wußte«, schrieb sie später, »daß ich nun frei war. Das war meine Show, meine Show.« Dr. Gellhorns Abschiedsworte waren voller Zuneigung: »Ich liebe dich – nicht, weil du meine Tochter bist, sondern wegen deiner Grundehrlichkeit und Aufrichtigkeit und Unerschrockenheit und Reinheit.«

Als Martha mit ihrer Schreibmaschine, zwei Koffern und 75 Dollar in Paris ankam, war Frankreich die füh-

rende Wirtschaftsmacht. Die Stadt war elegant, aufregend, voller Möglichkeiten. In den Kinos liefen die Filme von Buñuel, Cocteau und Man Ray; Josephine Baker war, angetan mit einer einzigen rosa Flamingofeder, die Königin der Musikrevues, freizügiger und aufsehenerregender, als je zuvor gesehen. Paris war die Antwort auf Marthas Sehnsüchte. Sie nahm mehrere Jobs an, als Assistentin in einem Schönheitssalon, als Texterin in einer Werbeagentur, und schrieb gelegentlich Beiträge für eine Nachrichtenagentur. Sie hatte sehr wenig Geld, aber sie war, wenn auch keine Schönheit, so doch außerordentlich attraktiv. Sie arbeitete außerdem an einem Roman, der später unter dem Titel What Mad Pursuit *veröffentlicht und von ihr schnell als peinliche Jugendsünde abgetan und unter Verschluß gehalten wurde. Um den Roman zu schreiben, war sie an die Riviera gefahren, hatte sich in einer billigen Pension eingerichtet und sich die Miete mit Modeartikeln für amerikanische Zeitschriften verdient. Ein junger befreundeter Anwalt aus St. Louis, G. Campbell Beckett, fuhr mit ihr in den Urlaub nach Marokko und regelte später ihre Geschäfte; Beckett verliebte sich in sie. Viele Jahre später schrieb Martha über ihn: »Ich war die verwöhnte Freundin, die Empfängerin … Er kümmerte sich um Menschen.«*

Im Sommer 1930, wieder in Paris, wurde Martha Bertrand de Jouvenel vorgestellt, einem linken Politikjournalisten, der kurz zuvor sein erstes Buch, L'Economie Dirigée, *veröffentlicht hatte. Bertrand war der Sohn des*

Zeitungsherausgebers und Politikers Henri de Jouvenel, seine Mutter hatte einen Salon im Boulevard St. Germain. Er war mit der zwölf Jahre älteren Marcelle verheiratet und in ganz Frankreich bekannt als der Junge, der im Alter von sechzehn Jahren von Colette, der zweiten Frau seines Vaters, verführt worden war; Colette hatte während der Affäre ihren Roman Chéri geschrieben, die Geschichte eines bildschönen Jungen, der von einer älteren Frau verführt wird. Bertrand war inzwischen sechsundzwanzig, ein schmaler, gutaussehender Mann mit hohen Wangenknochen und in gewissem Licht grünen Augen. Er war außerdem charmant, einfühlsam und klug. Er verliebte sich in Martha. Sie floh an den See von Annecy bei Genf; er folgte ihr.

Die Affäre stand von Anfang an unter einem schlechten Stern. Marthas Eltern und vor allem ihr Vater sträubten sich vehement gegen die Vorstellung, daß ihre Tochter mit einem verheirateten Mann zusammenlebte, auch wenn Bertrand beharrlich versprach und versuchte, sich scheiden zu lassen. In Paris lebten Martha und Bertrand zusammen, doch beide waren häufig unterwegs – Martha schrieb in Bertrands Haus in La Favière an ihrem Roman, während Bertrand seinen Vater als Sekretär auf Dienstreisen begleitete –, und schrieben einander täglich, zuweilen sogar mehrmals. Nach ihrer Trennung von Betrand im Sommer 1931 überredete Martha den St. Louis Post Dispatch, einige Artikel über Amerika herauszubringen, die sie durch Texas, Nevada, New Mexiko und Kalifornien *führten; ihre Reise hielt sie in mehreren Briefen an Stanley Pennell fest, später Autor von* The History of Rose Hanks, *der an der John-Burroughs-Schule ihr Englischlehrer gewesen war.*

Aus dieser frühen Phase sind Hunderte von Briefen von Bertrand an Martha erhalten, doch nur wenige von ihr an ihn. Während der knapp vier Jahre ihres Zusammenlebens hegte er für sie die tieferen Gefühle. Martha hatte in dieser Zeit zwei Abtreibungen.

In Frankreich tat Martha das, was sie fortan ihr ganzes Leben tun sollte: Sie machte sich Notizen über alles, was sie sah und hörte, hielt sie in kleinen, gebundenen Aufgabenheften fest und verwendete sie später als Grundlage für ihre Artikel und Kurzgeschichten. Schon damals waren es die Details, die ihre Aufmerksamkeit erregten. »Ich arbeite gern«, schrieb sie, »letztlich ist es das einzige, was mich nicht langweilt, demoralisiert oder mit Zweifeln erfüllt. Das einzige, was nach meiner festen Überzeugung rundum und unwiderruflich, vom Ergebnis unabhängig gut ist.«

An Edna Gellhorn

[Ende 1931]
[Paris]

Liebste Matie;
Danke für Deinen Brief. Schade, daß Du das mit den Stix gemacht hast: denn natürlich werde ich einfach weiter Mrs. sein und als solche angenommen werden. Ein Diplomatenpaß wird die Angelegenheit in Kürze ein für allemal ausbügeln. Meine Vermutung ist, daß die Nachricht früher oder später in die Zeitung kommt, und warum auch nicht. Es wird sowieso alles ungemütlich, wobei die einzige praktische Folge sein wird, daß ich nicht nach St. Louis zurück kann. Ich wünschte bei Gott, Dad und Du würdet nicht so beharrlich klagen und verzagen. Mir scheint doch, die Jahre und meine Zufriedenheit sollten Euch vor Augen führen, daß es klappt mit uns und daß es genau das ist, was ich will und brauche. Sollen die Leute doch annehmen, daß Ihr diese Verbindung nicht gutheißt – das würde niemanden überraschen und trifft zweifellos ohnehin zu. Wir haben – nach einer Weile – den einzigen Ausweg aus der faktischen Zwickmühle der Ehelosigkeit gefunden. Denn eigentlich sind wir verheiratet, die Ehe wird hier fraglos als rechtmäßig hingenommen. Die Freunde in den USA, die davon wissen, nehmen sie ebenfalls hin. Ihr sollt ja nicht lügen, bloß schweigen, obwohl es jetzt wahrscheinlich

zu spät ist, weil Ihr nun schlecht hinter Euer erstes Urteil zurück könnt. Tut mir leid, daß ich da so verstockt bin, aber es ist nicht komisch, wenn das sorgfältig errichtete Gebäude so mir nichts, dir nichts eingerissen wird, zumal all unsere Amerika-Pläne von der Stabilität dieses Gebäudes abhängen. Darüber hinaus zeigt die ganze Geschichte einfach, daß Ihr uns so wenig versteht und vertraut wie vor drei Jahren, und das macht mich ziemlich mutlos. Erklärungs- oder Überzeugungsversuche sind offensichtlich nutzlos, und von den Tatsachen laßt Ihr Euch auch nicht beirren. Ich betrachte B. als meinen Ehemann, das habe ich immer getan; meine Freunde sind bereit, ihn als solchen zu akzeptieren – mit oder ohne Trauschein. Wenn Ihr weiterhin davon überzeugt sein wollt, daß mein Leben zerstört sei und ich ein Opfer von B's brutalem Egoismus, so ist das Euer gutes Recht – nur habe ich für eine solche Haltung kein Verständnis. Sie ist lästig und falsch und für mich ebenso kränkend wie für B. Wäre ich mit B. rechtmäßig verheiratet, würdet Ihr eine solche Haltung nicht mal annehmen, wenn sie Eurem Gefühl entspräche. Ich betrachte mich als verheiratet und mißbillige Eure Sicht auf meinen Mann. Ich werde B. und mich nicht mehr mit Euch diskutieren; es hat keinen Sinn. Auch werden wir Euch nicht mit einem Besuch in St. Louis belästigen; offensichtlich seid Ihr nicht willens, B. als feste Größe in meinem Leben zu akzeptieren, und ich habe keine Lust, allein zu kommen und schon wieder diese Frage aufzuwerfen, die für mein Empfinden abschließend und zufriedenstellend beantwortet ist. Wir haben offenkundig beide unsere Vorurteile und werden einfach weiter an ihnen festhalten. Das ist fruchtlos und schmerzhaft; aber zufällig liebe ich B. nun mal und gedenke, mein Leben mit ihm zu verbringen; keiner außer B. wird mich je davon abbringen können, und ob er es tut, ist zweifelhaft. Und schließlich zu dem »Klatsch«, der Eurer Meinung nach in St. Louis nicht zu umgehen sein wird; der ist mir schnuppe. Hier gibt es keinen Klatsch; wir führen unser Leben so, daß die Menschen uns respektieren und es nicht für geboten halten, zu lästern und zu kritisieren. Jedes Mal, wenn ich nach St. Louis gekommen bin, habe ich mich schmutzig gefühlt und ängstlich: Nirgendwo sonst geht es mir so, deshalb lebe ich anderswo aufrecht und entspannt. Ich werde nie wieder in diese verlogene, ungesunde Atmosphäre der Schrecken und Lügen zurückkehren; natürlich denken sich die Menschen häßliche Geschichten aus, wenn sie das Gefühl haben, man schämt sich und versteckt sich. Dad und Du ward immer der Meinung, ich begehe eine Todsünde; die Belohnung für eine solche Haltung ist kübelweise Klatsch und mehr. Es tut mir leid für Euch; es berührt mich nicht. Seit ich begriffen habe, daß mir die Feigheit, die Verlogenheit und Angst, das Duckmäusertum und das Schielen nach den Nachbarn das Leben zur

Hölle macht, und seit ich mich darum nicht mehr schere, fühle ich mich sicher und glücklich. Wie die alten Südstaatenfamilien kann St. Louis gern meinen Bürgerkrieg weiterführen, nachdem er längst beendet und vergessen ist.

Diesen Brief schreibe ich nicht gern; Schweigen wäre wahrscheinlich freundlicher gewesen. Aber Ihr sollt wissen, was ich empfinde und weshalb ich nicht mehr versuche, Euch mein Leben zu erklären. Bitte zeige Dad diesen Brief, er ist für Euch beide. Und es ist wahrscheinlich der letzte Brief dieser Art, den Ihr werdet lesen müssen.

Eure

Martha

An Bertrand de Jouvenel

27. Februar 1933
St-Maxime

Liebster;
Es ist fast wie ein Gespräch – wie die langen Gespräche, die wir manchmal führen (inzwischen seltener, was schade ist) –, einen Brief von Dir zu bekommen und gleich zu antworten. Heute morgen kam ein Brief mit dem verblichen wirkenden Briefkopf des Rond Point, in dem viele wesentliche Dinge stehen, auf die ich sofort und ausführlich eingehen will.

Du hattest Dein *Journal Intime* gelesen – und dann *»nous sommes amusés à dire, au cours de ces derniers mois, que tu étais paresseuse, gourmande, nonchalante. Il n'est pas bon de perpetuer pareille plaisanterie.«* Wie überaus wahr, Liebster … *»il n'est pas bon«*. Ich glaube wirklich, wir sind mehr oder weniger, was wir sein wollen und was sein zu wollen wir uns einbilden. Diese Selbsthypnose oder Suggestion oder wie immer man es nennen will ist so fortdauernd und nahezu unbewußt, daß sie eine bleibende Wirkung auf unsere Persönlichkeit und Lebensführung ausübt. (Verzeih mir die schreckliche Pedanterie dieses Satzes, aber Du weißt, wenn ich einmal ins Philosophieren gerate, werde ich ernst und deutsch.) Als wir uns kennenlernten, sagtest Du mir zum Beispiel, ich sei Superman (ich bin so sehr Superman wie ein dickes kleines Mädchen, das keine größere Leidenschaft kennt als Marshmallow-Eis, aber das tut hier nicht zur Sache). Da Du mich Superman nanntest, darauf beharrtest, es von mir erwartetest, fühlte ich mich natürlich über kurz oder lang unverbrüchlich verpflichtet, Deiner Einschätzung meiner Fähigkeiten zu entsprechen. Wäre ich – zur Zeit des *Journal Intime* – nach Amerika zurückgekehrt, während ich mich als aufgedunsene, nutzlose Krimileserin empfand, hätte ich unter Druck ganz anders gehandelt; hätte ihm nachgegeben; hätte nichts gewonnen aus der nützlichsten Erfahrung, die man als Mensch machen kann: dem eigenen unmittelbaren, intensiven persönlichen (und da persönlich, überdimensionalen) Leiden. Jetzt ist Nachsicht statt Erwartung zum Tenor unserer Beziehung geworden. Und das macht sich sofort bemerkbar. Ich bin nicht stark genug, um den ständigen Fingerzeigen eines Menschen, den ich liebe und ehre, zu widerstehen: Ich habe einen der größten Minderwertigkeitskomplexe, die man überhaupt haben kann, und bin von mir gelangweilt und angewidert. Ich habe mich, mit erheblicher Verminderung der Lebensfreude, mit wesentlich gedämpftem Hochgefühl, allmählich mit diesem Bild von mir als heiterer Bettwärmerin abgefunden. Und schlimmer noch, ich war nie mehr als eine Bettwärmerin – das höchste der Gefühle war, meine Rolle gut zu spielen. Das kann man Dir nicht anlasten: Eins ist sicher im Leben – wir sind für unser Dasein verantwortlich; für unseren Erfolg und unsere Niederlagen. Gewiß hast Du lediglich einen Verfall begünstigt, den ich zugelassen und vorangetrieben habe. Aber einen Verfall. Ich halte Glück nicht für eine Gefühlsduselei oder Leichtsinn. Ich denke mir Glück (sofern ich daran denke) konkret: Für mich ist Glück so etwas wie unsere erste Wanderung – ich erinnere mich an die Busfahrt auf den Petit Saint Bernard, unser »Ertrinken« (so könnte ich heute nicht mehr schwimmen), heiße Nachmittage auf der Straße in Italien. Ich weiß nicht, ob Dir das je aufgefallen ist, aber das Lächeln der Freude ist hell und begierig und so lebendig; das Lächeln der Zufriedenheit ist einfach nur schläfrig ... Mea culpa, Liebster, seit Monaten habe ich das Gefühl, meine Jugend zu verraten, meine Liebe und die Träume meines Lebens: Im Rückblick auf die vergangenen zehn Monate finde ich die Hundstage in Saint Louis, als ich wie verrückt gearbeitet und mit dem Gefühl gegen die Verzweiflung angekämpft habe, bis zur Grenze des Erträglichen gegen alles anzukämpfen, gegen das man kämpfen kann, wünschenswerter als meine Trägheit und Mutlosigkeit in Paris.

Manche Menschen werden von der Frage angetrieben, was die Welt von ihnen hält; andere von der Frage, was sie von sich selbst halten. Ich glaube nicht, daß mir die Welt besonders auf die Schulter klopfen muß. Pierres Komplimente sind im großen und ganzen peinlich. In meinem ganzen Leben habe ich die Anerkennung dreier Menschen gebraucht; die meiner Mutter, Deine und meine. Von den dreien brauche ich am dringendsten mein Vertrauen. Ich bin bestimmt nicht Superman, aber ich muß daran glauben, daß mein Leben irgendwie gut und wichtig ist, sonst bin ich verloren. Ich arbeite gerade an dem Kapitel, in dem Charis sagt: »Man muß sich wichtig fühlen, sonst wird man verrückt.« Ein grober, unausgegorener Versuch, auszudrücken, was ich eigentlich sagen will. Es gibt bestimmt keine letztgültige Vision des Universums außerhalb der Wissenschaft (und selbst da gibt es unterschiedliche Meinungen und neue Erkenntnisse, die ein Bild verändern können). Und ganz bestimmt gibt es keine letztgültige Vision unseres eigenen kleinen Winkels in der winzigen Ecke des Universums. Wir schaffen uns unsere eigene Vision; sie wird von anderen entweder angenommen, verändert oder verworfen. Was andere mit der Vision unser selbst anstellen, hat nur ökonomische Relevanz. (Ob ich nun der Meinung bin, daß ich Bücher schreiben kann, oder nicht, das Urteil meines Verlegers bezahlt mir die Schuhe.) Meine eigene Vision meiner selbst jedoch bedingt mein Handeln, solange ich lebe, in dem kleinen Teil der Welt, in dem ich mich einrichte. Und es ist ganz wichtig, daß ich mir sage: Du hast Gaben, die du nutzen mußt, du hast eine ganz eigene Vorstellungskraft, die dir neue Lebensentwürfe eingeben soll, und du mußt den Mut aufbringen, nach ihnen zu leben. Wenn ich auf der anderen Seite sage: Du fühlst dich wohl mit Bertrand, und du kannst bequem so weiterleben – die Annehmlichkeiten des Alltags genießen, ohne mühselig fernere Ziele anzustreben als diese täglichen Freuden –, dann werde ich mir in zehn Jahren mit demselben Entsetzen begegnen müssen, das mich in letzter Zeit in meinen helleren Momenten heimsucht: diese weichbäuchige, nutzlose Person, die von allen alten Fahnen gegangen ist, bin ICH.

Ich arbeite jetzt ohne Freude, aber mit dem steten Willen derjenigen, die eine Aufgabe zu erledigen hat und dies auch zu tun gedenkt. Ich kann mich nicht mit Träumen von Talent betrügen oder ermuntern; das hier ist nicht der Kampf eines Genies. Aber ich danke der grauen Luft, der Kälte und der Einsamkeit dieser Tage, denn sie geben mir etwas zu beißen; etwas zu ignorieren und überwinden. Diese Kapitel sind lang und schlecht; meine Hände zittern vor nervösem Zorn über die Langsamkeit und Stumpfheit meines Verstandes. Und ich werde hier bleiben und diese unendlichen Stunden durchsitzen und dieses Buch beenden. Und dabei kann ich vielleicht die Maske der Genußsucht fallen lassen, die mich so viele Monate schon vor mir selbst verbirgt.

Drei lange Seiten schreibe ich nun schon über mich, als wäre ich vollkommen von Dir losgelöst; eine falsche und unmögliche Annahme. Aber Du sollst all diese Gefühle verstehen. In einem Gedicht mit dem Titel »An Lucasta, als er in den Krieg zog« von einem Hofdichter, der mit leichter Hand überaus ernste Gefühle zu beschreiben verstand, gibt es eine lustige kleine Zeile. Er schrieb seiner Dame: »Ich könnte dich, Liebste, nicht so lieben – liebt ich nicht die Ehre mehr.« Siehst Du, mein Schatz, ich dachte, Du verlangtest mir das schwerste, beste und mutigste Leben ab; ich hielt unsere Freude für so intensiv wie Leiden; ich hielt an Dir fest, fand Dich stets stärker als mich. Indem ich weicher wurde, habe ich Dich weicher gemacht. Das ist auch Dir nicht entgangen. Möglicherweise waren diese Monate entspannter Zufriedenheit eine notwendige Ruhepause nach der vielen Anstrengung; das nehme ich beinahe an. Doch nun sind wir ausgeruht. Wir müssen zu dem zurückkehren, was wir waren, und voranschreiten zu mehr. Wir müssen einen Weg finden, glücklich zu sein und einander zu lieben, ohne uns zu schwächen. Ich war zu glücklich in der Geborgenheit Deiner Liebe, zu glücklich in meiner Liebe zu Dir, um dies aus welchem Grund auch immer aufgeben zu wollen. Doch will ich Liebe und das Streben nach Vollkommenheit verbinden. Man kann wahrscheinlich in allem nach Perfektion streben; für mich ist Perfektion nicht die systematische Abkehr von Freude und Fröhlichkeit, ein fanatisches Verlangen nach Feuerproben. Für mich ist Perfektion vollkommene Lebendigkeit; wach und begierig zu sein, alles zu wollen, was Wachstum und Intensität bedeutet. Alles, was man tut, mit Hingabe zu tun – ob Schwimmen oder Bücherschreiben oder Brotverdienen. Ich will Körper und Geist die Spannkraft bewahren; das geht doch bestimmt beides zusammen? Ich will Dich aktiv lieben, nicht passiv; Dich als Partner im Triumph ganz genießen; nicht ängstlich an Dir festhalten als Schutz vor Einsamkeit und Langeweile. Wir sind noch jung: Ich betrachte die Jugend als Chance, die großen, groben Umrisse einer Granitstatue zu behauen: später, wenn man mehr Technik, aber weniger Kraft besitzt, wird man die Feinarbeit leisten …

Mein Liebster, erledige, was immer Du in Deutschland zu erledigen hast, mit Begeisterung und Bravour. Wir sehen uns in ein paar Wochen, halten an dem Entschluß fest, den uns diese Trennung eingegeben hat, und an der Freude unserer Liebe. Denn ich liebe Dich sehr – das sollst Du wissen.

Auf ewig, glaube ich
Marty

An Campbell Beckett

29. April 1934
Villa Noria
La Favière

G. Campbell, mein Lieber:
Ich schreibe Dir heute nur (schlimm, wenn ich Dich benutze?), weil ich nach vier Tagen öder Starre, während der auf der gesamten Halbinsel keine einzige Taste geklappert hat, irgendwie zum getippten Wort zurückfinden muß. Ich habe nämlich mein zweites Buch angefangen, daher ist es für mich entsetzlich entscheidend, ob ich schreibe oder nicht; und jetzt habe ich diesen ermüdenden, halbgaren, ruhelosen Jammer am Hals, bis das verdammte Ding fertig ist – gewiß erst in ein paar Jahren, wenn man die Umformulierungen des Verlegers mitberechnet und den ganzen Leidensweg vom Hersteller zum Konsumenten.

Ich schreibe über Frankreich, mein Lieber. Über Frankreich und die Franzosen und über mich mitten unter ihnen, suchend, verstört, schließlich zynisch. Eigentlich schreibe ich über die Jouvenels; denn ich bin viel zu klug, um über die Franzosen zu schreiben. Ein sehr schwieriges Buch, weil ich versuche, in der ersten Person zu schreiben (ein Experiment), und das ist kein Kinderspiel. Du glaubst gar nicht, wie sich die Welt verengt, wenn man ich sagt statt sie. Aber es muß sein; denn Schreiben ist mehr als das Aneinanderreihen von Wörtern auf Papier, um die Zeit auszufüllen in der Hoffnung auf Geld und einen Spritzer Ruhm: mehr als eine Tätigkeit, die das Gewissen ob des leeren Vergehens der Zeit beschwichtigen soll. Für mich bedeutet es die Reinigung von Geist und Seele: Es gibt Dinge, deren man sich auf alle Ewigkeit entledigen sollte. Es kommt eine Zeit, da man bestimmte Erinnerungen, bestimmte Aspekte der Gegenwart nicht länger im Kopf mit sich herumschleppen kann. Ich habe das schon einmal gemacht: habe mir eine Menge Zerstörung herausgeschrieben. Mein Vater hat einmal gesagt: Blondinen arbeiten nur unter Zwang. Da muß etwas dran sein. Ich weiß, was für eine Hölle das Schreiben ist. Ich weiß, wie unter dem Druck alles auseinanderfällt, unter der Angst, nicht oder schlecht zum Ende zu kommen. Das hört nie auf, und nie kommt der Augenblick – bis das Ding in fremden Händen landet – der wahren Ruhe. Das Damoklesschwert – das unfertige Kapitel … Ich bin mir sicher, daß ich es nur tue, wenn ich nichts anderes mehr tun kann. Dieser Augenblick ist nun wieder gekommen. Denn ich habe Frankreich wirklich satt; mehr will ich nicht, mehr ertrage ich nicht. Und womöglich habe ich für dieses Leben auch von den Jouvenels genug, vom gesamten Clan.

Ich weiß nicht, was ich mit B. machen soll, denn ich bin feige geworden. Nicht feige, was ihn betrifft; zu sehr habe ich mich unter seinem Mitleid gewunden, als daß ich nun meinerseits Mitleid üben wollte. Da bin ich mir sicher; Mitleid ist das größte Verbrechen, weil es zwei Menschen schluderig zerstört. Außerdem ist seine Welt stabil; er paßt so haarscharf in sein eigenes Muster, daß ihn im Grunde nichts aus der Bahn werfen kann. Und er ist Franzose (und hier ziehe ich meine Schlüsse), Franzosen sind Realisten, wie weder ich noch Du noch Angehörige unseres schwachen nordischen Geschlechts es je sein können. Aus gebrochenem Herzen verlieren wir den Verstand, geraten auf Abwege oder bringen uns um. Die Franzosen kehren im besten Fall zu ihrer Arbeit zurück, zu ihrem Leben, ihrem angestammten Ort, zu ihrer Position und Wirklichkeit. Im schlimmsten Fall verhärten sie sich, werden berechnend und rachsüchtig. Trotzdem machen sie weiter; und lauern auf günstige Gelegenheiten ...

Ich sollte ihn irgendwo tief verletzen; doch diese Verletzung ist Teil des Lebens und nicht beängstigend. (Wenn man selbst schon verletzt wurde und die »Erschütterung« überstanden hat, weiß man, daß die Zeit alle Wunden heilt und Schmerz eine lohnende Investition sein kann.) Aber was bleibt – er hat einen Sohn und einen Namen, den er weiterführen muß, einen Platz in seiner Welt, der ihn fordert, und eine Rolle, die er auszufüllen hat. Und auch wenn er nie wieder jemanden ganz so lieben wird wie mich, wird er vielleicht mit einer kleineren Liebe glücklicher sein; er wird wenig verlangen, weil er anderswo aus dem Vollen schöpfen kann.

Die Feigheit betrifft mich. Ich ziehe ganz nüchtern Bilanz. Ich weiß das alles, denn ich habe vor langer Zeit aufgehört, mich selbst zu belügen oder zu übertreiben; und ziehe eine gewisse Freude daraus, mich selbst zu kennen und einzuordnen. Ich bin 25, was nicht alt ist, wenn man etwas erreicht hat, aber kein Beginn, wenn man mit leeren Händen dasteht. Ich habe zu diesem Zeitpunkt keinen Namen: Ich werde etwas genannt und widerwillig als solches anerkannt: aber mein Paß behauptet etwas anderes. Und wie hinderlich das ist, kann nur ich beurteilen. Ich habe keine Welt, in die ich zurückkehren oder in die ich voranschreiten kann. Denn die letzten Jahre haben mich von vielem abgeschnitten – von allem: nicht nur materiell, auch gedanklich, geistig.

Ich habe kein Geld, also keine Freiheit. In dieser Hinsicht sollte man sich nichts vormachen: Geld ist die einzige Gewähr für Privatsphäre, die einzige Möglichkeit, das eigene Schicksal zu steuern. Ich sollte arbeiten müssen – irgendeine Stelle, die nichts mit mir zu tun hat und noch mehr dieser wertvollen, schwindenden Zeit verschlingen würde. Ich sollte unterbezahlt und eingespannt sein. WENN ich Arbeit bekäme. Es ist lachhaft, aber wahr; ich könnte in Paris wahrscheinlich nur als Mannequin Arbeit finden. Man würde mich mit Kußhand nehmen: Ich gelte als ziemlich schön, mit einer guten Figur – und damenhaft genug, um diesen so begehrten Amateurflair auszustrahlen, auf den alle großen Modeschöpfer (die wahren Profis) so snobistisch erpicht sind. Und wie sollte ich Paris, derart gefangen, mit genau den Leuten, die am freundlichsten wären, am neugierigsten und triefend vor Mitleid, in dieser Rolle ertragen. Was gibt es noch. Ideal wäre ein Land, in dem man mich nicht kennt, in dem ich einige Jahre leben könnte, bis mein Leben in den Augen der Leute nach und nach verstaubt – und auch in meinem Kopf vage wird. Aber wie? Und sonst: zurück nach Hause, den Mund ausgewaschen mit Demütigung und Versagen, um mich an ihrer Großzügigkeit festzusaugen? Du siehst, ich habe zu gründlich bilanziert, und Du siehst, wo und wie ich feststecke – und wie gering der Spielraum ist. Durch Ahnungslosigkeit, Fahrlässigkeit, Stolz und Großmut: und das leidenschaftliche Verlangen, alle Brücken hinter mir abzubrechen, zu beweisen, daß ich nicht zurückzuweichen gedenke. Ich zahle für meine eigenen Taten: allem voran meinen Stolz. Denn mein Stolz liegt alledem zugrunde; mehr wahrscheinlich als alles andere. Da ich nicht zugeben würde, daß ich von Umständen, Ereignissen oder Menschen in die Knie gezwungen wurde, also – mit gesenktem Kopf – durchgestartet bin. Dafür werde ich bezahlen, lange noch. Nun kann ich, in ganz tauber und farbloser – an Gleichgültigkeit grenzender – Verzweiflung nur hoffen, daß ich nicht mein Leben lang zahlen muß. Was mich allerdings nicht überraschen würde …

Die Wurzel allen Ärgers ist der Körper. Ich gehe fest davon aus, daß Du Dich lieber vierteilen ließest, als diesen Brief irgend jemandem zu zeigen. Du weißt, wie sehr ich auf Dich zähle; auf Deine Klugheit und Deine Loyalität. Ich schreibe dir, um mir selbst klarzuwerden; ich schreibe mir selbst durch Dich.

Es ist eine kolossale Ironie; ich bin mit unglaublicher Entschlossenheit gegen den Wind gesegelt und habe das gesamte Kartenhaus über mir einstürzen lassen: mit einem Mann zu schlafen – verbotenes Terrain –, einem verheirateten Mann, und das auch noch skandalös, mutig und offen – außerehelich. So daß man den Eindruck bekommen muß, es handle sich hier um eine überaus leidenschaftliche Frau – mit lautstarken körperlichen Bedürfnissen – und ihr gemeinsames Leben müsse ein ständiges Fest der Venus sein. Das ist es nie gewesen; das war der große Irrtum. Der Irrtum meines Stolzes – da ich mich zu geben entschloß (aus Stolz – weil ich meine Haut nicht retten und mich nicht fürchten wollte – und aus Zärtlichkeit für seine Bedürfnisse), gab ich weiter. Aber so sollte man nicht lieben. Das ist ganz falsch: ich – mit meinem stillen, kühlen Körper – weiß das. Ich hege tiefen Respekt für die Lust auf Leidenschaft und Befriedigung. Obwohl sie mir nicht eigen ist, aber das ist meine Tragik und meine Schuld. (Und die Schuld einer erbärmlichen Erziehung, die mich nicht lehrte, Ursprung und Grundlage allen Lebens demütig zu ehren, sondern mir nur beibrachte, etwas, das sich nicht ignorieren läßt und nie, niemals ein Geschenk sein soll, mit leichter Hand zu übergehen oder großzügig zu spenden.) Bertrand hat mich immer begehrt, bis heute, schrecklich und bedingungslos. Ich staune über mich – staune über die Jahre, die vorübergezogen sind. Denn ich habe kein solches Begehren, weder jetzt noch früher. Aber die Zeit hat anderes gebracht; er hat mich immer tiefer berührt als jeder andere, seine Gedanken haben mich stets so erheitert und erfüllt, und außerdem ist da die Zärtlichkeit – Dankbarkeit – und eine Liebe, die zwischen Freundschaft und Muttergefühlen schwankt. Sie ist stark (das zu leugnen, wäre töricht), und mit körperlicher Leidenschaft gepaart entstünde daraus eine Liebe, wie man sie selten erlebt hat, wie man sie in alten Büchern und Legenden findet. Denn ich habe für ihn gelitten und er für mich; und sehr allein sind wir zusammen durch endlose rauhe Landschaft gegangen.

Nicht Ruhelosigkeit (Psychologen nennen so etwas Verdrängung, aber in meinen Augen haben sie unrecht) läßt das alles so deutlich werden. Ich wende mich nicht von Bertrand ab und blicke mich vage oder gezielt anderweitig um. Ich habe kein Bedürfnis nach Affären. Mein Körper verlangt seltsamerweise nicht nach dieser Nahrung – jedenfalls nicht jetzt. Eher wende ich mich ab; ziehe mich immer weiter zurück. Ich bin einfach glücklich mit mir selbst; das ist eine Waffe – Schild und Lanze. Ich bin sehr glücklich mit mir selbst, mit Land und Bäumen und den Gerüchen im Wind; und mit meiner Schreibmaschine. Ich habe genug in mir, um mein Leben zu füllen. Doch mein ganzes Leben kocht und simmert, schmort und brodelt, weil etwas von mir verlangt wird, das ich nicht wirklich geben kann. Und obgleich ich es geben würde – gegeben habe und gebe –, wenn ich mich erinnere, geht es gegen die Natur, mit dem Verstand zu erinnern, was ein freudiger Instinkt sein sollte. Also vergesse ich es – oder bemerke es nicht –, und dann zieht Sturm auf, Wut, Elend und eine Art versehrte Verzweiflung. Und ich kann nichts tun; weil ich weiß, daß selbst der Versuch, einen Instinkt zu spielen, nutzlos wäre. Und möglicherweise – ach, laß mich ehrlich sein – liegt tief vergraben darin auch ein Egoismus; der Wunsch, mich zu retten, die Ordnung und den Rhythmus meines Lebens, nicht etwas zu zügeln und aus der Bahn zu werfen, das so reibungslos läuft, allein …

Es kann so nicht weitergehen; was soll da weitergehen? Er kann sich Geliebte nehmen, und im Augenblick – vorausgesetzt, er wäre so zuvorkommend, sie mir nicht direkt vor die Nase zu setzen – würde es mir nichts ausmachen. Wie sollte es auch? Er hat ein Recht auf das, was ich ihm nicht gebe – nicht geben kann. Aber was ist das für eine Antwort – mehr Komplikationen, mehr Verwirrung, noch mehr verletzte Menschen in diesem Durcheinander, diesem wachsenden Durcheinander. Und derweil wäre er nicht wirklich glücklich, da er im Grunde mich will. Und wir würden ein Leben spielen, und weil wir spielen würden, wären wir nur halb lebendig. Dabei haben wir diese große Gabe: Wir können leben – wir sind fürs Leben gemacht. Und ich will, ich muß ohnehin leben – für mich; ich habe das Gefühl, seit langer Zeit ein bißchen hungrig zu sein (nicht sehr, nicht furchtbar, nicht schmerzhaft); auch habe ich das Gefühl, daß meine Lunge nicht gefüllt ist – Großer Gott! was habe ich für eine Gier nach Leben, für eine Energie; wie viel Leben ich ertragen kann und haben muß …

Ich bin nicht einsam, wenn ich so lebe, da ich nicht mehr erwarte, daß die Einsamkeit von jemand anders ausgeblendet werden kann; meine Einsamkeit ist mein eigener kostbarer Besitz und womöglich mein einziger. Nach zu vielen nervösen, verschwendeten Monaten habe ich das Gefühl, daß eine gewisse Ordnung in meinen Geist zurückkehrt. Und ich weiß, ich werde schreiben – vielleicht sogar besser als zuvor. Das Land ist eine Augenweide für mich; mir schwindelt regelrecht vor Glück, wenn meine Füße in Matsch, Gras und Sand einsinken; die Pinienwälder riechen nach sich selbst, und an manchen Tagen ist die Sonne heiß und nah über diesem kleinen Winkel der Welt. Irgendwie trage ich in mir (und das ist alles, was ich aus vier

Jahren mitnehme; aber es ist genug – das Beste) einen Schutz gegen vergangene Ereignisse, Menschen und Umstände. Irgendwo in mir weiß ich um das Klima, das ich für mein eigenes *vie intèrieure* brauche, und ich habe es jetzt gefunden (wie ich es immer, mit genügend Zeit, auf dem Land finden sollte). Also lebe ich, zutiefst froh über jeden Tag.

Wenn man nur nicht denken müßte: nächsten Monat, nächstes Jahr … Denn ich habe keine Ahnung und strauchele durch Ahnungslosigkeit. Was kann als nächstes passieren? Ich sehe keinen Ausweg. Also mache ich einfach weiter in meinem kleinen Garten. Ein Buch will geschrieben werden. Und ich werde es schreiben. Zu Beginn dieses Briefes habe ich Dir erklärt, daß ich das Schreiben benutze, um mich von Erinnerungen zu befreien; ich benutze es auch als Mauer zwischen mir und der Gegenwart und der unvorhersehbaren Zukunft und Menschen und Angst …

Hast Du so einen Brief schon mal bekommen?

Deine

Marty

Im Herbst 1934 verließ Martha Bertrand und kehrte nach Amerika zurück, wo Franklin D. Roosevelt seit achtzehn Monaten im Weißen Haus residierte. Ende Oktober wurde sie von Harold Hopkins, einem hochrangigen Berater für Roosevelts New Deal, als Teil einer Gruppe junger Reporter damit beauftragt, aus verschiedenen Gegenden Amerikas über die Auswirkungen der Weltwirtschaftskrise auf die Bevölkerung zu berichten. Er wollte Eindrücke, keine Statistiken.

Hopkins feuerte Martha, nachdem sie einer Gruppe von Arbeitern nahegelegt hatte, ein paar Fensterscheiben einzuwerfen, um auf ihre miserablen Lebensbedingungen aufmerksam zu machen, worauf Martha mit Eleanor Roosevelt, einer Collegefreundin ihrer Mutter, bekanntgemacht wurde. Mrs. Roosevelt war damals fünfzig, eine großgewachsene, plumpe Frau mit fliehendem Kinn, vorstehenden Zähnen und schütterem Haar, mit erstaunlicher Energie und Entschlußkraft. Als ihr zu Ohren kam, daß Martha ein Buch über die Wirtschaftskrise zu schreiben gedachte, lud sie sie ins Weiße Haus ein. Die beiden wurden Freundinnen und korrespondierten ein Leben lang. Über hundert lange Briefe von Martha an Mrs. Roosevelt sind erhalten; die Antworten waren, wenn auch oft kurz, herzlich, zupackend und fürsorglich.

Im Weißen Haus lernte Martha auch den englischen Schriftsteller, Historiker und Soziologen H. G. Wells kennen. Wells besorgte ihr einen Verlag für The Trouble I've Seen, *vier halb fiktionale Geschichten über die Weltwirt-*

schaftskrise. (Das Buch erschien im September 1936 und wurde mit Respekt und Bewunderung besprochen.) Dutzende von Wells' Briefen an Martha sind erhalten, doch nur eine Handvoll von Martha an Wells. Wells' Ton – nekkisch und verliebt – hat Biographen veranlaßt, eine Affäre zwischen beiden zu vermuten. Martha bestritt ihr Leben lang nachdrücklich, je mit Wells geschlafen zu haben.

An Bertrand de Jouvenel

2. Dezember 1934
Providence
Rhode Island

Smuf, mein Schatz;
Heute Tiefpunkt. So ein dunkler Tag, den man, vollständig bekleidet, auf dem Bett verbringt, taub und zweifelnd. Heute verzweifle ich an diesem Land und an anderen Ländern; an mir und finde keinen vernünftigen Grund, weiterzumachen, nur einen unliebsamen Instinkt namens Selbsterhaltung, der mir schon immer als jämmerliche Lebensgrundlage erschienen ist.

Amerika bestürzt mich. Bloß Leiden, bloß Elend würden mich nicht entsetzen. Das habe ich alles schon gesehen; das scheint untrennbarer Bestandteil unserer begüterten Welten zu sein; unserer luxuriösen Kühlschrank-Radio-Autos-für-die-Massen-Zivilisation. Menschen unter dem Existenzniveau zu sehen ist kein neuer Schrecken. Hunger ist auch nicht neu: Ich erinnere mich noch, wie vor Jahren aus umgekippten Güterzügen Obst und Gemüse ins Abwasser des Mississippi rollten; und schon damals wußte ich, daß vierzig Meilen weiter Menschen von Pellagra aufgefressen wurden (die daher rührt, daß Gemüse komischerweise nicht zugänglich ist, zu teuer). Neu ist hingegen die klare Erkenntnis, wie diese Spezies beschaffen ist: schlecht – unzureichend ausgerüstet, und wie ist das zu ändern. Wieso sollte unsere Dienerklasse eine leuchtende Pracht sein, wenn unsere herrschende Klasse so gewöhnlich ist, so untauglich; so langsam und so engstirnig und so schweinisch. Mein Schatz, die Heime der Fabrikbesitzer sind bloß größer und sauberer; aber nicht schöner, nicht reicher, nicht stiller oder eleganter als die Heime derer, die in ihren Diensten hungern ... Ich darf nicht zulassen, daß diese Verzweiflung andere Bilder, die Erinnerung an andere Benachteiligte überschattet. Ach ja, das ist wohl überall dasselbe; schrecklich und hoffnungslos. Aber was ist das Ergebnis, wie lautet die Antwort. Was für eine Welt läßt sich auf solchen Fundamenten bauen. Man kann diesen Leuten nicht trauen; sie besitzen keine Intelligenz und letztlich keine Loyalität einander oder Anführern gegenüber. Mich entsetzt laufend, wie unfreundlich sie zu ihren eigenen Leuten sind; wie argwöhnisch; wie falsch. Mich entsetzen ihre Anführer, die sie betrügen und verachten. Aber was macht man mit ihnen; die Hälfte von ihnen nimmt die Hilfe grummelnd an und beschwert sich höchstens, daß der Nachbar mehr bekommt. Welchen Nachbarn ich auch befrage; wo; wie viele Familienmitglieder; ist Ihnen je in den Sinn gekommen, daß er eine größere Familie haben könnte; krank ist, länger arbeitslos; weniger Rücklagen hat. Nein, und was schert es sie; er bekommt mehr – nur das zählt. Und ich will das auch; her damit; her damit, weil es mir zusteht; ich habe Unterstützung verdient (ihr habt Arbeit verdient, aber diese Welt sollte nicht auf Almosen basieren; sollte sich nicht auf wenige stützen, die für viele zahlen). Und, mein Schatz, oft ist die Hilfe einträglicher als Arbeit; angesichts der Löhne; der Arbeitszeit; so geht das alles noch schneller. Nicht die Arbeitslosen haben mein Mitleid; mir tun jene leid, die für 3 oder 4 Dollar die Woche arbeiten; in Schuhfabriken und Industriebetrieben; und die Hilfe stolz ablehnen; eher sterben würden, als sie anzunehmen.

Ich bin völlig durcheinander. Und frage mich allmählich folgendes: Ist unsere unordentliche, hoffnungslose Welt der letzte Darwinsche Überlebenskampf? Diese Leute hier – die Arbeitslosen – sind (zumindest zu 50 %) unterdurchschnittlich intelligent; krank; untauglich. Wir behalten sie; und sie vermehren sich. Ihre Familien wachsen stärker denn je in diesen leeren Tagen; womit sollen sie sich sonst die Zeit vertreiben. Aber sie sind jetzt der Krebs; ich weiß, es ist ein lausiges System; Profit ist eine kriminelle Bedrohung der Gesellschaft, und wir sind so geschaffen, daß unser nationales Leben ein einziges Verlangen nach Profit ist. Dennoch, was ist mit diesen Untauglichen; was ist mit dem großen Prozentsatz jener Arbeitslosen, aus denen niemals nützliche oder fähige Menschen werden?

Ich brauche mich nicht zu sorgen; wir bekommen

einen Krieg (wie fürchterlich und erschreckend die Zeitungen doch sind; was führen diese Verbrecher, die die Welt beherrschen, im Schilde). Und dieser Krieg wird nur die Unfähigen zurücklassen; und die Zivilisation wird sich nach ihnen richten. Ich danke Gott, daß ich keine Kinder habe, und will keine. Dieses Schlamassel verdient kein neues Leben.

Was mich betrifft: Ich bin krank – zunächst einmal nervlich und weil mein Gehirn ungesunde Kreise zieht. Und bin zutiefst bekümmert; und sehr allein. Noch so ein Mythos: Amerika ist schön. Herrgott, was für ein Gedanke. Es ist häßlich, furchtbar häßlich; ungehobelt, garstig, vermüllt, ungelenk. Die Bäume wachsen nicht hoch genug, und das Land ist zerrissen und zerzaust. Es schreitet endlos voran, ohne Gestalt oder Grazie; und darüber erstrecken sich die wahllosen Heime eines ruhelosen, wurzellosen grauen Volkes. Ich verabscheue diesen Anblick; jede Stadt, groß oder klein, ist ein erneuter Schock. Auch die Menschen sind häßlich; häßlich und gewöhnlich; und arm, Smuffy. Arm, wie ich es definiere; es gibt zu wenig Gesichter, die Wärme und Intelligenz ausstrahlen, eine gewisse Harmonie zwischen Erfahrung und Geist.

Die Erkenntnis, daß mein Buch ein Reinfall ist, wiegt schwerer, als ich wahrhaben wollte. Was soll es schon ausmachen; die Besprechungen, die ich gelesen habe, waren unreif und widersinnig. Ich habe nichts übrig für Köpfe, die derartiges ausbrüten. Doch das Buch bleibt ein Reinfall; es ist erschienen; und verschwunden. Die ganze Unternehmung hat etwas von Treibsand; und wenn ich bedenke, welche Mühen in dem Buch stecken, und sehe, wie wenig das zählt, blicke ich betroffen in die Zukunft. Außerdem fällt das Schreiben jetzt entsetzlich schwer; dieser Tag, der so leicht hätte auf Papier festgehalten werden können, ist verschwendet. Ich mache meine Reportagen; ich schreibe Briefe; ich lese alle Zeitungen; und so geht die Zeit dahin … Nicht genug. Ich will so viel mehr vom Leben. Ich will mehr geben und mehr nehmen.

Cam stellt ein interessantes Problem dar; er hat mich im Stich gelassen. Es ist äußerst seltsam; zweifellos mag seine Frau mich nicht (bestimmt nicht eifersüchtig). Aber ich glaube, sie »mißbilligt« mich. Und es ist sehr merkwürdig, wie Cams Rückzug mich aufgeschreckt hat; mir das Gefühl gegeben hat, daß diese Welt nicht mir gehört; daß ich hier nichts finden werde. Günstigstenfalls findet man lustiges Volk, mit dem man trinken und tanzen kann; schlimmstenfalls findet man aufgeblasene, ignorante Langweiler. Aber was ist mit Freunden und Liebhabern; was mit den Ritualen und Traditionen des Lebens. Was fließt durch die Adern dieser Leute; wie vergehen die Jahre. Gott, Du siehst, wie geknickt ich bin; ich habe Dich eingangs gewarnt. Doch wenn ich das hier schreibe und wegschicke, fühle ich mich ein wenig geläutert. Und ich kenne niemanden, dem ich einen solchen Brief schicken könnte. Es gibt hier niemanden, mit dem ich reden könnte – stell dir vor – 120.000.000 Menschen; und der Hase hat keinen Gefährten gefunden. Tja, da stimmt wohl was nicht mit dem Hasen.

Marty

An Harold Hopkins

25. April 1935
Camden
New Jersey

Mein lieber Mr. Hopkins:
Ich habe eine Woche in Camden verbracht. Es erstaunt mich, wie radikal sich innerhalb von vier, fünf Monaten Haltungen wandeln können. Auf meiner letzten Reise war die allgemeine Haltung noch von Hoffnung geprägt. Die Zeiten waren natürlich erbärmlich, aber man vertraute dem Präsidenten und dem New Deal und auf baldige Besserung. Dies, so schrieb ich Ihnen damals, hing an einem geradezu mystischen Glauben an Mr. Roosevelt, einer Mischung aus Wunschdenken und großer persönlicher Loyalität.

Die Arbeitslosen in dieser Stadt, einer, wie ich meine, typischen Industriestadt der Ostküste, sind eine ganz verzweifelte Schar. Junge Männer sagen »Wir werden niemals Arbeit finden«. Männer über vierzig sagen »Selbst wenn es Arbeit gäbe, würden wir sie nicht bekommen; wir sind zu alt«. Sie sind schon zu lange arbeitslos; es ist wie das dritte Kriegsjahr, in dem alles in grauer Resignation versandet. Darüber hinaus hält kein Vertrauen in den Präsidenten sie mehr aufrecht. Dafür scheinen die vorgeschlagenen 50 $ monatlicher Garantielohn verantwortlich zu sein. Es herrscht die Überzeugung, daß alle Arbeitslosen künftig 50 $

bekommen, unabhängig von der Größe der Familie. Leise, wie Betrogene, die zu erschöpft sind, um wütend zu sein, fragen sie: »Wie sollen wir bitte davon leben können; weiß er, was Essen kostet, wie hoch die Mieten sind; wie sollen wir unsere Kinder einkleiden …«

Die Anführer der Arbeitslosen sprechen mit Bewunderung von Ihnen. Sie lesen über Sie in der Zeitung (ein Phänomen dieser Wirtschaftskrise ist, wie sehr diese unbelesene Öffentlichkeit nach Informationen lechzt: sie verfolgen jedes Detail, das mit der Regierung oder der Arbeitslosenhilfe zu tun hat, und können so manchen von uns darüber aufklären, was der Presse zufolge in den jeweiligen Regierungszweigen vor sich geht). Den Schlagzeilen entnehmen sie, daß Sie den Leuten den Kopf waschen; und sie haben das Gefühl, daß Sie weiterhin für sie kämpfen. Früher fragten mich alle nach dem Präsidenten, sprachen mit Bewunderung von ihm. Jetzt wird er kaum noch erwähnt, nur, wenn sie gefragt werden. Lokale Gewerkschaftsfunktionäre und Führer der Arbeitslosenräte sagen, stünde er morgen zur Wahl, er würde verlieren. Die Gewerkschaft, so ihre Erklärung, fühle sich von der NRA [National Recovery Administration] im Stich gelassen, und die Empfänger der Arbeitslosenhilfe sähen keine Hoffnung; der Arbeitsmarkt wolle sie nicht mehr, und die Arbeitslosenhilfe hindere sie gerade mal am Verhungern.

Ich erwähne das nicht, weil ich annehme, daß Sie der politische Aspekt interessiert (wenn das ganze überhaupt politische Relevanz hat). Sondern weil es wichtig ist zum Verständnis der heutigen Arbeitslosen. Früher hielt sie ihre persönliche Zuversicht aufrecht: Dieser Glaube erleichterte vieles und trug wohl auch maßgeblich dazu bei, sie bei Verstand zu halten. Nach dem Vertrauensverlust ist ihre Verzweiflung eine Gefahr zumindest für sie selbst. Wir leben in einem eiligen, ungerechten Land, und die Menschen erwarten, übers Wochenende ins gelobte Land geführt zu werden. Ich berichte nur, was ich sehe und höre …

Verallgemeinernd (wahrscheinlich zutreffend) würde ich sagen, der ungelernte, ungebildete Arbeiter wird sich an die Arbeitslosenhilfe gewöhnen. Der Angestellte muß es ausbaden, in großem Stil.

Die Wohnungen sind unaussprechlich. Zweifellos waren die Wohnungen hier nie Objekte der Schönheit und allgemeinen Bewunderung; aber lachhafte Behausungen, die seit fünf Jahren und mehr nicht instandgesetzt wurden, sind eine Schande. Sie sind deutlich überbelegt. Ich habe Häuser gesehen, in denen der Putz durch die Dachlatten rieselte und der Keller unter Wasser stand. Ein ganzer Häuserblock ist so von Bettwanzen verseucht, daß man nur die Betten einmal wöchentlich ausräuchern und das Holz mit Carbolsäure streichen kann, und trotzdem sieht man die kleinen Viecher überall herumwieseln und von der Decke purzeln …

Haushaltsausstattung null. Die unbenutzten Polstermöbel im Wohnzimmer scheinen am längsten zu überdauern. Kleidung null. Wirklich ein furchtbares Problem hier; nicht nur der Schutz vor der Witterung (viele Lungenentzündungen bei den Kindern: Unterernährung und Kälte), nichts anzuziehen zu haben, bedeutet auch, daß diese Leute vom gesellschaftlichen Leben abgeschnitten sind. Aus Scham gehen sie nicht aus. Die Männer bekommen es bei der Arbeitssuche zu spüren: ihre Schäbigkeit spricht gegen sie. Jetzt beziehe ich mich hauptsächlich auf die Büroangestellten …

Tbc greift um sich; die psychiatrischen Kliniken (Landes- wie Kreiskrankenhäuser) haben über 1000 Patienten mehr als 1932, es gibt mehr Epileptiker und Geistesschwache. Schlechte Ernährung ist unter Kindern weit verbreitet, nicht aber bei den Erwachsenen; Geschlechtskrankheiten stagnieren mehr oder weniger, wobei eine völlig andere Schicht die Armenkliniken aufzusuchen beginnt.

Anscheinend fördert die Wirtschaftskrise eine Menge Gelegenheitsprostitution. Das berichten Menschen, die mit der Fürsorge für kriminelle Kinder betraut sind. Die Altersgrenze sinkt, und unverheiratete Mütter sind sehr jung. Ich habe mich darüber mit einer jungen Frau unterhalten: Sie sagte, »Na ja, die

Mädels gehen mit jedem weg, könnte man sagen, nur, damit sie etwas zu tun haben und dieses Elend vergessen.« (Sie bekam Arbeitslosenhilfe, etwa 2 $ pro Woche.) Ich sagte, das sei verständlich, wenn man bedenke, daß sie wenigstens eine ordentliche Mahlzeit bekämen. Und sie antwortete gleichmütig: »Mahlzeit? Nein, fast nie. Manchmal ein Bier.« Das scheint mir das Bild abzurunden. Ich habe diese jungen Frauen gesehen. Offensichtlich wollen sie Kleidung und ein bißchen Spaß. Fürchterlich, sich vorzustellen, was sie für ihre Mühen bekommen.

Die jungen Leute sind eine ebenso entmutigende Gruppe, schlimmer noch eigentlich. Sie sind apathisch, versinken in einer resignierten Bitterkeit. Zu nichts gut, die meisten. Ihre Ausbildung ist, alles in allem, ein Witz; und sie haben nie Gelegenheit gehabt, ein Handwerk zu lernen. Sie glauben weder an den Menschen noch an Gott, geschweige denn die Privatwirtschaft; das einzige, was sie vom Selbstmord abhält, ist ein erstaunlicher Mangel an Vitalität; sie vegetieren vor sich hin. »Ich gehe fast immer um sieben ins Bett, so geht der Tag schneller vorbei.«

Mit herzlichen Grüßen,

Martha Gellhorn.

An Hortense Flexner

[29. Januar] 1936
4366 McPherson Avenue
St. Louis

Liebe Leererin;
Vielen Dank für Deine Nachricht. Es ist etwas, das ich noch nicht in Worte fassen kann. Und was das Fühlen angeht, ist es wie die betäubende Erkenntnis, daß man verletzt wurde, ohne zu wissen, wo oder wie. Der Tod ist wohl das letzte, was man lernt. Selbst jetzt noch, nach vier Tagen, die nicht enden wollen, viele Winter überdauern und langsamer vergehen als eine Gefängnisstrafe, erscheint er unwirklich. Ich ertappe mich dabei, von Dad zu sprechen, als wäre er nur verreist, als könnte ich ihm jederzeit schreiben und ihm von uns fünfen erzählen, die wir ihn vermissen und seine Rückkehr herbeisehnen, weil es ohne ihn nicht geht.

Mutter ist tapferer und gütiger, als irgend jemandem erlaubt sein sollte; stets mit den Gedanken bei anderen, großartig und beherzt, ohne es sich bewußt vorzunehmen. Aber zu mir hat sie gesagt: »Ich weiß nicht, wie jetzt weiter, ich frage mich die ganze Zeit, was jetzt sein soll.« Ich habe mir das alles nicht vorgestellt. Er hatte sich nämlich einer Notoperation unterzogen und war wundersam genesen. Ich bin am Dienstag nach NY geflogen im sicheren Gefühl, alles sei in Ordnung, alle haben das gedacht, und Pläne wurden geschmiedet, nach Florida zu fahren, sich einen Sonnenbrand zu holen, sich zu amüsieren, alle möglichen Pläne, sogar langfristige, Bücher zu schreiben ... Und am Samstag flog ich zurück, weil er im Schlaf gestorben war, mit der Hand auf einem geöffneten Buch. Sein Herz hat einfach ausgesetzt. Er hat bestimmt nicht gelitten, das sagen wir uns immer wieder. Und in den drei Wochen nach seiner Operation muß er mitbekommen haben, wie sehr wir ihn lieben und wie sehr all die anderen sich sorgten und wie froh sie waren, daß er am Leben war. Liebe Leererin, es gibt keine schrecklicheren Worte als »zu spät«. Allmählich fürchte ich mich vor ihnen.

Ich habe keine Pläne. Mein Buch ist fertig und liegt im Verlag. Ich weiß nicht, wie sie sich entscheiden werden. Ich habe keine Arbeit. Ich bleibe hier, um zu sehen, was Mutter braucht, wobei sie sich schlicht weigert, etwas zu brauchen, damit ich sie nicht als Pflicht empfinde. Es ist wenig Geld übrig, also mache ich natürlich weiter wie bisher und verdiene mir meine Brötchen (etwas anderes möchte ich niemals tun). Und dazu muß ich an die Ostküste; aber jetzt noch nicht. Es ist sehr schwer, normal an morgen zu denken und an übermorgen, Mutters Gesicht reicht aus, um mich vor Schmerz verrückt zu machen. Sie haben einander so ganz und gar geliebt, und so lange.

Stets die Deine,

Gellhorn

Hemingway und der Spanische Bürgerkrieg 1936–1942

Im Dezember 1936 verbrachte Martha das erste Weihnachten ohne Dr. Gellhorn mit ihrer Mutter und ihrem Bruder Alfred. Sie fuhren nach Key West. Eines Abends gingen sie auf einen Drink in eine Bar namens Sloppy Joe's. Dort saß Ernest Hemingway, »ein großer, schmutziger Mann in verkrumpelten, leicht verdreckten weißen Shorts und T-Shirt«.

Hemingway war siebenunddreißig, sehnig und wettergegerbt. Er galt bereits als einer der besten Schriftsteller seiner Generation und war in zweiter Ehe mit Pauline Pfeiffer verheiratet, einer Journalistin, die für Vogue *und* Vanity Fair *schrieb und für die Hemingway seine erste Frau Hadley verlassen hatte. Hemingway hatte einen Sohn aus erster Ehe – John, genannt Bumby – und zwei Söhne aus der Ehe mit Pauline – Patrick, mit Spitznamen die mexikanische Maus, sowie Gregory oder Gigi. Bumby sagte später, Martha sei die erste Dame gewesen, die er habe fluchen hören. Hemingway plante, nach Spanien zu fliegen und dort für* NANA, *die North American Newspaper Alliance, über den Spanischen Bürgerkrieg zu berichten.*

An Eleanor Roosevelt

8. Januar 1937
Key West
Florida

Liebe Mrs. Roosevelt
Ich bin in Key West: Es ist das Beste, was ich bislang in Amerika gefunden habe. Es ist heiß und heruntergekommen, und die Menschen scheinen sich wohl zu fühlen. Viel passiert hier nicht, träge werden mal ein Schwamm oder eine Schildkröte gefischt, man lebt bequem von der Fürsorge, klaut Kokosnüsse von den Stadtstraßen, streicht herum und fängt einen faulen Fisch, der sich Grunzer nennt, tratscht, döst, bekommt einen Sonnenbrand und läßt die Jahre gähnend an sich vorüberziehen. Ich für mein Teil finde das prima, und wenn überall auf der Welt die Sonne schiene, gäbe es bestimmt viel weniger Ärger und noch viel weniger von diesem bedauerlichen Phänomen mit der offiziellen Bezeichnung Fortschritt.

Ich bin mit Mutter und Alfred hier heruntergekommen, um Weihnachten in Saint Louis zu entkommen, sie sind wieder abgereist, ich bin geblieben und bete zu meinen persönlichen Göttern (die beide aussehen wie Schreibmaschinen) für ein Fünkchen Eingebung. Ich habe alles, was ich geschrieben habe, weggeworfen, das macht mich grottentrüb, aber etwas anderes fällt mir dazu nicht ein. Entweder dieses Buch stimmt und ist in jedem Augenblick lebendig, oder es wird kein Buch und ich versuche nach Kräften, ein verlorenes Jahr zu verschmerzen. Na, jedenfalls hat eine Woche Grübeln einen neuen und ziemlich brauchbaren detaillierten Entwurf für das Buch hervorgebracht. Die Geschichte ist wunderschön und schrecklich, und ich weiß, daß sie stimmt: aber mir fehlt das Rüstzeug, um sie stimmig zu machen. Also tüftele ich vor mich hin, schreibe, hoffe und zerstöre und gehe meinen geschätzten Mitmenschen auf die Nerven. Schön wird das Leben sein, wenn das alles überstanden ist.

Ich sehe Hemingway ab und zu, der (wie ich finde) bessere Dialoge schreibt als irgend jemand sonst heutzutage auf Englisch. Er ist ein komischer Kauz, sehr liebenswert, voller Verve und ein glänzender Geschichtenerzähler. (Bei einem Schriftsteller ist das Phantasie, bei allen anderen Lüge. Das nennt man Genie.) Also sitze ich da und habe gerade das Ms. zu seinem neuen Buch gelesen und gebe dazu furchtbar kluge Dinge von mir; anderer Leute Bücher zu beurteilen ist ein Kinderspiel, das eigene eine Qual. Hemingway erzählt mir schöne Geschichten über Kuba und den Hurrikan, dann komme ich nach Hause und versuche mich trostlos mutlos an einem gescheiten Entwurf für ein Buch, das irgendwie ein Denk-Buch ist, in dem alle dauernd sitzen und reden und brüten und nichts passiert. Das kann den Stärksten irremachen.

Ende der Woche zurück nach Hause, da werde ich so lange sitzen und erst gefrieren und dann kochen, bis das Ding fertig ist.

Wenn Hitler, dieser Verrückte, zwei Divisionen nach Spanien entsendet, ist für meine Begriffe der Krieg näher, als die ärgsten Pessimisten befürchtet haben. Schreckliche Vorstellung, daß Deutschland beinahe vor Lebensmittelunruhen steht und dieser Wahnsinnige – der sich anscheinend nicht mal mehr um Geschichte oder Tatsachen schert, von nichts aufgehalten und durch Schrecken geschützt wird – eine solide Nation in etwas hineintreiben kann, das sie gründlich erledigen wird. Wenn es Krieg gibt, wird unser normales Tun und Treiben zum größten Teil hinfällig. Mein Gefühl ist, man sollte Tag und Nacht arbeiten und schwimmen und die Sonne an die Haare lassen und so viele Menschen lieben, wie man auftreiben kann, und das ganz fix, weil die Zeit tagtäglich knapper wird.

Sie sind mir lieb und teuer, und ich freue mich immer zu hören, daß Sie wohlauf sind.

Ihre

Marty

Martha fuhr nach New York, um sich dort mit Hemingway zu treffen; sie hatte beschlossen, ihn nach Spanien zu begleiten. Die Zeitschrift Collier's *stellte ihr ein Schreiben aus, das sie als Sonderberichterstatterin auswies. In den folgenden zwei Jahren kehrte Martha vier Mal nach Spanien zurück. In Madrid wohnten Hemingway und sie im Hotel Florida, dem Stützpunkt der Ausländer, wo Hemingway zwei Räume angemietet hatte.*

Martha schrieb nur sehr wenige Briefe aus Spanien, hielt jedoch in einem ausführlichen, unveröffentlichten Tagebuch ihren Alltag in Madrid und ihre bereits schwierige Beziehung zu Hemingway fest. Sie hatte nicht vorgehabt, Artikel über den Krieg nach Hause zu schicken, da sie fürchtete, zu wenig von Kriegführung zu verstehen, doch Hemingway drängte sie, über das zu schreiben, was ihr am Herzen lag, nämlich die Auswirkungen der Kampfhandlungen auf die Zivilbevölkerung. Ihre erste Geschichte, »Nur die Granaten heulen«, erschien umgehend in Collier's, *einer erfolgreichen Zeitschrift, die gut zahlte und hohe Auflagen hatte; so begann Marthas Laufbahn als Kriegsreporterin.*

An Campbell Beckett

[Frühjahr 1938]
c/o *New York Times*
37 rue Caumartin / Paris

Liebster roter Anwalt,
ich hoffe, am Ende billigst Du all meine Anliegen … Ich weiß nur folgendes: (und ich glaube, das steht so mit anderen Worten auch in der Bibel) viele leben eigentlich überhaupt nicht vom Brot. Alles Brot ist letztlich keinen feuchten Kehricht wert. Wir leben von unseren Überzeugungen, für die wir Opfer zu bringen bereit sind, wir leben von dem, was wir bewundern und lieben. Und alles Geld kann keine Zeit kaufen. Nirgends gibt es Sicherheit; nur Narren glauben, Gott und der Mensch könnten kontrolliert und gesichert werden. Aber man kann es versuchen, ein erfüllender Versuch, und genau das gedenke ich zu tun. Wir können lernen, langsam, mehr schlecht als recht, die Geschichte und unsere Mitwirkung daran zu respektieren – ich weiß, was ich tue. Ich verschwende Zeit und Energie darauf, meine Seelenqualen üppig zu verströmen: dennoch weiß ich, was ich tue. Ich glaube an den Menschen. Ich will an der Seite derer sein, die daran arbeiten, den Menschen eine Chance zu geben.

… Und paß auf Dich auf und sei glücklich, aber vergiß nicht, wie groß die Welt ist.

Deine Marty

An Edna Gellhorn

26. Mai 1938
[Paris]

Meine Liebe;

... Ernest ist gestern losgesegelt, und ich bin nicht gerade glücklich, übe mich aber in »raison«, wie die Franzosen sagen. Etwas anderes bleibt mir nicht übrig, ich habe alles ausprobiert. Ich glaube, er liebt mich, und er glaubt, er liebt mich, aber ich glaube nicht so recht daran, daß das eigene Schicksal mitspielt, und ich glaube nicht, daß ich daran etwas ändern kann. Also spute ich mich mit dem *Collier's*-Auftrag, und morgen abend habe ich mein Material beisammen. Vier Tage gebe ich mir, um den Artikel zu schreiben. Und dann, Mittwoch oder Donnerstag, am 1. oder 2. Juni, geht es hoffentlich nach London. Mit Glück und Konzentration ist die London-Geschichte in zwei Wochen unter Dach und Fach. Nach Tschecho-S. fahre ich nicht mit dem Auto, ich fliege nach Prag und versuche, auch das in zwei Wochen abzuwickeln. Ich möchte diesen Auftrag jetzt nur noch rechtschaffen und ordentlich hinter mich bringen und mich dann meinen Gedanken widmen, die bejammernswert wirr und leer sind. Ich will lesen und schreiben und ganz ruhig sein. Komme diesen Sommer nicht nach Amerika zurück, es fällt irgendwie leichter, weit weg zu sein von allen persönlichen Problemen als in Telefonnähe zu etwas, mit dem man nicht telefonieren kann. Vielleicht, das sage ich sehr vorsichtig, möchtest Du herkommen. Ich verhandele gerade wegen eines Hauses nahe Levandou, und vielleicht bekomme ich eins. Ich würde mich freuen, mit Dir dorthin zurückzukehren.

Muß mich umziehen. Treffe mich, für meinen Artikel, zu Mittag mit dem Aga Khan, der dieser Tage Unmengen ißt, weil er bald nach Indien zurückkehrt und seine verblendeten Untertanen, die ihn für Gott halten, sein Gewicht in Gold aufwiegen. Dann zum Rennen, für den schönen oder geselligen Teil dieses Artikels. Dann eine Cocktailparty und danach, als Belohnung für einen langen schlechten Tag, Abendessen mit Herbert und zwei Soldaten, Freunden von mir, unter anderem Freddy Keller – Du erinnerst Dich bestimmt an seine Familie –, der am Leben und aus Spanien raus ist und als einziges Andenken zwei Kugeln im Bein mitgebracht hat. Morgen gehe ich mit dem Faschistenführer Doriot Mittag essen, und nachmittags treffe ich mich mit Thorez, dem Chef der Kommunisten. Damit ist meine Arbeit mehr oder weniger gemeistert. Ich habe ziemlich viel Stoff, daß mich jetzt bloß nicht mein Kopf im Stich läßt, damit ich das auch alles aufregend verpacken kann. Keine Ahnung. Hoffen wir's.

Mein Buch erscheint in zwei Wochen auf Französisch, und ich habe mit viel Mühe endlich die Übersetzung gut hinbekommen, mit der Übersetzerin an jeder Zeile gefeilt und die platte, schaurige Werbung unterbunden, die sie dafür vorgesehen hatten. Auch das jetzt also gemeistert.

Ich liebe Dich
Marty

An Eleanor Roosevelt

17. Juni 1938
18 Square du Bois de Boulogne
Paris

Liebe Mrs. Roosevelt;
Ich habe Ihren schönen Brief bekommen und wollte umgehend antworten, aber inzwischen war ich in der Tschechoslowakei und habe eine anstrengende, wenn auch interessante Zeit hinter mir. Ich wollte Ihnen sofort von dieser Frankreich-hilft-den-Loyalisten-Geschichte berichten. Sie schlägt hier in Frankreich hohe Wellen. Doriot, der nicht sehr vielversprechende Faschistenführer, sagte mir allen Ernstes, 35 000 Mann, eine voll ausgestattete und von Offizieren befehligte Armee, kämpften an der Seite der spanischen Regierung. Ich entgegnete leicht pikiert, in dem Fall hätte die Regierung in Spanien längst gewonnen. Besonders wütend macht mich das, wenn man bedenkt, was dort derzeit vor sich geht: ein Massaker. Ein paar Flugzeuge sind wohl hereingekommen, aber offensichtlich nicht sehr viele, sonst hätte man Francos schweres, flächendeckendes Bombardement eingedämmt. Ich kenne das Grenzgebiet genau, nachdem ich dort Ende Mai zwei Wochen lang meine Zeit auf Beobachtungsposten verschwendet und bei jedem Grenzübertritt hinein und hinaus Fragen gestellt habe. Außerdem habe ich in Perpignan und Umgebung positionierte

Journalisten befragt sowie Soldaten auf Heimaturlaub und alle, die ich finden konnte, nebst hiesigen Autoritäten: Frankreich bietet ganz gewiß nicht die Unterstützung, die man erwartet hätte, und was ins Land kommt, geht zum größten Teil auf Privatinitiative zurück. Ich wünschte, die Geschichten träfen zu, ich wäre die erste, die ihrer Freude lautstark Ausdruck verleihen würde. Aber so ist es nun mal. Jedenfalls überlegen sie nun ernsthaft, die Grenzen gegen den noch verbliebenen Verkehr abzuschotten, und früher oder später gewinnt eine Blockade jeden Krieg.

Tschecho war erstaunlich. Das Land ist eine Festung, und die Atmosphäre ist so, als würde man im Operationssaal auf den Chirurgen warten, der mit einem stumpfen Messer und ohne Betäubung anrückt. Dieser bewaffnete Frieden kann doch unmöglich von Dauer sein. Einerseits wegen der katastrophalen ökonomischen Belastung und andererseits wegen des zehrenden und ungewöhnlichen psychischen Drucks. Und doch haben die Tschechen Hitler mit der schönstmöglichen Mobilmachung bloßgestellt, und jetzt regiert die Stille. Das ist wieder mal David gegen Goliath, und die Tschechen tanzen vor Freude. Aber es greift einen schon an, wenn man Bauern neben schwarzen stahlverstärkten Betonunterständen arbeiten sieht oder an einem slowakischen Bauernmädchen mit rotem Rock und hohen schwarzen Stiefeln vorbeifährt, das eine Gasmaske über der Schulter trägt, wenn man sieht, daß jede Straße verbarrikadiert und gesichert ist, und weiß, daß alle Eisenbahnbrücken vermint sind und so weiter. Die Menschen haben noch nicht begriffen (weil der Verstand so nicht funktioniert), daß ein Krieg möglich ist. Sie fürchten ihn zwar, aber doch so, wie Kinder Albträume fürchten, dumpf, ohne präzise Bilder im Kopf, ohne eine Vorstellung davon, was kommt. Mir wird davon ganz elend, von der ganzen Geschichte. Inzwischen weiß Europa, daß der ehemalige Anstreicher den Blitz in Händen hält, und der Gedanke, daß dieser eine Verrückte uns erneut ins Verderben stürzen kann, ist unerträglich. Marx hat aber immer noch recht, wenn er das ganze geradewegs zu seinen Ursprüngen zurückführt: Man kann den Aufstieg des Nationalsozialismus in der Tschechoslowakei präzise an sinkenden Exportzahlen ablesen. Ich bin mir ziemlich sicher, daß jene deutschen Minderheiten, die vor 1935 zu 80 % Sozialdemokraten waren, immer noch tüchtige, ruhige, vernünftige Zeitgenossen wären, wenn die Arbeitslosigkeit, der Hunger und die Überspanntheit nicht wären, die damit einhergehen.

Ach, aber ich glaube, der Sommer ist sicher. Muß nächste Woche nach England und eine Menge Fragen stellen. Ich finde die englische Außenpolitik so widerwärtig und deprimierend, daß ich allmählich (völlig abwegig) das ganze Land als einen großen Wattebausch betrachte. Diese Auftragsschreiberei ist gut fürs Portemonnaie und abstoßend im Hinblick auf echte schöpferische Arbeit. Ich denke inzwischen in Absätzen und sehr bald wahrscheinlich nur noch in Überschriften, und irgendwann werde ich mich als Putzfrau verdingen, was angemessener und aufrichtiger ist.

Wie immer ganz die Ihre, und bitte grüßen Sie den Präsidenten von mir.

Ergebenst,

Marty

Überzeugt, daß es bald Krieg geben werde, kehrte Martha, die damit nichts zu tun haben wollte, im Januar 1939 nach Amerika zurück. Sie war beinahe zehn Jahre in Europa gewesen und hatte geschrieben, mit Augen und Ohren als ihrer einzigen Qualifikation, wie sie es ausdrückte. Sie habe sich entschlossen, Europa zu verlassen, sagte sie, weil sie sicher sei, daß »die Länder, die mir am Herzen liegen, verloren sind«.

Hemingway, der noch – unglücklich – mit Pauline verheiratet war, forderte Martha auf, mit ihm nach Havanna zu kommen, wo er an einer Kurzgeschichtensammlung schrieb. Martha kam am 18. Februar 1939 nach Kuba und sah sich nach einer gemeinsamen Bleibe um. In einer Lokalzeitung entdeckte sie eine Anzeige für ein 15 Morgen großes Grundstück namens La Finca Vigia – der Wachtturm –, von wo aus man nachts die Lichter von Havanna sehen konnte. Nun war klar, daß Hemingways Ehe gescheitert war, er und Martha verbrachten den Frühling und Sommer zusammen auf Kuba und fuhren von dort nach Sun Valley in Idaho, wo der Diplomat und Bankier Averell Harriman einen Urlaubsort errichtet hatte in der Hoffnung, Amerikaner fürs Skifahren zu begeistern. Hemingway arbeitete inzwischen an Wem die Stunde schlägt, *seinem Roman über den Spanischen Bürgerkrieg.*

Im Oktober betraute Collier's *Martha mit einer Artikelreihe über Skandinavien, mit Zwischenstop in Finnland. Sie erreichte Helsinki in der Nacht zum 29. November, und am nächsten Morgen um 9.00 brach der russisch-finnische Krieg aus. Hemingway war zu Hause geblieben. Beinahe täglich schrieben sie einander, und als sie nach sechs Wochen zurückkehrte, saß er gerade am dreiundzwanzigsten von sechsundvierzig Kapiteln und war voller Vorwürfe über ihre lange Abwesenheit. Sie gelobte, ihn nie wieder im Stich zu lassen.*

An Allen Grover

19. November 1939
SS Westenland

Schatz;
Wir ankern im Kanal, da es zu gefährlich ist, nachts über die Minenfelder zu fahren (ich stelle sie mir seltsam vor, wie eine dornenstarrende Wüste oder vielleicht eher wie schwarze Hügel, die auf der Oberfläche einer aufgewühlten See dümpeln, aber so einfach ist es anscheinend nicht). Bislang hat sich diese Reise vor allem durch ihre Dauer hervorgetan. Ich könnte Dir erzählen, wie lang zehn Tage auf See auf einem kleinen, gelangweilten, wartenden, unsicheren Schiff sein können. Schlaf existiert nur in der Vorstellung, weil die Koje, in der Du gesessen hast, für Pygmäen gemacht und die Matratze voller Nägel ist. Ich fühle mich ein bißchen krank vor Schlafmangel, schlechtem Fraß und fehlendem Auslauf; und ich finde ja, daß unter allen Übeln nur Malaria mit Langeweile mithalten kann.

Selbstverständlich kenne ich jeden auf dem Schiff, und ich bin das Bordschätzchen. Die Leute hier sind ziemlich komisch, mit den Augen einer Schriftstellerin betrachtet (und ich bin schwer damit beschäftigt, alles als Schriftstellerin zu betrachten; als Frau wäre ich zu Hause geblieben). Jetzt ist die Lage wieder angespannt. Wir nähern uns der Gefahr, dieser dumpfen, brutalen, scheußlichen Gefahr von Unfällen und Irrtümern – die Mine, die nicht für uns gedacht war, das Auflaufen auf etwas, das meinetwegen schon Jahre harmlos herumtreibt, bis es in Holland angeschwemmt und von den sparsamen Holländern zum Blumentopf umfunktioniert wurde. Im Radio hieß es heute früh, ein holländisches Schiff, das uns einen Tag voraus war, mit 600 Passagieren unterwegs in die Karibik, sei im Kanal auf drei Minen aufgelaufen und in die Luft gegangen, 150 Tote. (Das weißt Du natürlich viel genauer als ich.) Jetzt sind die Besatzung, die Stewards und Passagiere *chez nous* von deutlicher, wenn auch unausgesprochener Unruhe ergriffen. Ich bin so betäubt vor Langeweile, Laune und Übernächtigung, daß ich gar nichts fühle außer einem gewissen Groll gegen die Idiotie des Schicksals und aller Kriege. Trotzdem müssen wir die nächsten Tage durch diesen Schlamassel durch, und man spürt, wie sich die Menschen verändern. Als Schriftstellerin (hört) interessiert mich das. In dieser Reise steckt eine Geschichte. Ich finde, sie ist ein gutes Beispiel für Nervenkrieg, und ich weiß, was dieses Wort bedeutet. Es bedeutet, daß man vor lauter *ennui* ganz bekloppt wird und sich über den kleinsten Krach freuen würde.

Dennoch glaube ich, daß ich Anfang Januar zu Hause bin. Wir werden wieder zu Steinzeitmenschen. Wir suchen uns unsere Höhlen und unsere Feuerstellen und unsere Frauen (oder unsere Männer). Wir werden auf nichts hören und uns um nichts scheren. Ich jedenfalls entwickle bereits spürbar so ein Kinn, wie Wells es benutzt, um die prähistorischen Männer auf den Bildern zu illustrieren. Mich überkommt eine große Gleichgültigkeit. Es ist unmöglich, überhaupt noch an etwas zu glauben. Wußtest Du, daß ein Torpedo 1500 Kilo wiegen und fünf oder sechs Meilen zurücklegen kann. Die Menschen sind zu schlau. Es ist wirklich schon zu weit gediehen.

Wie geht es Deinen Zähnen? Hat alles gut geklappt neulich nachmittag vor zehn Tagen oder wieviel auch immer, was für einer elendig verflixten Ewigkeit auch immer? Ich bin vernarrt in Dich. Du bist auf jeden Fall ein Trost in dieser, wie sie ständig genannt wird, sich wandelnden Welt.

Gute Nacht, mein Süßer. Wenn ich zurückkomme, betrinken wir uns feierlich. Aber laß uns Gutsherren oder Verleger oder so was sein. Laß uns verschwinden und zu allen, die uns begegnen, nett sein. Aber laß uns nicht zu sehr um jene großen Fragen bangen, von denen sich offenbar die Supermänner nähren, die uns regieren, diese mistigen Kreaturen, die schneller sprechen können als wir.

Deine Dir ergebene Kollegin
Marty

An Ernest Hemingway

30. November 1939
Helsinki

Rabby;
Ich liebe Dich. Das ist die Hauptsache. Das sollst Du wissen.

Ich bin gestern nachmittag mit dem, wie sich herausstellte, letzten Flugzeug angekommen. Alles sah normal aus. Die diplomatischen Beziehungen zu Rußland waren abgebrochen worden, aber Du weißt ja, daß man so was nicht so ernst nimmt. Es war höllisch kalt und regnerisch und wie in Gary, Indiana. Ich war hundemüde nach einer weiteren schlaflosen Nacht, hatte Schüttelfrost und war unfaßbar deprimiert. Ich bin um vier ins Bett gegangen und habe bis acht geschlafen, in meinem Zimmer etwas gegessen und dann weitergeschlafen. Habe das erste Mal, seit ich New York verlassen habe, gut geschlafen. Um 9.15 war ich angezogen und wollte zum Frühstück hinunter, da hörte ich die Sirene und dachte einfach nur, ich bin verflucht. Mehr nicht. Ich bin runtergegangen, und es gab nichts zu sehen. Die Menschen auf den Straßen verhielten sich prächtig, sie gingen in Luftschutzbunker, aber ohne Panik, und es war ein herrlicher Morgen, und ich stand auf der Straße und sah zu. Dann sah ich ungefähr 500 Meter über mir einen dreimotorigen Bomber. Tief und langsam, im Spazierflug. Er hatte, wie wir später herausfanden, Flugblätter abgeworfen, auf denen stand (Du wirst es kaum glauben, es ist zu komisch): »Ihr wißt, daß wir Brot haben, warum hungert Ihr?« Wirklich und wahrhaftig. Heute morgen haben sie den Flughafen bombardiert. Eine Menge ist passiert, habe ich im Auswärtigen Amt erfahren, aber das weißt Du alles aus der Zeitung.

Die Wolken zogen gegen Mittag auf, in Helsinki herrscht praktisch Dauernebel wie in London. Alle sagten ganz fröhlich: Jetzt können sie nicht kommen. Ich war überhaupt nicht fröhlich, denn ich hatte – im Landeanflug – gedacht, dieser Nebelvorhang ist Gottes Geschenk an die Russen. Sie können über ihnen bleiben und entweder per Radar bombardieren oder urplötzlich abtauchen: Niemals wird man sie sehen. Sie haben einen Stützpunkt in Tallinn, 15 Flugminuten entfernt. Um drei, bei einem späten Mittagessen, machten sie genau das; kamen unsichtbar angeflogen, tauchten auf 200 Meter ab (stell Dir vor) und warfen ihr Zeug ab. Aus dem Lärm und der Wirkung zu schließen, waren es 500-Kilo-Bomben, und Thermit hatten sie auch dabei. Solche Erschütterungen habe ich noch nie erlebt; die ganze verdammte Stadt wakkelte. Muß wie März in Barcelona gewesen sein. Ich bin rausgegangen, da wälzte sich ein riesiger Rauchvorhang durch die Straße, und Menschen riefen: Gas – Gas … Das war ziemlich furchtbar, kann ich Dir sagen. Ich habe meine Maske in NY gelassen, und die wäre sowieso zu unhandlich gewesen, da dachte ich wirklich: Na gut, wir sind verloren. Als keiner zu ersticken schien, ging ich mit zwei Journalisten hinaus, italienischen Faschisten (zu denen ich oft und bitterböse gesagt habe: »Jetzt sehen Sie, wie es sich anfühlt, auf der Verliererseite zu stehen, meine Herren«), und wir folgten dem Rauch. Es gab drei riesige Brände, vier große Mietshäuser – einfache Wohnhäuser –, die brannten wie Seidenpapier. Im Umkreis von sechs, sieben Häuserblocks war Glas zerborsten. Ein Haus neben einer Tankstelle hatte ein riesiges Loch in der Seite, daneben lagen ein brennender Bus und ein Mann, unförmig, kopflos und tot wie unser kleiner Mann an der Ecke des Florida an dem Morgen damals. Der Angriff hatte nicht mal eine Minute gedauert, die Sirene heulte, als alles vorbei war, die Flugzeuge waren erst auf 200 Metern gesichtet worden, nicht früher. Elf Bomber in Formation von je drei mit einem vorweg und einem hinterher. Es war einfach einer von diesen Schikaneangriffen, wie wir sie zur Genüge kennen; wie gut die Russkis von ihren neuen Freunden gelernt haben. Und wer behauptet, der Sowjet sei der Freund der Arbeiter, der kriegt es mit mir zu tun. Diese beiden Arbeiterhäuser, zerstört, und der tote Mann auf der Straße waren ein genaues Abbild des kleinen Kerls mit seinen geflochtenen Bastsohlen … Also.

Es wird sehr schrecklich, Rabby. Sie sind ungefähr so gut ausgestattet wie Spanien, vom Material her. Nichts hält die Russkis davon ab, so was drei-, viermal täglich zu veranstalten. Die Menschen sind fabelhaft, mit einer Art bleichen, stoischen Tapferkeit. Sie weinen nicht, und sie rennen nicht; sie nehmen diese üble Überraschung, die sie durch nichts verdient haben, mit Verachtung, aber ohne Angst auf. Ich habe inzwischen zu viel gesehen in meinem Leben; ich versichere Dir, noch nie habe ich erlebt, daß den Unschuldigen und Unbewaffneten etwas anderes widerfahren wäre, als gejagt und zugrunde gerichtet zu werden. Es ist ein zutiefst entmutigender Anblick. Die Arbeitslosen oder die Tschechen, Spanier oder Finnen oder die armen, unterprivilegierten Matrosen auf neutralen Schiffen; mir scheint, sie sind immer dran.

Ich trage Dein kleines Paßbild in meinem Portemonnaie, und ich hoffe, es beschützt mich. Ich bin hier sehr allein. Keiner der Presseleute ist von uns oder besonders *sympathique*. Ich habe Bücher gekauft und hoffe, das hier ganz ruhig zu überstehen, aber es ist schlimm. Ich weiß jetzt, wie schlimm, weil ich genug Vergleiche habe. Anscheinend sind keine weiteren Flugzeuge draußen, und die russische Flotte wurde nach Kronstadt verlegt, also wird wohl jetzt das Meer unsicher. Ich weiß weder, wann noch wie ich hier wegkomme. Ich kann Dir nicht kabeln, weil es keine Verbindung gibt. Ich versuche, zu unserem alten

Freund Peters durchzukommen, der jetzt in Kopenhagen ist, und werde ihn bitten, für mich zu kabeln. Ach, Rabby, was für ein elendes Schlamassel. Wir hätten Kuba nie verlassen sollen.

Marty

An die zuständige Abteilung

19. Januar 1940
San Francisco de Paulo
[Kuba]

ERKLÄRUNG

An die zuständige Abteilung (das ist dann wohl Mr. Warp Dimpy Gellhorn Bongie Hemmy)

Ich, die Unterzeichnende, Mrs. Martha Warp Fathouse Pig D. Bongie Hemingstein, erkläre und verspreche hiermit, meinen zukünftigen und derzeitigen Ehegatten niemals auf irgendeine Weise zu mißhandeln, weder mit Waffen oder spitzen Gegenständen noch mit Worten oder unbedachten Wendungen oder Blicken. Ich versichere (vorausgesetzt, mein zukünftiger und derzeitiger Gatte weckt mich nicht aus tiefem Schlaf, wenn ich nicht Herrin all oder der Hälfte meiner Sinne bin), stets meine Wertschätzung für alles auszudrücken, was er für mich tut, was er mir gibt und bedeutet. Ebenso verspreche ich, ihn zu ehren, so daß er weiß, daß ich ihn ehre, und nicht nur so zu ehren, daß ich es selber weiß. Des weiteren erkläre ich vor Zeugen, daß ich, weit davon entfernt, ihn um seine Arbeit zu bringen, ihn und seine Arbeit in den Mittelpunkt dieses Lebens stelle und außerdem einsehe, daß ein solch vortrefflicher, sensibler Schriftsteller nicht zwei Monate und sechzehn Tage allein gelassen werden kann, eine Zeit, in der er vielen, mutwilligen wie versehentlichen, Widrigkeiten und Überraschungen unterworfen wurde, und daß besagter vortrefflicher, ausgesprochen vortrefflicher, ausgesprochen geliebter Schriftsteller umgehend einen Zustand absoluter Ruhe und Geborgenheit vorfinden soll und daß ich, sofern ich versehentlich während dieser langen Zeit der Einsamkeit maßgeblich zu seiner geistigen Unruhe beigetragen habe, dies zutiefst bereue und mich (mit gelegentlichen Rückfällen dank allgemeine Dummheit und persönlichem Mangel an Intelligenz) bemühen werde, das erfahrene Leid wiedergutzumachen, und mich außerdem fortan bemühen werde, ihn vor derartigem Leid zu schützen. Diese Erklärung gebe ich aus freien Stücken ab, bei vollem Bewußtsein und mit Liebe.

Unterschrift:

Martha Gellhorn Hemingway

ZWEITE ERKLÄRUNG

Ich, die Unterzeichnende, versichere außerdem, daß ich meinen derzeitigen und zukünftigen Gatten nach der Eheschließung nicht verlassen werde, niemals, unter keinen Umständen.

Mit freundlichen Grüßen,

Martha Gellhorn Hemingway

DRITTE ERKLÄRUNG

Ich, die Unterzeichnende, versichere des weiteren, mich wegen niemandem von meinem (oben genannten) Gatten scheiden zu lassen, nur muß er auch brav sein und niemanden außer mir lieben. Aber er wird außer mir niemanden lieben. Dies ist eine müßige Erklärung.

Mit freundlichen Grüßen,
Martha Gellhorn Hemingway

An Hortense (Flexner) und Wyncie King

[Frühjahr] 1940
[Kuba]

Ihr Lieben;
Dies nur zur Erklärung meines Telegramms. Mir scheint, Ihr braucht Frühjahrsferien. Das Klima hier würdet Ihr kaum für möglich halten. Und dieser Palast, endlich sauber und ordentlich, entpuppt sich als Perle von einem Haus. Es ist wunderschön. Kommt und leistet mir Gesellschaft.

Und liebe Leererin, ich werde Dir eines Tages erzählen, wie echte Schriftsteller so sind, da ich es gerade erlebt habe. Der Maestro befindet sich in einer *belle époque*, wie er es nennt, und schreibt eine gute Geschichte. Es ist ganz so, als wäre er tot oder auf dem Mond. Er schreibt, und wenn er fertig ist, hüllt er sich in Schweigen. Er schützt sich vor allem und jedem, nimmt nicht an dieser Welt teil und kümmert sich ausschließlich um das, was er schreibt. Er kapselt sich ab wie ein Mann, der kurz vor einer Boxweltmeisterschaft steht. Er ist seitdem, mit Verlaub, so nützlich wie ein ausgestopftes Eichhörnchen, aber die Geschichte wird sehr schön. Und daneben zählt für ihn nichts auf der Welt. Ihr seht, so muß es sein. So bekommt man das Schreiben in den Griff. Er glaubt so sehr an sich wie an sein Schreiben, als handelte es sich um die Steintafeln oder den wahren Gott, und auch das ist wesentlich. Ich lerne viel dabei.

Wenn King nach New York fahren und sich dort mit den Mädels betrinken kann, dann kann er auch herkommen und sich mit mir betrinken. Was für ein Humbug, von meiner Arbeit zu reden, meinem Ruhm und verwandtem Unfug. In fünf Monaten, Madame, habe ich zwei Artikel für *Collier's* geschrieben und nichts weiter, und einer wurde nicht veröffentlicht. In fünf Monaten, hörst du. Wenn ich Schriftstellerin bin, ist mein farbiger Koch Gauguin. Was den Ruhm betrifft, ho ho. Ich bin praktisch die einzige mir bekannte Person, die nicht eine Seele kennt, niemanden trifft, nicht ausgeht, das reine Benediktinerleben führt und dabei noch die aussichtsreichste Kandidatin meines Jahrgangs für glorreiches Scheitern ist. Könnte ich gut organisieren, wäre das zurückgezogene Leben, das ich führe, produktiv. So aber bringt es Trübsinn und akute Anfälle von Einsamkeit hervor. Es gibt allerdings Lichtblicke. Dieses Haus gefällt mir. Allerdings werde ich diese Möbel oder den ganzen Kleinkram nie einpacken. Wenn ich gehe, kann der erstbeste sie haben. Ich wohne gern bequem, aber besitzen will ich nichts, um keinen Preis.

Kommt doch, wenn Ihr könnt. Ich fände das wunderbar. Küsse für Euch beide. Es ist sehr heiß, Ihr bräuchtet nur weiße Kleidung und etwas Wärmeres. Es gibt auch keinen Anlaß, sich zurechtzumachen. Ich trage Havanna-Baumwollkleider ohne Strümpfe ohne Hut und, wenn ich dran denke, eine Unterhose. Dafür behandeln sie mich wie die Arbeitslosen, aber was kümmert's mich. Noch mal alles Liebe,

Gellhorn

An Charles Colebaugh

3. April 1940
[Kuba]

Lieber Charles;
Ich habe viel über den nächsten Auftrag nachgedacht und was gut für die Zeitschrift wäre, und darüber möchte ich mit Dir reden, wenn ich in der Stadt bin.

Als Autorin habe ich den Ruf des »Disaster Girl« mehr oder weniger weg. Das ist gewiß nicht meine Schuld, denn keiner, der sich in den letzten Jahren in Europa herumgetrieben hat, wird zu besonders heiteren Schlüssen gekommen sein, und man müßte blind sein, um das Leid, die Verzweiflung und Grausamkeit, die ich gesehen habe, nicht wahrzunehmen. Mir fällt kein Ort ein, der mir Gelegenheit geboten hätte, fröhlich über fröhliche Menschen zu berichten, denn auch wenn die Menschen in Spanien (und nur in Spanien) oft herrlich ausgelassen waren und das Leben liebten, solange es ihnen blieb, stand doch im Vordergrund, daß das Leben mehr als hart ist und bedenklich kurz. In Artikeln kann man nicht in jede Gefühlsregung eintauchen, und man muß die vorherrschende Atmosphäre aufrichtig vermitteln.

… Wenn man allerdings nur Katastrophen sieht und nur über Katastrophen schreibt, läuft man Gefahr, als eine angesehen zu werden, die sonst nichts sieht oder sogar Katastrophen erfindet (weil sie das am besten kann), und irgendwann sagen die Leute: Die behauptet immer, alles sei so furchtbar, es kann gar nicht so furchtbar sein, wie sie sagt, das ist bloß eine Masche – oder ihr Stil – oder ihre psychologische Herangehensweise. Dann wird die Macht der Tatsachen durch den Ruf, den man als Autorin hat, geschwächt.

Das ist verdammt ungünstig. Ich kann Europa nicht verändern, und ich kann einfach nicht mit munterem Optimismus über Ereignisse schreiben, die ich düsterer finde als die Nacht: Aber ich kann mir Dinge ansehen, die ich schön finde, gut und erfreulich. Da ich mich selbst immer amüsiere.

Deshalb würde ich gern etwas über Amerika schreiben, weil ich viel Vertrauen in Amerika habe und Land und Leben wirklich sehr genieße. Amerika ist bei weitem nicht nur schlecht und auch nicht hoffnungslos, und eine Menge Leute sind über weite Strecken ziemlich glücklich: Und ich würde zur Abwechslung gern einmal über Erfolg schreiben statt über Scheitern und Niederlage.

Außerdem glaube ich, daß sich solche Artikel gut, lebhaft und unterhaltsam lesen lassen. Zum Beispiel möchte ich diesen Sommer nach Westen fahren, mit viel Zeit, und mir Ferienanlagen und Kleinstädte ansehen. Es ist überhaupt nicht schwer, nirgendwo, Bekanntschaften zu schließen und zu erfahren, was vor sich geht, wie die Menschen sich die Zeit vertreiben, wie das Land ist, und sich der Kaninchenjagd anzuschließen, den Badepartys und Tanzvergnügen.

Du verstehst bestimmt, was ich meine. Ich habe drei hochkarätige Amerika-Artikel im Kopf, beschwingt, weil die Themen beschwingt sind und voller seltsamer, erheiternder Informationen, munter und frohgemut geschrieben.

Ich glaube, das wäre gut für die Zeitschrift; und ich glaube, für mich wäre es gut, einen Ausgleich zu meiner sonstigen Arbeit zu schaffen, um meinen künftigen Europa-Artikeln mehr Gewicht zu verleihen, mich literarisch eindeutiger und angemessener einzuordnen.

Man kann zweierlei Artikel über Amerika schreiben, beide gleichermaßen legitim. Man kann einerseits warnend auf die Mißstände hinweisen, weil wir uns Mißstände nicht leisten können, da wir das letzte große, sogenannte zivilisierte Land auf Erden sind, das viel zu wahren und viel zu verlieren hat. Und man kann andererseits Artikel schreiben, die die guten Seiten Amerikas hervorheben, was man lieben, woran man sich erfreuen kann und was zu bewahren sich lohnt.

Letzteres würde ich gern tun.

Läßt Du es Dir durch den Kopf gehen? Wie steht's dort oben bei Euch? Hier wird es schön und heiß, und ich schreibe mit großer Freude Kurzgeschichten, spiele Tennis für Faule, gehe Samstagabend zum Pelota und bin unverschämt glücklich.

Viele Grüße, Marty

An Charles Scribner

23. August 1940
San Francisco de Paula
Kuba

Liebster Charlie,
ich bin nicht im entferntesten verheiratet, und selbst wenn, wäre das noch lange kein Grund, mir so förmlich zu kommen. Ich finde die Aussicht auf die Ehe auch ohne Dein Zutun beängstigend genug.

Wir haben hier schwer gearbeitet. Durans Spanisch-Korrekturen sind gestern gekommen, also wird zum genannten Termin alles fix und fertig sein.

Nun zu Deinem Vorschlag. E hat mir davon erzählt, und ich finde es ein entzückendes Bild, wie Ihr beide zusammenhockt, für Marty Pläne schmiedet und Euch etwas Nettes für sie ausdenkt. Ich weiß das zu schätzen, mein Lieber, sehr sogar. Aber wie das gehen soll, weiß ich nicht. Vielleicht kann ich es erklären, vielleicht auch nicht. Schreiben bereitet mir nun einmal große Mühe, teils, weil ich faul bin, teils, weil Schreiben schwer ist. Überhaupt schreibe ich nur gut, wenn ich die Materie richtig aufregend finde. Die *Collier's*-Artikel sind leicht, weil ich in ein völlig neues Land fahre, das sich üblicherweise mitten in einem Riesenschlamassel befindet, und ich alles aufregend finde, vom Essen bis zur Katastrophe. Ich bin zwei, drei Wochen den ganzen Tag und die halbe Nacht auf

Achse, sammle alle nur erdenklichen Informationen und halte sie in Notizbüchern fest. Dann setze ich mich zwei Tage hin und versuche, den Inhalt der Notizbücher zu ordnen, danach noch mal zwei, drei Tage, um zu schreiben. Bis dahin ist die Aufregung ziemlich verpufft, doch der Artikel ist fertig, und es ist bloß Mühe, aber immer angetrieben von der Neuheit, und wenn noch Gefahr dabei ist, habe ich richtig Glück, denn unter solchen Bedingungen laufe ich warm und bin geistig rege.

Ich habe drei Bücher veröffentlicht und vier geschrieben (ein großes noch immer in der Schublade, nicht gut genug: Ein Jahr lang habe ich recherchiert und ein Jahr lang geschrieben und bin darüber fast gestorben, aber die Spannung war im Grunde schon dahin, bevor ich anfing, ich habe einfach weitergeschafft, und es kam nur Mist heraus). Ich habe nie nicht geschrieben, solange ich denken kann, immer das ein oder andere geschrieben, viel habe ich dafür aber nicht vorzuweisen, weil das meiste nicht gut genug ist. Ich kann kein Buch schreiben (ein Buch, Charlie, denk doch nur an den hohen Stapel nackten weißen Papiers, den man vor sich liegen hat, bevor das Buch überhaupt einen Anfang bekommt), wenn ich nicht ganz fürchterlich daran glaube. Wenn ich es nicht so dringend schreiben will, daß ich die Frustration wegstecken kann, den Überdruß und die Niederlage und was man noch so alles wegzustecken hat. Ein Buch auf

Bestellung könnte ich beim besten Willen nicht schreiben. Und ehrlich gesagt, ich will es auch nicht.

Verstehst Du, wenn ich auf das Geld angewiesen wäre, würde ich vom Bodenschrubben bis zum Texten von Korsettwerbung alles machen und es nie als mühevoll begreifen oder überhaupt der Rede wert: Man tut eben, was alle tun müssen, um etwas zu beißen und ein Dach über dem Kopf zu haben. Als ich darauf angewiesen war, habe ich genau das getan, ich habe Modeartikel verfaßt und über Facelifting geschrieben, über die Feiern für Jeanne d'Arc in Frankreich, über die Dolly Sisters und was einem sonst in den Sinn kommt. Eigentlich habe ich ausschließlich Korsettwerbung geschrieben, weil ich darauf angewiesen war. Das war in Ordnung, es machte mir nichts aus. Aber jetzt bin ich älter und habe das hinter mir. Es hat mich zehn Jahre gekostet. Und ich hatte Glück, daß es so schnell gegangen ist. Ich brauche nichts mehr für Geld zu schreiben außer Artikel für *Collier's* oder für andere, aber dasselbe Genre, was man so Auslandsberichterstattung nennt oder im günstigsten Fall Kriegsberichterstattung. Diese Arbeit mag ich sehr, und natürlich bin ich heilfroh, daß ich mein Geld mit Auftragsarbeiten verdienen kann, die mich interessieren.

Das Geld verdiene ich für die Bücher, die ich schreibe. Sehr merkwürdiger Satz. Ich meine, es würde mich schwer deprimieren, meinen Unterhalt nur fürs Essen zu verdienen; den verdiene ich gut und so schnell wie möglich, damit ich Zeit habe, das zu schreiben, was ich wirklich will. Und dafür gibt es bisher nicht viel Geld (1500 $ Vorschuß für den letzten Roman: so viel bekomme ich für einen einzigen *Collier's*-Artikel). Aber genau das will ich, und ich versuche immerfort zu lernen, damit ich besser werde, ob es dafür Geld gibt oder nicht. Aus triftigeren Gründen, als daß ich dieses Buch unbedingt schreiben will, könnte ich einfach kein Buch schreiben. Ich schreibe sehr ernste Bücher, weil es mir so schwerfällt, überhaupt zu schreiben. Ich kann meine Kraft nicht auf etwas verschwenden, das mir nicht sehr sehr wichtig ist. Kannst Du das nachvollziehen?

Das bedeutet nicht, daß ich Deinen Vorschlag nicht sehr zu schätzen weiß. Vielleicht begeben E und ich uns irgendwann auf eine ganz absonderliche Reise, und ich möchte darüber ein Buch schreiben. Aber Kuba ist für mich nicht absonderlich, es ist wunderschön und interessant und der Ort, an dem ich lebe; und ich könnte nicht aus dem Stegreif ein Buch daraus machen. (Das heißt, je nach Schwere des Falls könnte und würde ich es natürlich, wenn ich müßte. Aber ich muß nicht. Und da *Collier's* mich immerzu drängt, wieder in die Kriegsgebiete zu ziehen, werde ich es wohl auch nicht müssen.)

Wir sprachen neulich über Dich und die Verlagswelt, über mich und mein nächstes Buch. Und jetzt kommst Du und bietest Dich mir als Verleger an.

Weißt Du noch, wie Du Dich einmal dagegen ausgesprochen hast, zwei Menschen aus derselben Familie zu verlegen? Und noch etwas hemmt mich, in Dir meinen Verleger zu sehen. Wir sind Freunde, und ich möchte nicht verlegt werden, weil Du mich magst. Charles Duell kann mich höchstwahrscheinlich nicht ausstehen, hält mich aber für eine gute Schriftstellerin. (Das ist ihm nicht unbedingt bewußt, aber so wirkt er.) Es hat also rein professionelle Gründe und keine weiblichen. Ich bin gewissermaßen die Feindin des Weiblichen, mußt Du wissen, außer in einem strikt privaten Rahmen. Ach, dies ist ein ziemlich langer Brief geworden, er schweift ab und verliert sich allmählich.

… Wir hatten viel Spaß hier mit dem Brief. Duran schreibt (knapp zusammengefaßt), das Buch sei ein spanisches Buch, und er, Duran, erkenne das Land und die Leute wieder, die Stimmen der Männer und ihre Gedankenwelt (die vertrackten Gedankenwege meines Volkes, wie er es nennt) und die Straße der Offensive und die Stelle, an der Robert Jordan verwundet wird, und der Anblick des Morgengrauens, das sich über die Pinien der Sierra erhebt, und, schreibt Duran, ich hatte das Gefühl, Robert Jordan bin ich, und Maria ist das Mädchen, das ich nur einmal hatte, vor langer Zeit. Er schreibt, »die Situation ist authentisch und die Szenerie präzise«. Ach, er schreibt viel, nur Gutes. Duran hat nämlich die Offensive angeführt (die E nicht miterlebt hat), und da er selbst Generalleutnant der

Republikaner ist und Spanier, ist seine Einschätzung so wahr und wichtig. Wenn ihm alle echt erscheinen, sind es alles Leute, die er einmal gekannt hat, und wenn die Kriegsschilderung so wahr ist, als wäre er selbst dabeigewesen, gibt es dazu nicht mehr zu sagen. Das wird Dich freuen. Ich habe an alldem nicht eine Minute gezweifelt und brauchte die Bestätigung weder von Duran noch von sonst irgend jemandem.

Es ist wirklich ein geniales Buch.

Am dritten September beginnt der Urlaub. Ich glaube, er tut not.

E arbeitet schön und mühelos.

Innigst,

Marty

An Allen Grover

6. September 1940
4366 McPherson Avenue
St. Louis

Liebster Allen
Du fehlst mir jetzt schon ziemlich lange, nachdenklich, wie eine Kuh, kaue ich auf dem Gefühl herum und denke mir, vielleicht ist es so oder wird es so, aber es gefällt mir nicht. Ich finde nicht, daß wir lieber voneinander lassen sollten, egal, was passiert, denn die Zeit ist immer so knapp, und niemals kommt genau derselbe daher, und es ist sehr einsam, wenn man sich einmal mit jemandem wirklich wohl gefühlt hat und denjenigen dann nicht mehr hat.

Zum Beispiel fand ich nichts besser in meinem Leben als damals, als wir einander nach Finnland geschickt haben: Und ich erinnere mich an eine Sommernacht in Deiner halb ausgeräumten Wohnung, in der wir dem Radio nicht so richtig lauschten, und an all die anderen Gelegenheiten, und da wird mir so weh nach Dir, daß es schmerzt. Ich liebe Dich sehr, wirklich: auch wenn plötzlich Dinge gesagt werden, irgendwie merkwürdig, als würden sie von außen eingeflüstert wie die Stimmen von Jeanne d'Arc, und was auch immer wir beide für Menschen sein mögen, einander waren wir immer genug. Oder? In NY war ich böse, weil ich irgendwie verstört war und so aus der

Welt und so unglücklich, nicht an der Geschichte teilzuhaben (ich will ja nicht in ein Amt gewählt oder in der Zeitung erwähnt werden, ich will einfach dort sein, wo Geschichte passiert, will sie sehen, sie selbst erfahren, tun, was auch immer ich Kleines, Albernes, für gewöhnlich Vergebliches tun kann, um Unbekannten irgendwelche kleinen Vorkommnisse zu erleichtern). Also fühlte ich mich garstig und benahm mich garstig: Und so was ist mir eigentlich egal, nur mit Dir nicht. Ich brauche Dich: Du darfst nicht denken, daß ich immer nur garstig bin.

Es ist ein bißchen heikel, dies überhaupt zu schreiben. Ich will nicht wie ein kritisches, untreues Miststück erscheinen. Du kannst Briefe zerreißen, oder, schnell, ohne Dich an irgendetwas zu erinnern außer dem, was sie Dir sagen? E will mich ganz und gar für sich. Hat er auch, da braucht er sich keine Sorgen zu machen. Aber weißt Du, ja, Du weißt, daß Menschen gekränkt sein können, auch wenn man sie nicht kränken wollte, und etwas für Rivalität halten, was eigentlich zwei verschiedene Paar Schuhe sind, die miteinander gar nichts zu tun haben. Du weißt das. Ich habe nicht sehr viel Raum für mich. Im Augenblick eigentlich gar keinen. Es lohnt nicht, mir einen richtig schönen Brief zu schreiben, weil Du ziemlich sicher sein kannst, daß er gelesen wird. (Meinst Du, ich wäre auch so, wenn E eine Frau hätte, die ihm Allen wäre?)

… Ich fliege morgen nach Sun Valley. Ich hatte eigentlich geplant, länger hierzubleiben, und wollte es auch. Ich bin sehr erschöpft. E's Buch ist eine Qual, wie monatelanges, ununterbrochenes Gebären. Ich bin ganz müde im Kopf. Man kann wohl kein großer Schriftsteller sein und bedeutende Bücher schreiben, ohne allenthalben die Säulen der Tempel niederzureißen. Aber ich muß schnell zu ihm, weil er einsam ist und sich verlassen fühlt (ich habe ihn eine Woche nicht gesehen), außerdem werde ich natürlich wieder die Fahnen lesen müssen. Im Prinzip heiraten wir diesen Sommer. Im Prinzip. Ich hege einen stillen Abscheu gegen die Ehe. Ich habe Frauen in Scheidungsphasen erlebt, und wenn diese Prozedur mit der Ehe verbunden ist, kann ich gern darauf verzichten. Ich würde jederzeit lieber in Ehren sündigen. E ist natürlich der Ansicht, die Ehe erspare einem viel Ärger, und ist ausgesprochen dafür, und praktisch gesehen hat er recht. Aber Allen, es ist doch furchtbar, wie man jemanden mit Aktien und Obligationen und Möbeln und weiß der Himmel was noch dafür zahlen lassen kann, daß er einen nicht liebt. Ich dachte, wenn jemand aufhört, mich zu lieben, ziehe ich mich wie ein verwundetes Tier in eine Ecke zurück und halte mich ganz fest, um nicht auseinanderzubrechen. Aber es scheint im Gegenteil so zu sein, daß man sich gut beraten läßt und zusieht, wie man den Dreckskerl, in dem die Sonne nicht mehr aufgeht, wenn man den

Raum betritt, zugrunde richten kann. Das hier ist alles höllisch privat und soll bitte zerrissen werden. Ich zähle auf Dich. Ich kann mit niemandem darüber sprechen. Egal, was ich Großartiges von Männern bekommen habe, persönlich bin ich nie auf den Gedanken gekommen, daß man irgend etwas davon auf eine Bank einzahlen kann: ebensowenig das Schlechte, was man von Männern bekommen kann, aber seit wann wird Schmerz in Dollar aufgewogen? Beziehungsweise, was für eine Art Schmerz soll das sein, die finanziell ausgeglichen werden kann? Jedenfalls habe ich es lieber sauber: Die Sünde ist sehr sauber. An keine Bedingungen geknüpft. Zwei Menschen sind einander tödlich tief verpflichtet, aber nicht zugesichert. Gesellschaftlich ist man wahrscheinlich weniger frei, im Herzen aber fühlt man sich furchtbar schlicht und geradeaus.

Das Buch kommt im November heraus, und wenn ich getan habe, was ich tun konnte, um ihn in all diesen Monaten zu unterstützen, möchte ich zu dem Leben zurückkehren, das mir wichtig ist, mir ansehen, wie die Welt funktioniert und wie die Menschen darin mit ihren Katastrophen umgehen. Frankreich interessiert mich dabei mehr als alles andere. Die Wiege der Zivilisation, wenn ich mich recht entsinne. Nun, ich glaube an die Franzosen und möchte sehen, ob das wahr ist oder ein Irrtum und ob ein Volk trotz seiner Regierung und seiner Niederlage bestehen kann. Ich möchte sehen, ob sie einen klaren Kopf behalten trotz der offiziellen Verkündigungen der Idiotie aus Vichy. Für die Geschichte ist es wichtiger herauszufinden, ob die Nazis in die Köpfe der Franzosen hineinkommen, als festzustellen, wieviel Land sie erobern oder welche Festungen sie einnehmen können. Ich bin ganz versessen darauf: Die ganze Zeit schon will ich dorthin, aber wir haben unsere kleinen persönlichen Pflichten, und denen müssen wir uns widmen. Meine ist erfüllt, wenn dieses Buch erscheint. Ich wünschte, ich würde mich als nützlicheren, notwendigeren Menschen empfinden: Dann könnte ich mir einreden, der Gesellschaft gegenüber verpflichtet zu sein, von Gott gesalbt, nach Kräften der Wahrheit zu dienen.

Der Westen ist sehr schön, kennst Du ihn? Das Land erstreckt sich so weit und sieht so neu aus, so unberührt, daß man das Gefühl bekommt, vielleicht ist der Mensch doch nicht so mächtig, wie er scheint, und das ist in diesen Tagen ein erheiternder Gedanke. Außerdem gefallen mir die Menschen. Sehr sogar, weil sie stolz sind, aber nicht anmaßend, Individuen, aber nicht Dalí. Sie sind gut, noch so nah an jener Zeit, da jeder jedem helfen mußte, damit nicht alle ausgelöscht werden. Das mag ich, hier fühle ich mich wohl, aber noch besser wäre es, zu arbeiten, meiner Arbeit wieder nachzugehen. Im November: Das ist nicht mehr so weit weg.

Was machst Du? Bist Du ganz dünn und braungebrannt und interessiert und glücklich: Und was, meinst

Du, sollen wir gegen diesen Krieg unternehmen, und was hältst Du von diesem kauzigen Mr. Willkie mit seinem selbstgesponnenen Haar und diesem vertrackten grausamen Mund und seinen seltsamen Ergüssen, als wüßte er selber nicht, wann er etwas Brauchbares sagt und wann er klingt wie die Burns Detective Agency mit Streikbrechern an der Seitenlinie …

Ich liebe Dich. Ich liebe Dich sehr, ewig. Und ich muß wissen, daß Du da bist und zu mir hältst und daß wir einander haben auf unsere Weise, uns wohl fühlen miteinander beim Lunch in Gotham City.

Alles Gute.

Marty

Martha und Hemingway heirateten am 21. November 1940 im Speisesaal der Union Pacific Railway in Cheyenne, Wyoming, und aßen danach Elchbraten. Martha war zweiunddreißig, Hemingway vierzig. Hemingway schrieb an Edna Gellhorn: »Wann immer ich Marty ansehe oder ihre Stimme höre oder ihren Donnerschritt vernehme, bin ich überglücklich, und ich weiß, wie froh wir uns schätzen können, derart glücklich zu sein und uns niemals zusammen allein zu langweilen.« Die ersten 75 000 Exemplare von Wem die Stunde schlägt *waren innerhalb weniger Tage ausverkauft, und die* New York Times *nannte es das »beste, tiefsinnigste und wahrhaftigste Buch«, das Hemingway je geschrieben habe.*

Kurz darauf schickte Collier's *Martha doch wieder auf Reisen, diesmal nach Fernost, um über die »chinesische Armee in Aktion« zu berichten. Die Reise sollte auf der Straße nach Burma beginnen, dem 1154 km langen einzigen Handelsweg nach China. Hemingway willigte ein, mitzukommen und in Hongkong auf sie zu warten, bevor sie gemeinsam China besuchten, wo er für das* PM Magazine *einige Artikel schreiben sollte. Aus Scherz nannte sie die Reise ihre »Hochzeitsreise«. Viele Jahre später beschrieb Martha die Reise mit Humor und Zuneigung als einen der Horrortrips ihres Lebens. Martha, die ganz und gar von den Meldungen des Krieges in Europa besetzt war, wollte unbedingt zurück, um persönlich darüber zu berichten.*

An Eleanor Roosevelt

[Dezember/Januar] 1940/41
Weißes Haus
Washington

Liebste Mrs. R –
Die Änderungen im beiliegenden Brief beziehen sich auf den Namen (fügen Sie Hemingway hinzu) und die Orte, die ich bereisen werde. Mein Paß ist gültig für Japan, China, Hongkong, Niederländisch-Ostindien, Französisch-Indochina, Thailand, Burma, Australien, Neuseeland, Straits Settlements, Britisch-Malaysia und Neuguinea.

Vielleicht unkomplizierter für den Präsidenten, einfach »Fernost« zu schreiben, was alle abdeckt.

Ich grüße Sie von Herzen. Werde später schreiben. Die Franzosen sind gegen uns (nicht zu fassen), weil E angeblich ein Manifest gegen Vichy unterzeichnet hat. Ach Gott. Alles amüsant.

Noch mal von Herzen
Marty

An Charles Colebaugh

17. Juli [1941]
Finca Vigia
San Francisco de Paula
Kuba

Lieber Charles;
Du scheinst nicht recht zu wissen, was Du willst. In New York hast Du diesen Nazi-Artikel angefordert: Du dachtest (und sagtest), ein Artikel über Nazis als betriebsame kleine Kerle, die nichts bewirken, sei amüsant. Es war keine Rede von »wichtigen Enthüllungen« über Nazi-Aktivitäten: So lautete nicht der Auftrag. Dann schreibe ich die Geschichte, und Du findest sie substanzlos und willst sie nicht.

Es wäre ein leichtes gewesen, aus dem mir vorliegenden Material einen Hearst-mäßigen Sensationsbericht zu stricken. Hier sind 770 Deutsche (wie viele in Mexiko) und 30.000 Spanier im spanischen Faschisten-Geheimbund, der Falange, organisiert. Ich hätte diese Fakten aufbauschen können (und Du hättest einen Artikel mit dem Titel Hakenkreuz über Kuba gehabt). Statt dessen habe ich die Fakten dargelegt: das System der Fünften Kolonne, wie die Arbeit in einem Land beginnt und den Nutzwert dieser Arbeit als Teil eines übergeordneten Plans.

Wenn ich Dir sage, daß der amerikanische Botschafter fortlaufend, eingehend mit den hiesigen Nazi-Aktivitäten befaßt ist, ebenso der englische Gesandte (meine Informationen sind sämtlich von deren Leuten geprüft worden, und ich habe mich ausführlich mit ihnen unterhalten), siehst Du, daß es einen anderen Blickwinkel gibt. Nach ihrer Einschätzung halten sich die Nazi-Aktivitäten zwar im Rahmen, sind jedoch exemplarisch dafür, wie so etwas anfängt, sie finden es vielsagend, daß das an sich nutzlose Kuba Nazis anzieht, und behalten deren Umtriebe und die der Falange fest im Auge. Ich glaube noch immer nicht, daß man Alarm schlagen sollte: Und ich glaube, daß eine solche Behandlung des Themas großen Schaden anrichten würde.

... Von der finanziellen Frage abgesehen stellt sich auch die Frage der Professionalität. Selbstverständlich behagt es mir nicht, die Dienste praktisch jeder wichtigen Person auf dieser Insel (von denen alle dieses Thema sehr ernst nehmen) in Anspruch genommen zu haben und dann meine Arbeit vom Tisch gefegt zu sehen. Eine Menge Arbeit.

Du sagst: »Gräm Dich nicht.« Ich bin Anweisungen gefolgt bezüglich des Tenors, ich habe Dir präzise Fakten geliefert und eine solide Herangehensweise an ein Thema, das sonst von Leuten ohne Erfahrung mit den Aktivitäten und Entwicklungen der Fünften Kolonne abgehandelt wird. Vielleicht erinnerst Du Dich an die Rowdys in Madrid, die aus Taxis praktisch wahllos Schüsse abfeuerten, bis die Regierung angeblich »die Kontrolle verlor«. Was meinst Du, wie die Sudetendeutsche Heimatfront aussah, ein Jahr, bevor sie den Marschbefehl bekam. Sie rannten in weißen Strümpfen umher und benahmen sich wie Pecks Bad Boys.

Viele Grüße,

Marty

PS All das Vorangegangene hat ziemlich aufgebracht geklungen, Charles, und recht empört.

… Ich glaube, diejenigen, die gesagt haben, der »Schreckenskrieg« der Nazis würde zum Schlimmsten, was die Menschheit je gesehen hat, und daß kein Erdenbürger eine Chance gegen sie habe, haben den Nazis einen großen Dienst erwiesen. Es wäre wohl hilfreicher gewesen für die Franzosen, wenn einige Journalisten darauf hingewiesen hätten, daß in Spanien Stukas eingesetzt werden und Menschen überleben. Entsprechend meine ich, spielt es den Nazis in die Hände, wenn die Fünfte Kolonne als ausgewachsene, tödliche internationale Organisation aufgeblasen wird: daß wir bereits von unten, von innen heraus verfault seien. Meiner Meinung nützt es einem Land mehr, wenn man immer genau erklärt, was schlecht ist, und genau, was ihm bevorsteht, und nicht den Feind kostenlos unterstützt, indem man ihn beängstigender macht, erschreckender und vor allem erfolgreicher, als er ist.

Ich habe heute einen interessanten Brief von John Gunther erhalten. Er schreibt über Ed Taylors neues Buch *Die Strategie des Terrors* und sagt: »Es ist eine scharfsinnige Analyse der Ursprünge des Defätismus und der Frage, wodurch er ausgelöst und gespeist werden könnte. Unsere Demokratie befindet sich derzeit in einer tiefen Krise. Es fehlt an Format und Stehvermögen.«

Meiner Meinung nach fördert man Defätismus unter anderem dadurch, daß man den Menschen erzählt, der Feind sei übermächtig, in jeder Hinsicht, und wir seien nicht bereit: um dann darzulegen, wie schnell der Feind operiert, während wir Demokratien uns im Schneckentempo fortbewegen, und wenn man sagt, es fehle an Format und Stehvermögen, fehlt es auch schon. Ich finde, Wissen ist etwas Wunderbares, Angst jedoch eine Krankheit: Und eine Möglichkeit, Angst zu schüren, ist, die Tatsachen schwarzzumalen, bis ein Sturm wie ein unausweichlicher, zerstörerischer Orkan aussieht ... Das hat alles nichts mit mir zu tun. Das sind nur allgemeine Überlegungen: weil ich Fünfte Kolonnen in Tschecho, Spanien, Frankreich und Schweden gesehen habe und weiß, wer sie führt, wie sie entstanden sind, wie sie weiterentwickelt wurden und was sie anrichten können.

Ich bin nicht mehr böse. Ich mache mir nur so meine Gedanken.

Deine alte Freundin,
Gellhorn

An Hortense Flexner

22. September 1941
Finca Vigia
San Francisco de Paula
Kuba

Liebste Leererin
Ich habe vergessen, dem Präsidenten zum Tod seiner Mutter zu schreiben oder zu telegraphieren, und jetzt, zu spät, muß ich etwas unternehmen, das ist sehr unangenehm, und noch fühle ich mich dem nicht gewachsen. Da ich einen gloriosen KATER habe, so einen richtig ausgewachsenen mit Sodbrennen, Tatterich und allem (y la gloria), warte ich wohl noch ein bißchen damit, dem Präsidenten mein Beileid zum Tod seiner alten Dame auszusprechen, die er gewiß geliebt hat, weil sie seine Mutter war, aber sie hatte nun wirklich nichts an sich, was einen Außenstehenden umgehauen hätte.

Ich lebe hier gerade als selige Junggesellin, das mag zwar sehr treulos klingen, aber ich war höllisch lange Junggesellin, das liegt mir, und keiner auf der Welt weiß diesen Zustand mehr zu schätzen als ich, die ich im Grunde so viel Zurückhaltung, Schicklichkeit und Hochachtung vor der öffentlichen Meinung besitze wie ein Tintenfisch, und wenn ich Junggesellin bin, so ganz rückhaltlos, mein Gott, wie ich das genieße. In letzter Zeit gehe ich also mit den Jungs aus, sturzbetrunken, darf ich nebenbei hinzufügen, und tanze bis sechs Uhr früh.

Wenn man verheiratet ist, kann man so was nicht machen, weil man nicht wach bleiben kann, und vielleicht mögen nicht beide tanzen oder was auch immer, und wenn man beschwingt und betrunken mit einem außergewöhnlich gut aussehenden jungen Mann tanzt, der einen sehr zu mögen scheint, gibt es Ärger und ernste Szenen. Und dabei geht es doch darum, jeden Ärger und Ernst zu vermeiden. Ich gehe nur mit den baskischen Pelotari aus, die – in meinen Augen – die körperliche Schönheit, über die die Griechen (anscheinend) geschrieben haben, mit einem schlichten, offenen und komischen Naturell vereinen, über das ich mich bodenlos erheitern kann. Sie kennen keine Scham, woran man ehrliche Menschen zuvorderst erkennt, und ihre Sprache ist so klar und zugleich so krude, daß einem alles, was man darin von sich gibt, einen elektrischen Schock versetzt.

Wir sind von einem Lokal ins nächste gezogen, aber das erste war das beste. Ganz die Schriftstellerin (von wegen), habe ich fasziniert beobachtet, wie sich mein alter Freund Pachi von einer Hure angehen ließ, die wie die Frau eines Farmpächters aussah, mit Pellagra, ohne Zähne und im billigsten, schlampigsten Seidenkleid von Sears Roebuck, und sie hielt sich erst gar nicht damit auf, zu tanzen oder ihm zu folgen, sondern rieb sich einfach mit einer Energie, mit der sie Butter hätte rühren können, der Länge nach an ihm. Es fielen wunderbar obszöne Witze auf Spanisch, sie haben

Wörter für alles, und Pachi genoß die Witze und scherte sich nicht, und die Hure brach in so ein seltsam hohes, gekränktes, irres Lachen aus. Es lief wunderbar, dicke Negerinnen tanzten die Conga, wie sie es nirgendwo öffentlich für Geld täten, und alle waren vollgepumpt und quietschfidel, weil zu benommen, um nicht glücklich zu sein.

Ich habe das alles gesehen, betrunken und nüchtern und so weiter, und sah auch den fünfundvierzigjährigen Amerikaner, der sich zu weit vorgewagt hatte und beflissen Blitzlichtfotos von schlichten, orgiastischen Negertänzen schoß, während Frau und Tochter, häßlich, bleich, still und grollend, ihm neue Blitzwürfel reichten und die Tänzerinnen keines Blickes oder Wortes würdigten. Es gab Handgemenge auf der Damentoilette und eine köstliche Sorglosigkeit, eine Atmosphäre, in der man sich nicht mal daran erinnerte, wer man eigentlich war: ein Hoch auf Sünde und Lüsternheit. Ich weiß, was ich will: Ich will ein Leben mit Menschen, das zum Platzen aufregend ist, leidenschaftlich und heftig und voller Lachen und laut und lustig wie die entfesselte Hölle, und die restliche Zeit will ich die ganze Baggage verdammt noch mal vom Hals haben, will allein sein, meiner Arbeit nachgehen und meinen Gedanken und bitte schön keinen Besuch.

Es ist, liebe Leererin, ein schwerer, aber unerheblicher Irrtum, daß ich als Frau geboren wurde. Ich glaube nicht, daß die Geschichte, sagen wir, darunter leidet: daß sich dadurch Massenschicksale ändern und verdüstern. Auf der anderen Seite, was für eine Verschwendung. Ich wäre wirklich ein ziemliches Mannsbild geworden, und als Frau bin ich bloß ein Ärgernis, ein Problem, etwas, das ganz sicher nirgendwohin gehört und nie ganz zufrieden oder erfüllt sein wird.

Nun bin ich also zu meinem ewigen Verdruß kein Mann, und wenn ich eine Frau sein soll, werde ich das Beste draus machen und mich von dieser biologischen Panne nicht stärker als nötig beeinträchtigen lassen. Ich kann mich mit allem auf der Welt arrangieren außer Langeweile, und ich will kein guter Mensch sein. Erbärmliche Menschen sind gut, weil sie nicht besser sein können. Ich will die Hölle auf Rädern sein oder tot. Und mein einziger Einwand gegen die Ehe ist, daß sie den Hauch von Güte in mir hervorkitzelt und dazu neigt, die Hölle auf Rädern abzumildern und zum Schweigen zu bringen, und irgendwann bin ich von mir selbst gelangweilt. Man muß schon blöd sein, um freiwillig schmerzlich gefährlich unglücklich zu sein statt gelangweilt: Und zu dieser Art Blödmänner gehöre ich.

Das (was im übrigen alles so geheim ist wie die Gruft, aus der kein Reisender wiederkehrt, also sieh Dich vor) ist um so kurioser, als mein Gatte selbst so eine Hölle auf Rädern ist, und überhaupt kreuzkurios ist, daß zwei Menschen nicht gesundheitlich unbeschadet zusammenleben können, wenn sie beide die Hölle auf Rädern sind, also müssen sie einander und der Gemeinschaft zuliebe zurückstecken. Und das ist ein Verlust, aber bis jetzt habe ich noch nicht herausgefunden, was ich dagegen tun soll. Ernest und ich leben, da wir Angst voreinander haben und beide wissen, daß der andere der gewalttätigste Mensch ist, den wir kennen, und wir kennen uns aus mit Gewalt, in beständigem Schrecken vor den Möglichkeiten des anderen. Also (glaube ich, aber viel grübele ich über so etwas nicht nach) lassen wir es, wenn wir zusammen sind, langsam angehen, damit der andere nicht in loderndem Zorn entbrennt.

Neulich abend war ich, bevor ich diese wunderbare Ära von Trunkenheit, Gelächter und Tanz einläutete, zu Hause, ganz züchtig und elegant und so weiter. (Der Regen ging mir auf den Geist; es regnet seit fünf Tagen, und am Ende wurde ich in die Stadt getrieben, um dieser Feuchtigkeit zu entgehen und dem schrecklich trägen Rauschen, und jetzt frage ich mich, ob ich noch nüchtern werde, bevor ich abreise. Es wäre amüsant, betrunken, verzückt und pflichtvergessen in Saint Louis aufzukreuzen, meinem nächsten Reiseziel. In Saint Louis gibt es niemand Brauchbaren, mit dem man sich betrinken könnte, kein Vollblut, das diese Schwelgerei in Energie und Witz verdient hätte.) An diesem Abend, dem ruhigen Abend, begann ich unter dem Eindruck von Brahms, der aus dem Capehart kam, Erinnerungen aufzuschreiben, an Dich, weil ich mit Dir immer reden kann. Aber die Erinnerungen kühlten sich ab, weil ich wußte, was ich tat; und wenn irgend etwas übrigbleibt, auf Papier, von meinem Leben, wird es so aussehen müssen, unverbunden und zaghaft, ohne Ziel aufgeschrieben und in einem Umschlag verschickt. Anders kann ich es nicht. Wenn ich anfange nachzudenken, erstarre ich. Und erstarrt schreibe ich wie eine Dame aus sauberem, ehrbarem, klugem, ruhigem Hause. Und was kann dabei schon herauskommen?

E ist in Sun Valley, ich reise am 2. Oktober ab, werde etwa 10 Tage in St. Louis verbringen, Mutter besuchen, zum Zahnarzt gehen, und danach fahre ich auch dorthin. Ich hasse es wie die Pest. Das ist der Westen in dekorativ sanierter Verpackung. Aber vielleicht brauche ich bis dahin ein wenig Sanierung, und außerdem ist es meine Aufgabe. Ich bin jetzt eine alte Frau (33 im November), unbekehrbar und im Herzen so neugierig und rundum wütend und auf Krawall aus wie in jungen Jahren. Aber das muß ich überwinden. Es ist unsinnig, der Allgemeinheit mit seiner verlängerten Pubertät zur Last zu fallen.

Meine Liebe. Ich wünsche Dir eine höllisch schöne Zeit. Etwas anderes lohnt sich doch gar nicht.

Innigst,

Gellhorn

An Max Perkins

17. Oktober 1941
Sun Valley Lodge
Idaho

Lieber Max;
Das Buch ist wunderschön. Ein schöneres habe ich noch nie gesehen, wir sind alle ganz bezaubert davon, und ich behandele es wie einen Zimmerschmuck, den man auf einen Tisch stellt und bestaunt. Der Umschlag ist besser als alle, die ich in letzter Zeit gesehen habe, und das Buch, der Leineneinband und der Druck, eine Freude. Ernest ist derselben Meinung und alle, die es gesehen haben, auch.

Nun werden einige Kritiker es mögen und andere nicht … Ich habe Ernest immer beneidet, weil er so glücklich ist, wenn ein Buch herauskommt, während mir eigentlich bloß immer schlecht wurde, ich war immer enttäuscht, von Angst erfüllt, und meist bereute ich das ganze. Aber dieses hier nicht. Ich weiß, es ist reifer als alles, was ich bisher geschrieben habe, und ich bin so erstaunt, etwas Reifes zu Papier gebracht zu haben, daher voller Zuversicht. Die schwächste Geschichte ist »Slow Train to Garmisch«, da kommt die alte Übelkeit wieder hoch. Aber die anderen kann ich lesen, und vorher konnte ich überhaupt nichts Gedrucktes von mir lesen, konnte nur draufgucken und mir sagen, nächstes Mal mache ich es besser. Aber kommen Sie jetzt nicht auf den Gedanken, ich würde mich in Selbstgefälligkeit suhlen und alles wunderbar finden. Es gibt noch so viel zu lernen, und alles muß noch dichter und schärfer werden.

Es ist sehr hübsch hier draußen mit den Bergen, die aussehen wie Löwenfell, und einem wunderbar kühlen, hellen Licht darüber. Gestern waren wir auf einer katastrophalen Entenjagd, saßen da und beobachteten, wie Tausende von Enten hoch wie Jagdbomber anderswo hinflogen. Nur Giggy hat richtig gut geschossen, aber heute sind E und die Kinder noch mal raus und wollen diesmal zu einer geeigneten Stelle. Bumby fischt, als hinge das Schicksal der Menschheit davon ab, und so sollte man wohl an alles herangehen. Gelegentlich läßt er von seiner hohen Berufung ab und spielt mit mir Tennis, mit mir oder mit Besseren, er ist herrlich anzusehen, ein sehr sanfter, sehr junger, sehr braver Junge. Mousie ist, glaube ich, der interessanteste Charakter, wobei keiner von ihnen mißraten ist, und es ist sehr beeindruckend, wie dieser unvergleichliche, unerklärliche Ernest seine Kinder aufzieht, so wie er schreibt, genial, gegen alle Regeln, unbeirrbar und besser als irgend jemand sonst.

Ich möchte lieber Schriftstellerin sein als irgend etwas sonst auf der Welt einschließlich Schützin oder Tennisspielerin, aber ich bin faul, habe mich um meine Mitmenschen zu kümmern, und außerdem sind Kopf und Herz sehr aufgewühlt. Es ist, als kochte man die ganze Zeit innerlich vor hilfloser Empörung, vor Zorn darüber, daß eine solch attraktive und möglicherweise anständige Welt ständig vor die Hunde geht, und das mit derartiger Grausamkeit und Verschwendung. Wenn man Pferde mag (was bei mir nicht der Fall ist), wäre es, als müßte man mit ansehen, wie Menschen sie schlagen und mißhandeln, jeden Tag, überall. Ohne daß man aufschreien darf oder mit Flaschen werfen. Dennoch hat es mich angewidert, daß Dos [Passos] beim P.E.N.-Kongreß in London sagte, Schriftsteller dürften jetzt nicht schreiben. Wenn ein Schriftsteller überhaupt Mumm hat, soll er die ganze Zeit schreiben, und je erbärmlicher die Welt, desto intensiver sollte ein Schriftsteller arbeiten. Denn wenn er auch nichts ausrichten kann, um die Welt lebbarer oder weniger grausam oder dumm zu machen, so kann er wenigstens getreu abbilden, etwas, das niemand sonst tun wird und das getan werden muß. Es ist die einzige Rache, die diesen verrohten Leuten je zuteil werden wird: daß jemand klar und deutlich festhält, was ihnen widerfahren ist.

Haben Sie Bowens Buch *Look At All The Roses* gelesen? Ich bin mir nicht sicher, was ich davon halten soll. Es wirkt so glänzend und beeindruckend, technisch, und so leer und doch nicht leer. Als würde sie einem beinahe etwas sehr Überraschendes und Neues erzählen und dann doch nicht, weil sie es nicht gesehen hat. Als machte sie ein großes Geheimnis um etwas, um es wichtig erscheinen zu lassen: Und all die Wörter sind wunderbar, aber wenn man näher hinschaut, sind sie falsch, und keine der Figuren ist lebendig und nichts von alledem ist passiert oder spielt eine Rolle. Es ist ein bißchen wie Kay Boyle und Katherine Anne Porter, die auch großes Talent besitzen, die die Spannung anheizen, daß man ganz begierig ist und die ganze Zeit aufpaßt, und am Ende gibt es nichts zu sehen, und was zum Teufel sollte das alles überhaupt. Aber es ist ein Talent: wie ein blinder Geschichtenerzähler, irgendwie, gekreuzt mit einem Verschwörer.

Dieser *Oxford Companion to American Literature* ist, offen gestanden, großer Mist. Haben Sie ihn schon gesehen? Ich glaube, das ist ein Oxford Companion to American Literature für Rotarier, die Bücher kennen wollen, ohne sie zu lesen. Ein Jammer. Es gibt da eine ganzen Passage über Ernest, die unübertroffen blödsinnig ist und aussieht, als wäre sie aus Klappentexten und billigen Rezensionen zusammengeklaubt. Und wie die *Stunde* in einem halben Absatz zusammengefaßt wird, das ist ein Wunder an Stillosigkeit und schlechtem Geschmack. Diese schreckliche Kultur des Eindampfens ist ein Unheil unserer Zeit, ganz gewiß. Finden Sie, daß man die Menschen kultivieren muß, wenn sie es nicht wirklich sind und gar keine Lust dazu haben? Ich finde nicht mal, daß man sie bilden muß. Wie Mr. James M. Cain und das Buch, das wir Mildred Pus nennen. Ich finde es prima, daß Mr. Cain nicht mehr ist, als er scheint, und wenn er besser denken oder fühlen und diese grauenhaften Schlüsse vermeiden könnte, würde er die erste Hälfte seiner Romane wahrscheinlich auch gar nicht erst schreiben, und das wäre ein Verlust. Wie mühelos man doch durch die bloße Lektüre eines schlechten Romans die Restaurantbranche kennenlernt.

Ich sollte aufhören, herumzufaseln.

Den allerherzlichsten Dank für all die Mühe, die Sie sich mit meinem Buch gegeben haben. Richten Sie bitte Charlie aus, wie glücklich ich mit der Ausstattung bin.

Ganz die Ihre,
Martha

Ein ehrbarer Beruf 1942–1945

Nach der Bombardierung von Pearl Harbour am 7. Dezember 1941 und dem Kriegseintritt der Vereinigten Staaten fragte Collier's *bei Martha an, ob sie weitere Reportagen für sie schreiben würde. Das amerikanische Militär war jedoch beharrlich gegen Kriegskorrespondentinnen an der Front, und erst im Sommer 1942 verfiel Martha auf einen »Nebenschauplatz«, an dem man ihre Anwesenheit kaum wahrnehmen würde. Im Juli machte sie sich auf in die Karibik, um über den U-Boot-Krieg zu berichten.*

An Charles Colebaugh

16. Juli 1942
San Francisco de Paula
Kuba

Lieber Charles;
Die Empfehlungsschreiben und die Funkkarte sind eingetroffen. Danke. Nun bin ich gerüstet. Jetzt halte ich nur noch die Luft an, bis ich Samstag das Flugzeug besteige und endlich wieder arbeiten kann. Die Funkkarte ist auf Martha Hemingway ausgestellt. Das macht nichts. Aber nicht, daß wir da etwas durcheinanderbringen; meine Artikel sollen immer unter Martha Gellhorn erscheinen, immer. Das bin ich gewesen, das bin ich jetzt und werde ich immer sein: Man kann sich keinen Namen wachsen lassen.

Ich werde das Beste aus dieser Reise machen, Charles, das weißt Du.

Deine

Marty Gellhorn

An Ernest Hemingway

26. Juni 1943
[Kuba]

Liebste Laus;
Ich habe jeden Tag von morgens bis abends wie wild geschrieben, habe noch nie so lange oder so intensiv geschrieben, und ich glaube, es ist gut. Jedenfalls fühlt es sich gut an, währenddessen und hinterher, und das ist derzeit mein einziger Maßstab. Es fühlt sich an, als würden in mir riesige Saftfontänen emporschießen; und in vier Tagen ist das Buch fertig. Es erscheint mir jetzt gut; diese letzten Kapitel erscheinen mir sehr gut.

… Ich habe Noel Cowards *Wofür wir dienen* gesehen, das einzig Schlechte daran war Noel Coward, der sich eine Art zu spielen zugelegt hat, bei der man weder einen Gesichtsmuskel bewegen noch die Tonlage verändern muß. Wirklich aberwitzig, Noels Vorstellung vom Gebaren eines Gentlemans und Seekapitäns. Wobei ich mich erinnere, daß das schon immer sein Stil war. Seine Rolle ist so abstoßend, daß man sich zusammenreißen muß, nicht den ganzen Film schrecklich zu finden; aber die kleinen Leute sind nicht nur hervorragend gefilmt, sondern auch hervorragend konzipiert, und so fügt es sich zu einer handfesten, bewegenden Geschichte. Natürlich ist dieser ganze Stuß mit dem Schiff so übertrieben, daß einem das echte Schaudern kommt; und mein Gott, wenn man den Engländern glauben soll, geben sie nicht nur nie ein Wort der Klage von sich, sie geben überhaupt kaum je ein Wort von sich. Ich weiß nicht, Du mußt ihn Dir selber ansehen. Alles, was richtig und falsch ist, steckt drin; aber als Spezies leiden sie an Hirnverstopfung, ohne Drücken kommen weder Gedanken noch Wörter heraus.

Schaffst Du es, zum Feiern wieder bei mir zu sein? Du mußt inzwischen halb verrückt sein in Deiner treibenden Sardinenbüchse mit all den Seelen und all den Leibern um Dich herum. Ich bewundere Deine Geduld mehr, als ich ausdrücken kann. Du bist ein sehr disziplinierter Mann.

Ich liebe Dich, Picklepot. Amüsieren sich die Kinderlein gut?

Marty

An Ernest Hemingway

28. Juni 1943
[Kuba]

Meine liebste Laus;
Wie ich mich nach Dir sehne. Meine Katzen sind sehr lieb zu mir, aber glücklicher- oder unglücklicherweise können sie weder lesen noch sprechen. Ich sage zu ihnen: Es ist ein gutes Buch; und sie fegen wie nichts über den Tisch und tollen mit dem Kabel herum, und Friendless setzt sich mit ihrer Schnurrmaschine kurz auf meinen Schoß.

Alicia, die das Tippen übernommen hat, amüsiert mich. Sie ist mit Sicherheit die einzelligste Frau, mit der ich je zu tun hatte. Heute sagte sie zu mir: »Martha, ich hasse Männer.« Und das glaube ich ihr: so wie die Arbeit das Kapital haßt. Sie findet meine Bücher »fesselnd«; ihr gefallen Marcs »Reaktionen«. Wie eigenartig das alles ist; wie eigenartig das Leben ist. Wer hätte je gedacht, daß ich, die mit dem Traum vom Schreiben auszog (und dieser Traum hat sich zumindest nie geändert), in einem *maison de passe* neben der Madeleine gewohnt hat und, so romantisch und verlegen, statt Frühstück einen Strauß Veilchen als Schmuck für die Jobsuche kaufte, in dieser vollkommenen, geborgenen Pracht landen und mein fünftes Buch beenden würde. Aber ach. Ich will nicht älter werden; nicht einmal, wenn ich dann viel besser schreibe, mehr weiß und ein beneidenswertes Leben führe statt des ziemlich schäbigen, unsicheren, das nur durch meinen Habitus aufgewertet wird. Ich will überhaupt nicht älter werden. Ich will es so wenig, daß ich jetzt, auf der Stelle, das erbärmliche erste Buch gegen dieses vielleicht hervorragende fünfte Buch eintauschen würde: um, inbegriffen in den Tausch, die Angst, die Überraschung und die Hoffnung der Zwanziger zurückzubekommen.

Vom Verstreichen der Zeit hat man im Grunde nichts. Und ich war nicht schön, als ich jung war, keiner hat es behauptet, und ich fand es auch nicht; und es war weiß Gott eine Plackerei. Heute habe ich so viel, daß es mich erschreckt: üppigste Segnungen. Aber was ich weiß, gefällt mir eigentlich nicht; Weisheit und Erfahrung können mir im Grunde gestohlen bleiben. Ich würde lieber glauben, mich windelweich prügeln und ein bißchen weiterglauben. Ich mag die etablierte, wohlbewehrte Frau nicht, die ich geworden bin. Das laute plärrende zerzauste naive unbesonnene mißratene Mädchen war ein besserer Mensch.

Ich wünschte, wir könnten das alles auf der Stelle anhalten, Prestige, Besitz, Rang, Wissen, Sieg: und daß wir beide durch ein Wunder wieder unter dem Friedensbogen in Mailand stünden, Du so fesch in Deinem Motorradbeiwagen, und ich, schlecht angezogen, grimmig, liebend, auf der Straße darauf wartend, daß Du fotografiert wirst. Mein Gott, wie ich mir das wünsche. Ich würde das letzte bißchen, das ich jetzt besitze, dafür hergeben, mit Dir wieder jung und arm zu sein, so arm, wie man nur sein konnte, und die Tage mühsam, aber immer in diesem Glanz, der von der Unsicherheit herrührt, vom Hoffen, ja vom Glauben an genau die Dinge, die wir jetzt haben. Ach Mist. Ich bin ein Dummkopf.

Wo war ich? Ich habe inzwischen zu Abend gegessen. Abends schreibe ich die besten Briefe und die schlechtesten Bücher. Aber vielleicht findest Du das ja gar nicht? Vielleicht sind Dir, verständlicherweise, die Morgenbriefe lieber, das fröhlich Vertraute. Ich bin nicht fröhlich, ich war nie fröhlich, das ist mir nun mal nicht gegeben. Aber viel Übung und viel Furcht haben mich gelehrt, mich zu verstecken, daher wirke ich fast so schön selbstvergessen wie alle anderen. Nur daß es nicht stimmt und ich Selbstvergessenheit verabscheue: Ich will ein intensives Leben, egal, ob gut oder schlecht, aber intensiv soll es sein. Ich will es spüren, jede Minute.

Die Ehe ist etwas Besonderes, weil sie überall, immer schon, in der Natur vorkommt, und weil sie eher ein Instinkt ist als irgend etwas anderes, muß sie gut sein. Aber sie verroht auch. Du bist so oft und so lange verheiratet gewesen, ich glaube im Grunde nicht, daß sie Dich wirklich erreicht. Das ist Deine Stärke. Es wäre auch schrecklich, denn was Du bist, ist so viel wichtiger als die Frauen, mit denen Du zufällig verheiratet bist, und ganz gewiß wichtiger als dieser institutionalisierte Instinkt. Aber es ist ein komischer Vorgang. Man ist geborgen: Zwei Menschen leben zusammen und wissen, sie sind zu bestimmten Zeiten zusammen in irgendwelchen vier Wänden. Und nach und nach werden sie füreinander der gemeinsame Nenner: Sie kommen wortlos überein, Visionen und Leidenschaft und das komplizierte persönliche Zeug fahrenzulassen: Sie finden eine gemeinsame Grundlage, die grün ist und weich, und auf der bleiben sie. Dabei können sie ziemlich schrullige, feurige Zeitgenossen sein: wie all die schönen Sagengestalten; Ikarus und Prometheus und Leda und so weiter: Aber sie sind zwei Menschen, die beschlossen haben, alle Kanten abzuschleifen, die Stimme zu senken und zu leben. In diesem Moment ihrer Zweisamkeit können sie so wild und so frei sein, wie sie wirklich sind; wie sie innen sind, wo sie nie von einer organisierten Gesellschaft gehört haben und der heiteren, rücksichtsvollen, praktischen Institution der Ehe.

Ich möchte jung und arm sein, in Mailand, mit Dir und unverheiratet. Ich glaube, auf gewisse Weise wollte ich mich immer wie eine Frau fühlen, und am nächsten kam ich dem im ersten Winter in Madrid. Mit diesem Gefühl verbindet sich eine Blindheit, eine Inbrunst, eine Sorglosigkeit, die man sich immer wünschen muß. Ich mag nicht so weise und so vorsichtig sein, so zuverlässig, so denaturiert, so imstande weiterzumachen. Der Grund, weshalb ich in Kriegen immer am glücklichsten bin (abgesehen davon, daß ich nie getroffen wurde), ist vielleicht, daß der Krieg der allergrößte Wahnwitz ist und den Beteiligten gestattet, das gesamte solide Rüstzeug über Bord zu werfen und selber wahnwitzig zu sein. Wenn das Wahnwitz ist? Hängt wohl von den Werten ab.

Ich möchte beinahe zwanzig Dollar darauf wetten, daß dieser Brief Dich ärgert, meine Laus. Oder? Was will die bloß, wirst Du sagen, daß sie hier klagt und vergangenen Zeiten, Orten und Leben nachweint? Was ist nur los mit diesem Weibsstück: Habe ich nicht schon genug Probleme, auch ohne sie? Aber ich bin kein Problem, Laus, denk das ja nicht. Ich bin kein Problem. Ich habe ein Hirn in meinem knochigen Schädel, wie alle, und um das geht es mir. Ich schreibe Dir nur, was ich heute abend fühle oder denke, weil warum nicht: Wir können nicht so verheiratet sein, daß wir nicht unsere Meinung sagen dürfen.

Marty

Martha vereinbarte mit Collier's, *daß sie nach Europa zurückkehren würde, um über den Krieg zu berichten. Sie drängte Hemingway, mit ihr zu kommen, doch er sagte, er bleibe lieber auf Kuba und jage deutsche U-Boote.*

An Ernest Hemingway

16. September 1943
Hotel Berkshire
New York

Liebster; meine Schreibmaschine ist kaputt, darum sitze ich in Max' Büro, solange er in Baltimore ist, und schreibe Dir, mein Allerliebster. Es gibt so viel zu berichten, daß ich fürchte, alles zu vergessen, also sehe ich zu, daß ich erst den Kleinkram unterbringe.

... Und jetzt kommt das Wichtigste: der Film. Laus, die Kritiker sind verrückt. Es ist ein guter Film; als Film möglicherweise einer der besten, reifsten, die ich je gesehen habe. Man darf dabei nicht ans Buch denken; das ist ein anderes Medium. Ich werde Kritiker, egal welche, nie verstehen; weiß der Himmel, was die treibt.

Zunächst einmal ist es keine politische Katastrophe, wie sie behaupten. Dreimal werden die Nationalisten erwähnt; ohne das Wort Faschist zu gebrauchen. Aber die Gruppe spricht durchweg von der Republik, und Pilars Liebe zu ihr ist vollkommen offensichtlich. Man weiß, wo der Film angesiedelt ist und welches die beiden Seiten sind. Die meisten Faschisten sind auf jeden Fall ziemlich unattraktiv. Der Moment, wo Ingrid [Bergman] erzählt, wie ihre Mutter und ihr Vater getötet wurden (mit deinen Worten), ist so herzzerreißend traurig wie nur irgendwas; da fliegen ihr alle

Herzen zu. Danach bleibt die Knüppelszene erstaunlich wirkungslos, und die Gesichter der Gedroschenen sind alle böse (moralisch böse), und es ist klar, daß die Knüppelschwinger im Affekt gehandelt haben und es bereuen. Ich würde sagen, die politische Richtung ist für Hollywood-Verhältnisse klar und außerdem richtig. Die einzig schlechte Stelle eine Rede, drei Sätze, die Gary [Cooper] von sich gibt, als Antwort auf Fernandos Frage, warum er nach Spanien gekommen sei. Diese Rede ist ein Gemurmel aus Einzelwörtern, die nichts erklären. Sie hätten eine Rede einfügen können, weniger klar (er nennt Italien und Deutschland auf der einen Seite, Rußland auf der anderen, Spanien in der Mitte usw.), die Jordan als Figur die nötige emotionale Motivation geliefert hätte. Das ist meine einzige Kritik am politischen Gehalt. Und Du kennst mich und meine Kritikfreudigkeit.

Und Gary ist wunderbar. Es tut mir in der Seele weh, was er für ungerechte und miese Kritiken bekommen hat. Er spielt ganz zurückgenommen; er sieht wirklich müde aus und nicht gerade jung; aber er muß sich zurücknehmen, als Gegengewicht zu den anderen und weil er als einziger die Situation vollends erfaßt hat. Seine Liebesszenen mit Ingrid sind ergreifender geworden als alles, was er je gemacht hat; wenn er nur die Hand auf ihr Haar legt, möchte man weinen. Und meine Güte, ihr Haar ist bewegend, so schön, so schön. Er spielt mit seinen Augen, seinem

Lächeln, seinen Händen, so fein und beherrscht, wie ich es selten gesehen habe. Es ist eine zarte Liebesgeschichte, nicht diese zupackende Möchtegernleidenschaft von Hollywood, und ich hätte nicht gedacht, daß er zu solcher Ruhe und Sanftmut fähig ist. Seine Tonlage ist zwar eher begrenzt, aber das fand ich nicht schlimm. Ich fand es entspannend (in diesem Durcheinander von Akzenten) und passend. Auch da verstehe ich die Kritik an ihm nicht.

Der Mann, der Pablo spielt, ist auch großartig, Laus; unglaublich gut; häßlicher, als ich ihn mir vorgestellt hatte, und schmutziger, aber so gut. Und Pilar ist, wenn auch ab und zu etwas theatralisch, prima, und ihre Stimme und ihr Ausdruck sind sagenhaft. Alle Schauspieler außer dem Zigeuner sind wirklich prima. Der Zigeuner ist als komisches Element angelegt; ich meinte, er sei wie ein jüdischer Komiker, und Jane widersprach mir, er sei wie ein italienischer Barbier in einer europäischen Burleske. Er war einfach furchtbar; das Publikum fand ihn toll und hat bei jeder Bemerkung gelacht wie eine Herde Ziegen.

Der Film ist lang; aber mir war er nicht zu lang, und das Publikum war gebannt und still. Man darf nicht rauchen; ich glaube, das strengt die Leute an; fast drei Stunden ohne Zigarette. Wenn man rauchen dürfte, würde bestimmt niemand die Länge des Films erwähnen. Dieses Publikum, Leute, die keine Kritiken lesen, ist wirklich jede Minute dabei; und natürlich ist der

Film ein riesiger finanzieller Erfolg, was uns gleichwohl schnuppe ist. Es gibt keine Freikarten, weil alle Plätze ausverkauft sind.

Die Dialoge sind großartig, das meiste stammt von Dir. Es klingt zu schön und so treffend, nie gekünstelt, nie schwierig. Wenn Ingrid beim Küssen sagt, »Wo muß ich mit der Nase hin?«, kann man das wirklich kaum ertragen, Laus, so rührend ist das. Sie ist sowieso in diesem Film (und nur in diesem) eine der seltenen Schönheiten dieser Welt; sie hat abgenommen, und sie sieht so groß aus, so anmutig, so stark, und dieser kindliche Mund, nahezu ungeschminkt, und diese Weichheit und Güte. Du wärest *exalté*.

Die Handlung baut sich sehr gut auf, ist dicht und geradlinig; und die Passage, wo Augustin (richtig?) die Nachricht zu übermitteln versucht, ist phantastisch. Mit Marty wirklich mörderisch und verrückt und gelungen; und dieser Kharkov, der ganz kurz auftaucht, da läuft es einem vor Entzücken kalt den Rücken runter, selten solche Schauspielkunst gesehen. Gary wirkt ständig müde; aber das soll er ja auch als Jordan, wieso sollte er als Jordan ausgelassen und albern sein. Nur soll ja keiner behaupten, Jordan hätte Maria nicht geliebt; denn das hat er.

Aber: Die Farbe ist schrecklich. Du weißt ja, daß sie damit noch nicht so weit sind. Und es ist eine fürchterliche Ansichtskarte, ich fand es nie gut, immer zu grell, und deshalb sehen die nachgebauten Kulissen aus wie Pappmaché. In Grau und Schwarz hätten sie passabel ausgesehen. Aber die Farbe bringt das Künstliche hervor, auch beim Make-up. So sehen sowohl Pilar als auch Pablo künstlich aus; ihr Schmutz ist Theaterschmutz. Das wäre in Grau und Schwarz nicht passiert, das ist sehr bedauerlich. Aber das Publikum findet es herrlich, und für Ingrid ist die Farbe genau richtig; das Blau ihrer Augen, das lohfarbene Haar, der beige Schimmer ihrer Haut. Aber das ist nichts, wofür man sich schämen muß; es schmälert das Buch nicht; für mich war es ein Wunder, und ich bin ganz vernarrt in den Film. Und ich hatte schon gedacht, er würde mich fuchsteufelswild machen.

... Ich liebe Dich so und vermisse Dich und bewundere Dich und bin so stolz auf Dich. Ich bin so froh, daß Du nicht hier bist und im eigens geschneiderten Anzug edel in Bars herumstehst. Ich bin so froh, daß Du der Mann bist, der Du bist, und Dein Leben so führst, wie Du es führst.

Gestern abend habe ich mir das Musical angesehen, das Fats [Waller] geschrieben hat, und die Musik ist göttlich. Mehr dazu morgen. Auf immer und ewig die Deine,

Mooky

An Ernest Hemingway

30. September 1943
114 East 52
New York

Liebster Pup-pup;
Deine Weisheit steht mir täglich deutlicher vor Augen. Nicht umsonst haben sich die ausgebufftesten Kerle den Theater- und Filmleuten immer verweigert. Gestern habe ich Miss Helburn in ihrem Guild-Büro aufgesucht. Ihren Brief an mich habe ich Dir geschickt; inzwischen hatte sie mein Buch gelesen und mit mir diesen Termin vereinbart. Zunächst hat sie mich warten lassen (was in Ordnung ist), und dann ist sie mehrmals hinausgelaufen, und sechs Sekretärinnen kamen hereingelaufen, sie hat Schecks unterschrieben, telefoniert, diktiert und dermaßen geschäftig getan, daß sie eingespannter wirkte als der Präsident persönlich. Sie war selbstgefälliger als Gott. War so freundlich zu mir, ach so gnädig. Ich wollte Sie schon immer mal kennenlernen, Miss Gellhorn (es regt mich heute auf, wenn man mich Miss Gellhorn nennt, wobei es mich früher aufgeregt hat, wenn man mich Mrs. H. nannte). Ich wußte, daß Sie irgendwann etwas Gutes fürs Theater schreiben (soll heißen: noch nicht geschrieben haben). Was haben Sie sonst noch gemacht, haben Sie nicht in Zeitschriften Kurzgeschichten veröffentlicht? Welcher Jahrgang in Bryn Mawr? Haben

Sie dort Kate [Hepburn] kennengelernt? Immer so weiter. Den vermeintlich durchdringenden Blick, der alles sieht und zwischen jedem Blinzeln den Charakter bewertet, derweil prüfend auf mich gerichtet. Das Buch sei so wunderbar gezeichnet, so eine wunderbare Liebesgeschichte. Allerdings sei es ja ein Buch über Rassenmischung. (Stell Dir vor. Welcher Kretin würde ein Buch über Rassenmischung schreiben.) Ich sagte, wissen Sie, ich persönlich habe es eigentlich immer für eine Liebesgeschichte gehalten. Für den gemeinen Leser, sagte sie, ist es eine Geschichte über Rassenmischung. … Sie hat mich in die Situation gebracht, mein Werk erklären und verteidigen zu müssen; wie eine Bittstellerin um die Aufmerksamkeit der Gilde zu betteln. Ich wurde ganz hilflos und sprachlos und fahrig vor Wut. Miss Helburn denkt allen Ernstes, ihr gehört die Welt. Da gehe ich nicht wieder hin; wenn sie das Buch kaufen wollen, bitte, aber ich rede nicht mehr mit ihnen oder irgendwem darüber. Es ist fertig; ich werde nicht überall jammernd beteuern, es sei eigentlich kein Buch über Rassenmischung (schreckliches Wort), während sie sagen, aber schließlich ist die Heldin doch farbig. Meine wunderbare Liana: eine Mischkönigin.

… Heute bin ich zu George gegangen, der mich schwer gescholten hat, weil ich eine Woche nicht da war und unterdessen wieder ganz steif und verdreht war. Er sagt, mein Körper sei schrecklich und meine Schenkel eine Katastrophe.

… Lausi, der Brief, in dem Du schreibst, dies seien die schlimmsten zwei Wochen Deines Lebens und Du hättest das Gefühl, vor Traurigkeit zu sterben, ist einfach zu entsetzlich. Wenn Du willst, lasse ich England sausen und komme zu Dir zurück. Du bist mir wichtiger als alles andere auf der Welt, Du kannst mir doch nicht vor Traurigkeit sterben. Das kann ich nicht zulassen. Wenn Du meinst, Du kannst es wirklich nicht ertragen, dann sollten wir vielleicht die ganze *Collier's*-Sache abblasen, und ich komme nach Hause. Ehrlich gesagt bin ich auch nicht gerade springlebendig; da ist eine große Einsamkeit, die noch so viele Leute nicht füllen können. Und ich habe allmählich genug vom Räderwerk des Lebens; dem Bemühen, in der Welt zu leben und meinen Platz darin zu finden. Ich will nur Dich und gut schreiben. Ach, meine Laus, ich liebe Dich. Sag mir, wie Du es brauchst, und so machen wir es.

Deine Frau,
Mook

An Ernest Hemingway

29. Oktober 1943
Estoril Palacio Hotel
Lissabon
Portugal

Liebling: Wir sind seit 2 Tagen hier – vielleicht geht es heute los oder morgen oder wer weiß wann. Das Estoril ist schön, mehr wie San Raphael als Cannes, und ein bißchen kälter, als einem lieb ist …

… Ich habe 2 Nächte getanzt. Ich finde es herrlich & stelle fest, daß es mir wieder liegt. Ich ziehe mit einer Cuadrilla durch die Gegend, bestehend aus dem Clipper-Kapitän, dem Copiloten, einem großgewachsenen, aknemaskierten, finsteren jungen Radiotechniker & einem blitzgescheiten jungen Mann aus Montana, der unsere Forschungsabteilung in London leitet (effizientere Methoden zur Auslöschung). Der Kapitän (der eine grauenhaft vernarbte, deformierte Stirn hat – in der offenbar ein Stück Schädelknochen fehlt) ist der einzige Erwachsene unter ihnen. Aber es sind zünftige & fröhliche Trinkgenossen, gute Tänzer & hofieren Deine Frau, und ich amüsiere mich sinnlos.

Gestern abend sind wir in ein russisches Lokal gegangen, und der Wodka war wirklich köstlich. Noch nie besseren getrunken. Ein netter Akkordeonspieler ist von Tisch zu Tisch gegangen und hat gespielt, wonach man verlangt hat. Wir waren von Hunnen umringt. Sie sehen schrecklich aus, Laus, mit stumpfen, satten, grausamen Gesichtern. Wirklich schlimm – keine Einbildung; aber richtig böse. Sie haben natürlich nach Kitsch und Schmalz verlangt. Einer von denen war fett, blond & und sehr geckig im grauen Nadelstreifenanzug. Als das Akkordeon an unseren Tisch kam, sagte ich, spielen Sie *The Last Time I saw Paris*. Der Mann spielte (mit flüchtigem Blick auf die Hunnen, die ganz still waren) ... Die Musik trällerte aus wie eine wirklich grandiose Beleidigung dieser schweren, müden, stumpfgesichtigen Männer, und da war es, es war wieder da, trotzig & schön in einem wunderbaren Lied. Der halbe Raum applaudierte wie nie zuvor; & die waren still. Ich hätte vor Freude beinahe geweint. Man konnte sehen, daß sie sich all unsere Gesichter eingeprägt haben. Und natürlich bekommt man bei ihrem bloßen Anblick Mordgelüste. Sie verlangen lauthals danach, weggeschafft zu werden. Es gibt auf der Welt niemanden, der so ist wie sie.

... Ich liebe Dich, meine Laus. Ich bin wirklich sehr glücklich. Der Geschmack ändert sich wohl recht wenig. Ich ziehe gern umher – ich bin ein sehr oberflächliches Mädchen. Die einzigen Wurzeln, die ich habe oder wünsche, wachsen in Dir & Mutter. Aber glaub ja nicht, daß ich unser Zuhause nicht liebe ... Es ist bloß so schön, die Welt zu sehen bei 250 Meilen die Stunde.

Einen dicken portugiesischen Kuß,

Bongie

An Ernest Hemingway

13. Dezember 1943
Dorchester Hotel
London

Liebster Mucklebugletski; Heute habe ich vier Briefe von Dir erhalten, also ist es ein nationaler Feiertag.

... Ich möchte Dir etwas über Journalismus schreiben, weiß aber nicht, ob ich dazu imstande bin, und vielleicht bin ich auch zu müde. Ich verstehe genau, daß er schlecht für Dich ist; denn das ist kein hinreichendes Gewerbe für Dich und hat auch etwas leicht oder dauerhaft Unreifes an sich. Aber für mich ist er gut. Meine Augen und mein Kopf bekommen jede Menge Futter, und sie brauchen was zum Angucken und nicht nur Lesen, einfach weil sie nicht erster Güte sind; aber es ist ihr bestes Futter. Der Journalismus ermöglicht mir, Menschen kennenzulernen, die ich sonst nie kennenlernen würde, und ich will sie kennen. Es war phantastisch, die Bomberpiloten kennenzulernen, den Schönheitschirurgen und die Männer da draußen, die Gossenkinder von London. Wirklich phantastisch. Ich möchte das nicht missen; ich mag sie, und sie faszinieren mich. Außerdem hat sich alles, was ich je geschrieben habe, zunächst durch den Journalismus eingeschlichen, jedes Buch, meine ich; da ich weder Jane Austen noch die Brontë-Schwestern bin, muß ich etwas mit eigenen Augen sehen, bevor ich es mir vorstellen kann, und nur so kann ich sehen.

Dann gibt es da noch zwei Dinge, die weniger persönlich sind und vielleicht auch nicht haltbar, ich bin mir auch nicht immer sicher, ob ich sie glaube. Zunächst einmal, wenn die öffentliche Meinung überhaupt zählt, dann hat auch diese Art des Schreibens seine Berechtigung. Ich will damit nicht sagen, daß irgend etwas von dem, was ich schreibe, unmittelbar Taten nach sich zieht oder überhaupt irgendwelche Taten; ich bilde mir aber gerne ein, daß es ein gewisses Klima schafft, daß es die Leser für etwas sensibilisiert. Der zweite Aspekt ist negativ; wenn meinesgleichen nicht schreiben würde, täten es viel schlimmere Leute. Ich kann nur die Wahrhaftigkeit dessen, was ich schreibe, garantieren, ohne je zu behaupten, daß es die ganze Wahrheit wäre, denn ich kenne nie die ganze Wahrheit, und wenn, würde sie keiner drucken. Aber ich weiß, daß ich gewissenhaft und bemüht bin und nichts erfinde, und ich glaube tatsächlich, daß ich etwas negativ Nützliches tue, indem ich den Raum und das Papier benutze, die sonst von weitaus Schlimmeren in Anspruch genommen würden.

Ich weiß, diese Arbeit schadet mir nicht. Im Gegenteil. Sie erschöpft mich körperlich, doch da ich mich nicht so bierernst nehme, kann ich mich unmöglich als Prophetin oder Meinungsführerin begreifen. Ich fühle und handele wie eine emsige Stenotypistin und mache mir dabei auf befriedigende Weise die Hände schmutzig. Ich glaube, Du brauchst nicht zu fürchten, ich könnte jemals scheintot sein: gelegentlich versuche ich, wenn ich mit Arschlöchern zu tun habe, den starken Mann zu markieren, weil nur das sie beeindruckt, aber es gelingt mir nie besonders gut. Und ich bin auch keine Scheintote, weil dies eine schöne große Welt ist, in der ich gern herumlaufe und die ich mir gerne ansehe; und so gesehen, liebste Laus, kann ich mich glücklich schätzen, daß mir das als Frau vergönnt ist, denn die meisten Frauen können nirgendwohin laufen und gar nichts sehen, sie werden zu Handpuppen, öden ihre Männer an, und wo stehen sie dann.

Ich unterstelle nicht, daß es für Dich gut oder notwendig oder erstrebenswert wäre. Dennoch glaube ich, Du hättest neulich nachmittag furchtbar gern die winzig kleinen Silberballons gesehen, die wie Elefanten am rosaroten Himmel vorbeizogen, über die Stadt, die jetzt so griesegrau ist und immer noch ziemlich hübsch. Ich glaube, Dir hätten die schwarzen Lancs gefallen, die in die schwarze Nacht entschwanden. Ich glaube, Dir würden die langen kalten Zugfahrten gefallen und auch, den Menschen zuzuhören. Ich finde es nicht abstoßend, die Welt zu betrachten und den Krieg; denn irgend jemand muß hinschauen, und schließlich haben wir uns das Hinschauen erarbeitet. Es ist ein ehrenvoller Beruf. Du bist ein großer Schriftsteller, und was Du siehst, wird gepreßt und verdichtet, und irgendwann wird daraus ein Buch. Ich bin keine große Schriftstellerin, ich fungiere eher als Darmspülung, wobei in Hochgeschwindigkeit Zeug rein- und rauskommt. Hin und wieder bin ich aber einigermaßen zufrieden mit meinen Artikeln, und selbst wenn ich nicht zufrieden bin mit dem, was ich schreibe, bin ich äußerst zufrieden mit dem, was ich begriffen habe. Mein Geist fühlt sich gerade sehr wohl, er ist lebhaft und verdaut mühelos.

… Ich liebe Dich sehr. Ich werde Dich nicht mehr drängen zu kommen, obwohl ich glaube, daß Du es bereuen wirst, und ich glaube auch, daß es einen großen Verlust für die Zukunft bedeutet, für alle Menschen, die lesen wollen und müssen. Aber ich werde es nicht wieder erwähnen und verstehe genau, wie Du Dich jetzt fühlst, ich weiß, es ist die Hölle für Dich da draußen allein, aber ich muß Dich um Geduld bitten. Du hast ein Leben dort, weil Du sinnvolle Arbeit verrichtest; an die Du glaubst und die Dir liegt. Ich glaube aber auch an meine Arbeit und bereue zutiefst, die letzten Jahre so viel nicht gesehen und begriffen zu haben, und letztlich wäre ich Dir, wenn ich vorzeitig zurückkäme, nicht von Nutzen. Ich würde alles darum geben, bei der Invasion dabeizusein, Paris gleich am Anfang zu sehen, den Frieden mitzuerleben und abzuwarten, was sie mit Deutschland machen; aber ich weiß, das steht alles außer Frage. Nur muß ich mein

Leben leben genau wie Du, sonst gibt es kein Ich, das Dich lieben kann. Du würdest mich nicht wollen, wenn ich eine schöne große Steinmauer um die Finca errichtete und mich hineinsetzte. Ich bin noch dieselbe Person, die 1929 Artikel für ein Handelsblatt der Dampfschiffahrtsgesellschaft schrieb, um sich eine Überfahrt dritter Klasse nach Frankreich zu verdienen. Solange ich lebe, werde ich nicht genug sehen. Und auch wenn mein Blick auf die Welt einer Cook-Tour entspricht, während Deiner *en profondeur* ist, tust Du gut daran, mir meinen zuzugestehen, so wie ich Deinen respektiere.

Gutenacht, meine Laus. Mein Gott, bin ich müde. Der Tag ist nicht lang genug und die Nacht auch nicht. Ich bin jedenfalls gerade ein reizender Anblick, schön und schlank mit herrlichen Hohlwangen. Und sehr fidel, wenn nicht gerade erschöpft.

Ich liebe Dich,
Mook

Hemingway verübelte Martha zunehmend ihre lange Abwesenheit. Seine Briefe an sie, bis zum Frühherbst noch voller Zuneigung, waren nun ärgerlich und vorwurfsvoll. »Vielleicht sehen wir uns bald, vielleicht auch nicht«, schrieb er am 31. Januar 1944. Martha beschloß, nach Hause zu kommen, und machte auf dem Weg in Algiers halt, wo Duff Cooper zum britischen Delegierten des Französischen Komitees für die Nationale Befreiung ernannt worden war mit der Aussicht, nach dem Krieg als Botschafter nach Paris zu gehen. Martha wohnte bei ihm und seiner Frau Diana Cooper.

Als Martha nach Kuba kam, war die Finca verwahrlost und voller Trinkkumpane, und Hemingway, der sich einen dichten grauschwarzen Vollbart hatte stehen lassen, war griesgrämig und gereizt. Vor allem aber hatte er es sich anders überlegt, wollte nun doch nach Europa und hatte einen entsprechenden Vertrag mit Collier's *ausgehandelt, der Martha faktisch degradierte. Es gab Streit. Hemingway bekam nun den Flug, während Martha, die schreckliche Angst hatte, den D-Day zu verpassen, schließlich mit Hilfe von Allen Grover eine Koje auf einem norwegischen Frachter ergatterte, der Amphibienpanzer und Dynamit transportierte.*

An Hortense Flexner

wahrscheinlich 17. Mai [1944]
[auf See]
c/o Amerikanische Botschaft
London

Meine liebe Leererin;
Gott, genieße ich diese Zeit. Ich habe gerade sieben Seiten einer Kurzgeschichte geschrieben, die gut wird; sehr gut, glaube ich. Ach, Himmel hilf, ich hoffe, sie wird gut. Ich bin ganz verschwitzt und ermattet und wohlig, hochfliegend wohlig oder als könnte man auf dem Wasser laufen. Ich hoffe, sie wird gut. Ich hoffe, ich bin nicht zu glatt; ich hoffe, ich mache es mir nicht zu leicht. Ich hoffe, sie geht mir nur so leicht von der Hand, weil ich lange darauf hingearbeitet habe, weil ich Profi bin und mein Handwerk beherrsche; ich hoffe, sie ist nicht einfach nur glatt.

... Und hier sind wir nun. Es ist ein Tag über die Zeit, die der Herr brauchte, um die Welt zu erschaffen. Ich bin mir ziemlich sicher, daß die Zeit selbst damals nicht langsamer fortschritt. Ich habe so viel geschlafen, daß die Tage nicht mehr existieren, es gibt nur Phasen, in denen ich zufällig wach bin, aber das kann nachts sein oder tags. Gestern war ein klarer Tag (die restliche Zeit Nebel), und auf einmal waren da drei Eisberge. Also war gestern Eisbergtag. Die anderen Tage haben keine Namen. Ich hatte noch nie einen Eisberg gesehen, sie sind unfaßbar schön und sehr wild. Sie passen ins Meer, sie sind wild und fremd wie etwas aus einer anderen Epoche, bevor alles organisiert und verdorben war. Einer sah durch den Feldstecher aus wie die Flügel einer weißen Taube, die kopfüber zum Sterben herabgefallen ist, mit steil gespreizten Flügeln. Der nächste sah aus wie eine riesige, imposante Wunderlampe von Aladin mit hoch aufgerichteten Wänden, glatt, hoch und hart und aus Granit, wenn Granit Diamanten wäre. Der letzte war ein großer Gipfel, ein konventioneller Eisberg mit einem hohen Fangzahn, der in den Himmel stach.

Der Geleitzug ist putzig und seltsam. Bei Nebel gerät alles durcheinander wie bei der Reise nach Jerusalem, und wenn sich der Nebel lichtet, wuseln die Schiffe alle umher wie Kinder in grauen Schuluniformen, die versuchen, einen der Stühle zu ergattern. Wenn Ordnung herrscht, sieht es manchmal aus wie ein Spielzeug aus Mr. Schwarz' Spielzeugladen; eine große Zahl ungleicher kleiner grauer Boote, die an ein großes, flaches Stück Pappe genäht sind; und später nimmt sie jemand hoch und spielt mit ihnen auf dem Fußboden ein Marinespiel. Der Zufall will es, daß dieser Miniaturkahn, auf dem ich die einzige Passagierin bin, eine Menge Zeug geladen hat, das BUMM macht, wenn auch nur das Geringste passiert. Man darf nicht mal an Deck rauchen. Ich finde das verdammt lustig; man darf an Deck nicht rauchen, und derweil schippern wir hier durch den Nebel und tuten jeden gereizt an (die Dampfpfeife sagt, Herrgott, ramm mich nicht, du Trottel, sonst geh ich in die Luft). Dies ist der erste Ort seit Jahren, wo ich eine Erholungskur machen kann. Noch nie habe ich so viel geschlafen, hatte ich so viel Zeit zum Lesen, Träumen, Schreiben und einfach Dasitzen. Der Kapitän, der einzige hier, der mit mir spricht, ist ein waschechter Norweger, ein richtig freundlicher, aufmerksamer Mann, wobei mich seine Art der Unterhaltung rasend macht. Aber er ist ein so herzensguter Mann, daß man ihm das nachsehen muß, und da er so gerne redet und Gesellschaft hat, zwinge ich mich jeden Tag für ein Weilchen in sein Wohnzimmer. Aber die restliche Zeit gehört mir, und die ist wirklich herrlich.

Ich habe ein schönes Buch gelesen mit dem Titel *Die Geschichte von Rose Hanks.* Ich weiß nicht, wann es herauskommt, aber Du solltest es Dir besorgen und es auch Geismar sagen. Der Bursche, der es geschrieben hat, ist ein alter Freund von mir; dem Buch entnehme ich, daß er noch viel mehr war. Auf Charlies und Max' Geheiß (Scribner bringt es heraus) hat er es um die Hälfte gekürzt und die ganze Geschichte über mich gestrichen, weil sie dachten, Ernest bringt sie sonst um. Alles in allem haben sie wohl gut daran getan, wobei ich dieses Vorgehen nicht gutheiße, denn der Zauber des Buches liegt in der Art, wie dieser Bursche über den Bürgerkrieg schreibt, als hätte er selbst daran teilgenommen. Ich finde, Crane reicht da nicht heran. Außerdem habe ich die erste Version von *Lady Chatterley* gelesen mit einem Vorwort von

Frieda Lawrence. Wenn Du willst, daß Dir mal so richtig schlecht wird, lies dieses Vorwort. Frauen sind wirklich entsetzlich. Dieses Vorwort gehört zu den geschmacklosesten, hirnlosesten Ergüssen, die ich je gelesen habe. Das Buch ist recht interessant, wobei Lawrence für meinen Geschmack überhaupt nicht schreiben kann. Er ist ein schrecklicher Schriftsteller. Schrecklich und undiszipliniert. Aber diesmal erschien mir das Buch echt, ein ziemlich guter psychologischer Roman, eine Betrachtung über Langeweile und Eheverdruß. Ich frage mich, weshalb er weitergeschrieben hat, bis er zu dieser hochfliegenden Pornographie der endgültigen Version gelangte.

Ich freue mich so, daß Ernest Dir gefallen hat, denn er hat es verdient. Alles, was Du über ihn gesagt hast, trifft zu, und mehr. Er ist ein seltenes, wunderbares Exemplar; er ist auch geheimnisvoll und weise und was noch alles. Er ist, und das ist unerläßlich, ein guter Kerl. Nur leider ist er schlecht für mich, oder vielleicht sollte ich sagen, falsch; und ich bin die Falsche für ihn. Ich weiß nicht, wie es passiert ist oder warum, so etwas weiß man nicht, das hat merkwürdigerweise mit Chemie zu tun, komische Vorgänge in unseren Blutkörperchen. Du darfst natürlich nie darüber sprechen. Was mich betrifft, ist es aus und vorbei zwischen uns, es wird nie wieder funktionieren. Ich frage mich jetzt, ob es überhaupt je funktioniert hat; ich frage mich, was das eigentlich genau für sieben Jahre waren. Ich fühle mich ganz merkwürdig, wie ein Schatten, voller Furcht. Ich fürchte mich vor der nächsten

Zeit, der Zeit des Abgeschnittenseins, ich weiß nicht, wie ich sie bewältigen soll. Ich wünsche weder ihm noch mir, daß die Welt düster, eng und garstig wird, und die Welt ist, seit ich aus Italien nach Hause zurückgekehrt bin, in meinen Augen sehr unfreundlich und ich darin sehr unfreundlich. Ich wünschte, es gäbe ein hübsches Mißgeschick mit den Kompassen, damit dieses Schiff in Italien landet statt in England und mir weiterer Kummer und Schmerz erspart bleibt. Es ist wohlgemerkt meine Schuld: Ich bin diejenige, die sich verändert hat. Vielleicht war ich auch die ganze Zeit dabei, mich zu verändern, so langsam, als würden mir Schwielen wachsen; jetzt aber sind die Schwielen da, wo Sanftmut, Vertrauen und Liebe sein sollten. Und ich schäme mich und habe ein schlechtes Gewissen, weil ich ihm das Herz breche. Es ist, als habe er ganz arglos ein Schwert geschliffen, das sich nun auf einmal gegen ihn richtet. Wir haben wohl zu viel gestritten. Er versteht so was nicht; er schenkt Streit und wütenden Worten keine Beachtung. Für ihn soll jeder Tag neu sein und der Geist damit auch erneuert. Leider besitze ich einen alten Geist, der alles unverändert speichert; und die wütenden Worte waren häßliche kleine Samen, die anscheinend Wurzeln geschlagen haben, so daß ich jetzt hübsch Argwohn ernten kann. Das ist alles zum Verzweifeln, und ich bin todtraurig und bang und, wie gesagt, voller Scham und schlechtem Gewissen. Aber ich kann nicht anders. Ich will einfach nur allein sein. Ich will ich selbst sein und allein und frei atmen, leben, die Welt betrachten und so vorfinden, wie sie ist: Ich will ihm entfliehen und mir und diesem Eheleben, das sich anfühlt wie eine Zwangsjacke.

Zu guter Letzt und für alle Zeit möchte ich meinen Namen zurück, dringend, als würde mir das einen Teil meiner selbst zurückgeben. Wenn Du mir schreibst, benutze ihn ab jetzt bitte immer. Und mach Dir bloß keine Sorgen. Wir sind im Grunde zäh, alle beide, und beißen uns durch.

Habt es nett, Ihr beiden. Ihr ahnt ja nicht, wie gut Ihr es habt: mit dem Pech der Welt schaufelweise überhäuft, von Gaunern übers Ohr gehauen und von Gott hin und wieder mit Krankheit bedacht, um alles ein bißchen leichter zu machen: Doch Ihr tragt das Glück im Herzen. Das ist so kostbar, und ich bin mir nicht sicher, ob es ohne überhaupt sehr viel Sinn hat. Es bleiben wohl jede Menge Interessen, Spaß, Aufregung, Stolz und Triumph; aber auch ein Loch so groß wie ein Haus. Bei Euch gibt es kein Loch; Ihr seid lebendig, es gibt keine kalten toten Winkel. Wenn ich irgend jemanden beneide, dann Euch. Nur ist es kein Neid, liebste Leererin; Ihr seid zwei, die man lieben und für deren Existenz man Gott danken kann, denn auf eine Weise habe ich, weil Ihr ein solches Zuhause habt, auch eines.

Deine

Gellhorn

Aufgrund der Bestimmungen der US-Armee, die nur je einen Korrespondenten pro Zeitung oder Zeitschrift in Kampfgebiete und ohnehin keine Reporterinnen an die Front ließen, war Martha erneut vom Krieg ausgeschlossen. Da sie Gefahr lief, wenn sie sich den Vorschriften widersetzte, in die USA zurückgeschickt zu werden, tauchte sie von D-Day bis Kriegsende unter. Sie schmuggelte sich auf ein Lazarettschiff, erlebte die Landung in der Normandie und schrieb einen hervorragenden Artikel darüber – ergreifender und weniger eitel als Hemingways Artikel in derselben Collier's-*Ausgabe – und zog weiter.*

Im September wurde sie von einem Militärpolizisten der 82. Luftlandedivision in Nijmegen angehalten, der sie, da sie keine Papiere hatte, für eine Spionin hielt und seinem Brigadegeneral vorführte. Das war James Gavin, der jüngste Divisionskommandeur der US-Armee, ein jovialer, jungenhafter Mann, mit seinen über 1,80 groß für einen Fallschirmjäger. Gavin lachte über ihre Geschichte und sagte, wenn sie so töricht sei, sich dort herumzutreiben, werde er so tun, als habe er sie nie gesehen.

In den Monaten darauf suchte Gavin nach ihr und spürte sie schließlich in Paris auf. Sie begannen eine Affäre. In den folgenden zwei Jahren, in denen beide ständig unterwegs waren, schrieben sie sich Dutzende von Briefen. Nur ein einziger von Martha an ihn ist erhalten.

An Colonel Lawrence

24. Juni 1944
Dorchester Hotel
London

Mein lieber Colonel Lawrence:
Sie sollen wissen, daß ich die aufmerksame Unterstützung durch Sie und Ihre Mitarbeiter aufrichtig zu schätzen weiß und daß dieser Brief keine Kritik an Personen, sondern an Verfahren darstellt. Wie Sie wissen, hat General Eisenhower erklärt, männliche und weibliche Kriegskorrespondenten sollten gleichberechtigt behandelt werden und würden bei der Ausführung ihrer Aufträge gleiche Chancen eingeräumt bekommen. Das wurde später so interpretiert, daß wenn amerikanische Frauen, Militärangehörige (in diesem Fall Militärkrankenschwestern) nach Frankreich gingen, auch Korrespondentinnen die Erlaubnis erteilt werden sollte, überzusetzen. Soweit ich weiß, arbeiten seit Ende der ersten Invasionswoche Krankenschwestern in Frankreich, doch obwohl seit der Landung inzwischen achtzehn Tage vergangen sind, ist es Korrespondentinnen noch immer nicht möglich, über den Krieg zu berichten.

Neunzehn Frauen sind von SHAEF akkreditiert worden; von mindestens sechs weiß ich, daß sie Erfahrung mit Kriegsberichterstattung haben, und mindestens zwei (von denen ich zufällig eine bin) arbeiten seit sieben Jahren als Kriegskorrespondentinnen. Man sollte annehmen, daß eine SHAEF-Akkreditierung niemandem zuteil wird, der nicht als fähig erachtet wird, und bei nur neunzehn Fällen müßte es relativ einfach sein, jeden einzelnen zu prüfen und festzustellen, ob jeweils Fähigkeiten und Erfahrung in Zweifel zu ziehen sind.

Die Korrespondentinnen haben mich nicht zu ihrem Sprecher ernannt, und ich möchte auch nicht den Eindruck erwecken, als spräche ich für irgend jemanden sonst. Ich mache lediglich auf einen allgemeinen Mißstand aufmerksam, da wir es hier mit einer Ungerechtigkeit zu tun haben, von der neunzehn Menschen betroffen sind.

Ich persönlich habe mich bemüht, der Arbeit nachgehen zu dürfen, zu der ich nach England geschickt wurde, und das ist mir nicht gelungen. Ich habe vom Krieg in Spanien, Finnland, China und Italien berichtet, und nun wird es mir schlicht unmöglich gemacht, meine Arbeit an diesem Schauplatz weiterzuführen, und das aus keinem anderen mir ersichtlichen Grund, als daß ich eine Frau bin. Als professionelle Journalistin erscheint mir dies kein angemessener Grund für einen Ausschluß. Meine derzeitige Situation sieht so aus, daß ich meine Zeitschrift und drei Millionen amerikanischer Leser nicht mit den Informationen und Zusammenhängen, die ich hier auftragsgemäß zusammentragen soll, beliefern kann.

… Zu häufig habe ich den Eindruck gewonnen, daß Kriegsberichterstatterinnen als lästiges Ärgernis empfunden wurden und immer wieder aufdringlich darum bitten mußten, ihre Arbeit machen zu dürfen. Ich möchte darauf hinweisen, daß keine von uns diesem Beruf nachginge, wenn wir ihn nicht beherrschten, und diese befremdliche Herablassung ist so lächerlich wie würdelos.

… Um schließlich zu meinem Fall zurückzukehren: Ich kann nicht, gänzlich ohne eigenes Verschulden, weiterhin meinen Auftrag vernachlässigen. Ich muß von diesem Krieg berichten; die Menschen zu Hause brauchen beständige, umfassende Informationen, und dieser Teil der Arbeit – so bescheiden er sein mag – ist meine Pflicht als Bürgerin. Da ich meinen Verpflichtungen hier einfach nicht nachkommen kann, möchte ich nach Italien zurückkehren, wo man der Presse stets bereitwillig entgegenkommt. Auch wenn Italien inzwischen ein untergeordneter Kriegsschauplatz ist, ist es besser, überhaupt arbeiten zu dürfen, als die Erlaubnis dazu verwehrt zu bekommen. Ich bin nicht der Ansicht, daß ich um das Recht betteln sollte, Millionen von Amerikanern, die ein dringendes Bedürfnis haben, zu sehen, was sie sich nicht selber ansehen können, als Augen zu dienen.

Hochachtungsvoll,

Martha Gellhorn Hemingway

An Hortense Flexner

4. August 1944
[London]

Liebste Leererin; Ich habe ihn tatsächlich gesehen. Den Start, wie Du ihn nennst. Es war so, daß etwa gegen sechs in der Früh ein Airforce-Mensch in mein Zimmer platzte und sagte, es geht los, und ich sagte, seien Sie nicht albern, brave Christenmenschen so aufzuwecken, und er antwortete, nein, wirklich. Später wanderte ich matt in den größten Presseraum der Welt, wohin wir beordert wurden (und wo wir praktisch gefilzt wurden), wo wir eingesperrt wurden, während all die Wichtigtuer schweigend tausend Wörter die Minute heraushämmerten. Plötzlich wurden die Türen aufgeschlossen, und wir durften uns in die Welt ergießen wie Bazillen aus der Büchse der Pandora. Ich ging zu meinem Taxi und erzählte es dem Fahrer; er war der einzige, den ich auf der Stelle beeindrucken konnte. Er sagte, das stimmt nicht, sie hätten nicht angefangen, ohne es mir zu sagen, wozu bin ich 24 Stunden in Bereitschaft. Welche Bereitschaft, habe ich nie erfahren. Dann bin ich durch London gelaufen, um Reaktionen zu sammeln. Ein paar farbige amerikanische Soldaten sahen sich Westminster Abbey an; sie hatten davon gehört, und es war ihnen gleich. Davor verkaufte eine sehr alte Frau Rotkreuz-Anstecker, weil Blutspendetag war, und sie sagte, sie mache sich nichts daraus, da es gar nicht gut sei, sich etwas aus Gerüchten zu machen. Entmutigt ging ich nach Hause, um mich schlafen zu legen.

Am nächsten Tag ging ich zu einem der Einschiffungshäfen hinunter, und das war wunderlich aufregend. Ich sah die ersten Gefangenen an den Küsten Englands und schrieb darüber. Das war eine verdammt jämmerliche Herrenrasse. Alles war husch husch und heiter, und man bekam leichter eine Überfahrt nach Frankreich als ein Taxi. Ich bin in der Nacht des dritten Tages auf einem Lazarettschiff hinübergefahren und habe so viel gearbeitet, daß ich beinahe vergaß, an Deck zu gehen und die Welt zu betrachten. Die Verwundeten waren ganz wunderbar, und ich fand es herrlich zu arbeiten, nicht zu schreiben oder zu beobachten, nur zu arbeiten. Ich ging auch an Land, um nach Verwundeten zu suchen, und es war alles irgendwie verrückt und unheilvoll und gefährlich und, auf eine Weise, die ich nie jemandem erklären kann, komisch, so wie der Krieg immer komisch ist. Ich wußte wirklich eine Menge darüber, anfangs. Dann gab es all die Aufgeregtheit in Bars und Vergnügungslokalen; eine Woche lang war es eine Art Pendlerkrieg und sehr nett und menschlich. Leute kamen vorbei und zurück, und irgend jemand brachte den abscheulichen, fidelen Französinnen, die eine Kellerbar betreiben, wo alle verkehren, eine Flasche französischen Sand mit, sie banden rote, weiße und blaue Schleifen um den Flaschenhals und weinten, und alle waren sturzbesoffen.

Danach kam der Amtsschimmel, und ich verlor den Überblick. Ich wurde furchtbar böse, weil es offensichtlich Bestimmungen bezüglich weiblicher Korrespondentinnen gab, die nach Frankreich wollen. Ich hatte davon nichts gehört und hielt mich sehr kusch. Aber es war grauenhaft langweilig; zu viele Journalisten und viel zu viele Offiziere, die zur Unterstützung eingeteilt und eigentlich nur im Weg waren; und ein Hauptquartier so groß wie Cincinnati.

Ich war gelangweilt und mürrisch und kam nicht dahinter, was da vor sich ging, und das Leben war eine düstere Angelegenheit bis zu dem unbemannten Flugzeug, das sofort jedermanns Puls in die Höhe jagte und ziemlich aufregend war. Komischerweise machte es mir keine Angst, es wirkte so viel weniger wie eine Geheimwaffe, als ich erwartet hatte. Ich schlief völlig unbekümmert in meinem Zimmer im achten oder obersten Stock, und wenn es doch zu laut wurde, ging ich manchmal aufs Dach, um ihnen zuzusehen. Tagsüber wurde mir von ihnen manchmal ein wenig kalt in der Magengrube. Im Taxi hörte man sie nicht, und es war ein Schock, beinahe in eins hineinzufahren.

Dann bin ich nach Italien aufgebrochen, das mir schon einmal so gefallen hatte, und das zu Recht. Es ist der ideale Schauplatz, es ist erfolgreich, es ist schön, und das Wetter ist gut. Rom ist wirklich sehr

Paradies; ich verstehe gar nicht, wieso mir das nicht schon früher aufgefallen ist. Ich war noch nie derart von Schönheit verhext wie in diesen Tagen. Habe schwer gearbeitet und mich prächtig amüsiert. Gerade erst zurück, inklusive Fleischvergiftung, von zehn himmlisch wilden Tagen an der Adria mit den Polen. Die polnische Brigade sind meine neuen Lieblinge, was ist das für ein reizender, verzweifelter Trupp.

Ich breche jetzt auf zu einem weiteren schönen, aufregenden Auftrag, ein Glücksgriff, auf den ich mich wahnsinnig freue. Der einzige Wermutstropfen ist, daß vom Sommer nur noch ein Monat übrig ist, er ist zu schnell vergangen; ich giere noch immer danach und fühle mich betrogen. Es war nicht genug Zeit und nicht genug Sommer. Aber der Frühling und Frühsommer dieses Jahres waren eine Zeit so kleiner, grauer, nagender Sorgen, daß ich eigentlich überhaupt keine heitere Erinnerung daran habe. Jetzt im Juli hat das Leben sein schönes altes Tempo aufgenommen, wie ein führerloser Zug, wie ein Komet, es ist lustig und sorglos und so lebendig, und ich bin wieder glücklich. Ich glaube, ich bleibe bis Kriegsende in diesem Teil der Welt, wobei das Ende des Krieges wohl nicht in allzu weiter Ferne liegt. Spätestens November, vermute ich, vielleicht früher. Und dem folgt die Wonne, die ich schon vergessen hatte, an die mich Rom erinnert hat, ein friedliches Europa. Ich hatte vergessen, wie schön und frei es ist und daß pure Lebensfreude eine Vollzeitbeschäftigung sein kann. Ich will noch so viele Länder sehen und so viele Menschen. Und ich liebe diese quirlige Arbeit, die jeden Tag zu einer Wundertüte macht.

Man läuft nur Gefahr, zuviel zu sehen und letzten Endes zuwenig zu fühlen, aber das läßt sich vermeiden. Gestern habe ich das Schlimmste gesehen, was ich in meinem Leben gesehen habe; es war so grauenhaft, daß es das Fassungsvermögen von Geist und Seele übersteigt. In den Katakomben graben sie die Leichen von 320 Geiseln aus, die die Deutschen erschossen haben, als Vergeltung für eine Bombe, die in Rom 32 Deutsche getötet hatte. Der Gestank war einfach unvorstellbar, und der Menschenmüll, jeglicher menschlichen Würde beraubt, war das Grausigste, was ich je gesehen habe. Eine große Grube voller verwesender Körper, ineinandergeschmolzen und geschrumpft, und draußen errichteten die Römer eine Art Schrein mit Bildern von wirklichen Menschen, die irgendwo dort in dieser Grube vermutet werden, wo nichts wirklich war und nichts Mensch.

Die Deutschen erscheinen immer so korrekt, nur erschießen sie überall, wo sie hinkommen, Geiseln, und Ginny – die bei mir ist – hat erzählt, daß es in den Dörfern, durch die sie im Norden gekommen ist, bergeweise eilig ermordete, nicht begrabene Tote gibt.

Was für eine Rasse ist das, diese Deutschen: Wenn man bedenkt, daß wir versucht haben, die Malariamücke auszurotten, könnten wir uns doch allemal ein wenig Zeit nehmen, den Deutschen auszurotten, der noch sichereren und häßlicheren Tod bringt.

Der Krieg muß außerdem bald aufhören, bevor all die wunderschönen, kleinen alten, bescheidenen Dörfer Europas zu grauem Schutt zerstampft werden. Aber wie können die Deutschen all dies je wiedergutmachen? Wie? Darauf gibt es, glaube ich, keine Antwort. Und der Grund, weshalb man in einem Krieg so fröhlich ist, könnte darin liegen, daß das vom Grauen erschütterte Bewußtsein den Krieg einfach ausblendet und sich verbissen auf alles Gute konzentriert, das auf der Welt übrig ist. Eine Tür, einen Blumenstand, die Sonne, jemanden, mit dem man lachen kann, und die wunderbare Tatsache, am Leben zu sein.

Ich liebe Euch beide unendlich. Paßt auf Euch auf. Bevor wir sterben, werden wir uns alle irgendwann in Paris bis zur Besinnungslosigkeit die Bäuche vollschlagen.

Immer Eure

Gellhorn

An James Gavin

[? 1945]

Allerliebster, liebster Jimmy, mein Schatz; Ich habe dieser Tage nur an Dich gedacht, und alles und jeder verblaßt sehr dagegen. Ich denke an Dich auf jede erdenkliche Weise: Und ich mißtraue mir selbst und fürchte das alles zutiefst. Denn weißt Du, Du wirst Dich mehr in mich verlieben, je mehr ich mich in Dich verliebe; ich weiß es, das ist unvermeidlich. Und ich werde mir eine wunderbare Geschichte über Dich im Kopf zusammenreimen und Dich in viele Menschen verwandeln, die Du nicht bist (und in den, der Du bist), und ich werde mit dieser Geschichte leben und auf sie zählen. Derweil Du, der Klügere, einfach nur auf mich zählst. Darauf, was Du von mir weißt oder verstehst oder Dir von mir erhoffst. Die Liebe ist wohl so: zusammengesetzt aus den schönsten Spiegeln dieser Welt. Doch wenn ich das alles nüchtern betrachte, was ich heutzutage selten tue, entpuppt sich das alles als töricht und sehr gefährlich. Denn es könnte so weitergehen, über Trennung und Zeit hinweg, und auf einmal streben wir zueinander und zur Beständigkeit: Wir sind beide Strebende. Und falls wir uns das zum Ziel gesetzt hätten, würden wir es erreichen: Und es würde nicht funktionieren …

Ich wäre einfach keine gute Offiziersgattin. Ich wäre ganz furchtbar, das weiß ich: Es ist widerwärtig, daß zwei Menschen allein keine Welt sind, nicht einmal ein Leben; wir leben in einer festgefügten, spezifischen Welt (ich wiederum bin nur glücklich, wenn ich in jeder verfügbaren Welt lebe und mich niemandes Regeln unterwerfe), und wir leben mit zahllosen Menschen. Ich bin zu festgelegt und zu alt und zu verdorben und zu unduldsam, um eine gute Ehefrau zu sein, wenn gute Ehefrau unter dem Strich bedeutet, gesellschaftsfähig: Und obwohl ich Dich überall mit hinnehmen könnte – denn alle meine Welten wären von Dir bezaubert –, würdest Du mich am Ende als Last empfinden. Wenn nicht schon viel früher. Ich wäre schlecht für Dich, und ich wäre schlecht, weil ich irgendwann gelangweilt wäre und ungeduldig; ich würde nur die Ehefrauen mögen, die ich mag, und sähe keine Veranlassung, mich anders zu verhalten. Ich könnte die Armee nicht zur Vollzeitbeschäftigung machen.

Dies ist ein Versuch, für uns beide aufrichtig zu sein, und eine Warnung. Ich schreibe das, während ich Dich so sehr liebe, daß diese Tage ziemlich verschwommene Träume sind und ich in der Zeit schwebe und darauf warte, daß Du zu mir kommst. Mein einziger Wunsch ist, Dir zu folgen, um dort zu sein, wo Du bist, wo Deine Stimme ist und Dein lustiges Gesicht und all die Dinge, die mich an Dir erfreuen und erstaunen. Aber eigentlich sollte ich Dich ganz und gar ziehenlassen. Ich sehe gerade nicht, wohin ich gehöre; möglicherweise bin ich dazu verdammt, allein zu leben, weil es keinen Ort gibt, an dem ich mir vorstellen kann zu leben. Doch das Leben, das ich vor mir sehe, deprimiert mich wirklich; günstigstenfalls läßt sich darüber noch sagen, daß es mich nicht ärgern wird: Wohl könnte es mich zu Tode frosten. Meine Füße sind nachts sehr kalt ohne Dich, und im Augenblick nehme ich an, daß ich durch und durch frieren werde.

Ich versuche zu sagen, daß nur die Vollkommenheit für uns jetzt das richtige ist; ich müßte daran glauben, daß ich sie zusichern kann, und ich fürchte, das kann ich nicht. Wir brauchen eigentlich keinen großen Plan: Der große Plan ist bereits gemacht, wir haben ihn mit den Jahren unseres Lebens geschmiedet. Vielleicht werden wir uns immer lieben, irgendwie; aber wir werden nicht imstande sein, eine Partnerschaft zu führen, die Tag für Tag für Tag Bestand hat.

Und ich liebe Dich und küsse Dich.

Martha

Washington, Cuernavaca und Sandy 1945–1954

Am 15. April 1945 erreichten die Alliierten das Konzentrationslager Bergen-Belsen, wo nach einer Typhus-Epidemie Tausende von ausgemergelten Leichen vor sich hinrotteten. Martha hörte seit Monaten von den Lagern und wollte mit eigenen Augen das Vermächtnis und die Opfer des Naziregimes sehen. Anfang Mai, einige Tage, nachdem die amerikanischen Truppen das Lager befreit hatten, kam sie auch nach Dachau. Sie schrieb wenige Briefe über das, was sie sah, an Hortense Flexner schrieb sie, nie werde sie das Schuldgefühl verlieren, nicht »gewußt, begriffen, herausgefunden, verstanden zu haben, was geschah«. Doch später wiederholte sie immer wieder, »eine Dunkelheit« habe sich ihrer bemächtigt. Der Artikel, den sie für Collier's *schrieb, war verzweifelt.*

Sie wollte, wie sie es ausdrückte, ihre Erinnerung an Dachau »erleichtern«, und zählte dabei auf ihr miserables Gedächtnis und ihre Angewohnheit, Informationen zu verabschieden, sobald sie sie nicht mehr benötigte. Wenn sie Dachau aus sich herausschriebe, würde sie es vergessen. In einem Motelzimmer in Florida schrieb sie einen Roman über Jacob Levy, einen jungen Soldaten in Deutschland zur Zeit der Befreiung der Lager. Jacob Levy erleichterte sie nicht von Dachau. Was sie gesehen hatte, verfolgte Martha ihr Leben lang. Es veränderte, schrieb sie, »wie ich das Menschsein betrachte, die Welt, in der wir leben«.

In Washington begann sie eine Affäre mit William Walton, der mit der 82. Luftlandedivision in Holland gelandet war, um für Time *über den Krieg zu berichten, doch wurde sie bald vom McCarthyismus und der Hexenjagd auf die Linke davongetrieben. Sie brach zu ihrer ersten von sieben Reisen nach Israel auf, bevor sie sich eine Weile in Mexiko niederließ.*

An H. G. Wells

25. August 1945
4366 McPherson Avenue
St. Louis

Wells mein Schatz,
Du bist der Größte auf der Welt. Daran gab es wahrscheinlich ohnehin keinen Zweifel, und diese Aussage wird Dich nicht überraschen, aber die Atombombe hat mich ein für allemal davon überzeugt. Da Du ja in allem recht hast, sehe ich bedrückt dem Leben in einem klimatisierten, künstlich beleuchteten unterirdischen Tunnel entgegen, wo wir bunte Pillen essen werden (statt, wie in der guten alten Zeit, Frühstücksfleisch mit Rosenkohl).

Ich habe ein Haus am South Eaton Place, zu dem ich am 21sten September auf dem Clipper zurückkehren werde. Wenn London nach dem Krieg so schön ist wie im Krieg, kann eine notorisch Wurzellose, so scheint mir, Wurzeln schlagen, vorübergehend jedenfalls.

Wußtest Du, daß E und ich uns scheiden lassen? Wandel und Verfall allüberall ich seh, falls das Zitat so stimmt. Wie geht es Dir, mein Liebster? Könntest Du doch für die Welt etwas Angenehmes voraussehen, Du scheinst ja Einfluß auf die Geschichte zu haben.

Viele Grüße, Stooge

Martha war glücklich in Cuernavaca. Dort gewann sie auch zwei neue Freunde, mit denen sie die nächsten dreißig Jahre korrespondierte. Der eine war der Drehbuchautor und Regisseur Robert Presnell, Sohn des berühmten Hollywoodproduzenten und Ehemann der Schauspielerin Marsha Hunt, ein überaus charmanter Mann und leidenschaftlicher Liberaler. Der andere war Leonard Bernstein, damals bereits namhafter Dirigent und Komponist, der unweit von Martha ein Haus gemietet hatte. Bernstein bezeichnete ihre Freundschaft als »unsere ganz eigene sexlose Liebesaffäre, die niemals aus den Büchern gelöscht werden kann.« Martha war inzwischen zweiundvierzig, Presnell und Bernstein einige Jahre jünger. Sie spielten zusammen Tennis, und an einem Abend experimentierten sie mit Marihuana. Als Bernstein heiratete, wurde seine Frau Felicia ebenfalls zu einer guten Freundin.

Martha hatte die Freundinnen, die Kinder hatten, immer beneidet. »Genau das braucht man«, schrieb sie an Diana Cooper. »Jemanden oder mehrere, die all die Liebe, die man geben kann, als natürliches und unbeschwertes Geschenk empfangen … Männer scheinen mir alles in allem schwache, verwirrte Kreaturen, die aus verschiedenen Gründen notwendig, aber gewiß nicht zuverlässig sind.« Von Edna ermuntert, fuhr sie nach Italien mit dem Vorhaben, eine der vielen Tausenden Kriegswaisen zu adoptieren.

An William Walton

[Sommer 1949]
[Rom]

Liebster Vietato Fumare;
Mir wird klar, daß ich seit Deinem Weggang nichts angesehen habe. Wie gut, daß Du überhaupt hier warst; sonst würde ich irgendwann Italien verlassen (ein recht willkommener Tag, egal wann) und hätte nicht mehr gesehen, als wenn ich vier, fünf Monate in Oshkosh, Wis. verbracht hätte. Das ist schrecklich und kriminell, und ich schäme mich und bin zugleich verwirrt und hilflos. Ich fahre blind durchs Land; die Hitze macht mir zu schaffen (wie duftend und kühl dagegen meine Tropen sind), und ich bin eine Monomanin ohne Kapazitäten für die Belange des Geistes.

Daraus ist jedoch etwas erwachsen; ich habe mein Kind gefunden. Endlich. Ich habe schätzungsweise 52 Waisenhäuser und Einrichtungen für Kinder gesehen. In Pistoia, einer brodelnden Kleinstadt 25 Meilen von Florenz entfernt, gibt es ein schäbiges Findlingsheim, und darin weilt das Objekt meiner Begierde. Er heißt Alessandro. Du mußt sofort überlegen, wie er heißen soll: Christopher, Timothy, Thomas, Robert, John. Er ist entweder 14 oder 17 Monate alt; die Geburtsurkunde muß noch geprüft werden. Er ist so fett wie zwei Würstchen, blond wie ein Botticelli-Engel (gülden blond) mit grauen Augen, einer Stupsnase, einem ergötzlichen

Mund und O-Beinen. Er ist mit Hitzepickeln übersät und trägt für gewöhnlich einen alten UNRRA-Mehlsack. Wenn er läuft, winkt er mit den Armen und grunzt vor Freude, wie ein Tattergreis. Sein Lächeln ist unglaublich; es sieht aus, als hätte er das Lächeln überhaupt erst erfunden. Er kommt angewatschelt und klammert sich an meine Knie. Neulich habe ich einen herrlichen Morgen mit ihm auf dem Fußboden verbracht; wir widmeten uns gerade dem subtilen Spiel, seinen Gummibeißring hin und her zu werfen. Urplötzlich fand er das so zutiefst vollkommen und befriedigend, daß er vor Vergnügen aufseufzte, ein großes, sattes Seufzen, in die Hände klatschte und sich hinlegte, um besser lachen zu können. Ich kann Dir gar nicht sagen, wie vernarrt ich in ihn bin; ich werde ganz schwach, wenn ich an diesen Moppel denke. Ich verlange nicht mal eine ärztliche Untersuchung oder einen Intelligenztest und pfeife auf seine Herkunft; ich will ihn einfach. Vielleicht wird er später klein und stämmig und mäßig klug; aber ich glaube, er wird immer glücklich sein und Glück versprühen. Er ist eine Frohnatur rundum. Und in diesem tragischen Dschungel verletzter Kinder mit traurigen, abgehärmten kleinen Gesichtern, die entweder die ganze Zeit brüllen oder wie wilde Tiere um Liebe und Aufmerksamkeit kämpfen, ist er allein heiter, großzügig und entspannt.

Nun gibt es juristische Komplikationen. Mir wollte der Verstand versagen; die Suche war so lang und so deprimierend und so ermüdend. Also floh ich für ein paar

Tage auf das Anwesen der Familie Gheradesca, das Du herrlich finden würdest. Du fehlst mir doppelt, denn es wäre so schön, mit Dir zu kichern. Sie wohnen in einer renovierten Antiquität, die seit 1100 Jahren ihr Geschlecht beherbergt. Im neunzehnten Jahrhundert ist das Anwesen einmal abgebrannt, und wie Narren haben sie es gleich wieder aufgebaut. Es ist zu jeder Zeit so dunkel, daß man sich durch die Flure tasten muß. Es gibt fast keine Fenster. Es gibt 4 Treppenhäuser innen, die Chance, Dein Zimmer wiederzufinden, wenn Du es einmal verlassen hast, ist gleich null. Das Mobiliar ist ein einziger Mischmasch aus antikem Graus, und der alte Graf sammelt seit 40 Jahren die scheußlichsten und extravagantesten Majoliken, die die Welt je geschaffen hat; altehrwürdige Scheußlichkeiten in Form von Tellern und Krügen. Das Haus biegt sich förmlich unter ihnen. Das Haus sieht im übrigen aus wie eine kleinere, wasserdichte Version von Ugguciones Schloß.

Hierin residiert der alte Graf, 75 Jahre alt, und das wohl letzte Exemplar eines Feudalherrn. (Im übrigen gehört ihnen hier Land etwa von der Größe einer Grafschaft. Eine fünf Kilometer lange Doppelreihe von Zypressen führt zum Haus; das Land ist unfaßbar schön, umfaßt Berge und einen wilden, leeren, mehrere Meilen langen Streifen Strand.) Die Gräfin muß Baron Wrangels Schwester sein, eine Russin; und ihre Schwester, Fürstin Kuraki, lebt hier seit ihrem Rausschmiß aus Rußland 1917. Sie sprechen Französisch untereinander, in alter

Manier, und machen immer noch Fehler. Die alte Fürstin ist geschminkt wie die Irre von Chaillot mit riesigen schwarzen Strichen unter den Augen und Rougewangen und reitet mit Ende Sechzig täglich aus, im Damensitz, versteht sich, und läßt die langen Perlenohrringe hinter sich herflattern. Dann gibt es noch eine griechische Fürstin namens Semira, die um die 60 ist und aussieht wie jemandes Gouvernante, und eine weitere antike Marquise, um die 70, die aussieht wie jemandes Köchin, und einen seltsamen langgestreckten Herrn namens Monsieur Felici, der fünf Sprachen spricht und in allen fünf schweigt und zum Bridge hier ist. Das ist die ältere Generation.

Italien ist ein riesiger Schwitzkasten mit einem Wind wie aus dem Fön, das Land ist braungebacken und die Mücken so groß wie Ponys. Kein Blatt regt sich. Und abends kommt das bißchen Wind nicht durch die endlosen Fenster aus dem 14ten Jahrhundert. Ich mag diese Häuser nicht; nie habe ich mich unwohler gefühlt als in der Villa Diana (wo ich eine Woche bei den Mooreheads gewohnt habe, die wahre Engel sind, ich liebe sie) und hier und den glorreichen englischen Landhäusern. Ich habe solches Heimweh nach Cuernavaca, daß ich heulen könnte. Aber ich plane durchzuhalten, durchzuhalten und durchzuhalten, bis ich dieses Kind bekomme, und dann plane ich weiter. Irgendwann bekomme ich ihn, klemme ihn mir unter den Arm, hüpfe in ein Flugzeug und lasse mich in meinem ummauerten Garten nieder. Mehr will ich nicht. Möglicherweise muß ich über New

York fliegen, und vielleicht mache ich dort halt und gehe mit dem Baby zu einem erstklassigen Arzt, damit auch sicher alles in Ordnung ist. Würdest Du dann zu mir nach NY kommen? Welch ein Traummann. Ich liebe Dich. Du fehlst mir.

M

Im Herbst 1949 holte Martha Alessandro aus einem Anwaltsbüro in Florenz ab. Er war neunzehn Monate alt und hatte Masern, aber Martha war außer sich vor Freude.

Kurz nach ihrer Rückkehr nach Cuernavaca wurde Martha mit David und Nemone Gurewitsch bekannt gemacht. David war Arzt und ein enger Freund von Eleanor Roosevelt, deren Privatarzt er später wurde. Als er eine Woche später Mexiko verließ, war Martha verliebt und verzweifelt. Zwischen dem 4. und 11. April 1950 schrieb sie ihm sechs ungeheuer lange Briefe, Bewußtseinsströme über ihr Leben, ihre Vergangenheit, ihre Gefühle für ihn, schrieb zu unterschiedlichen Tages- und Nachtzeiten immer noch etwas hinzu mit einem Drang und einem Verlangen, wie sie es nie zuvor erlebt hatte. Der erste Brief zählte siebenundvierzig Schreibmaschinenseiten.

An William Walton

7. Dezember 1949
Avenida del Parque 14
Cuernavaca

Du mein Schatz; erinnerst Du Dich noch an diese schönen gemütlichen Kriege? Als man nichts weiter zu tun hatte, als sich sein Auskommen zusammenzuklauben und hin und wieder ein bißchen was hinzuschmieren. Als man einen Proviantbeutel besaß und wie die religiösen Schnorrer in Burma mit ihren Bettelschalen lebte. Als jeder Tag vollkommen war, weil man nicht so dumm war, vorauszuschauen. O weh. Und selbstverständlich wird es immer Kriege geben, weil es genügend Leute gibt, überall, die sich nichts Schöneres vorstellen können, als von zu Hause wegzukommen.

Ich sage Dir, ich hatte ja keine Ahnung von Mutterschaft, weder von den Freuden noch von den Verzweiflungen. Beide verblüffen mich. Zunächst zu den Freuden, sonst sieht es noch undankbar aus. Die Freuden laufen unter Liebe (LIEBE); das Kerlchen hat größere Zuneigung zu mir entwickelt als je einer sonst, außer natürlich Mutter, die ihre seit einundvierzig Jahren unter Beweis stellt (immer noch, jede Minute). Ich komische Nuß kriege schon glasige Augen, wenn er angerannt kommt, weil er meine Stimme hört, und am allerliebsten auf meinem Schoß sitzt, singend und kuschelnd. Freude bereitet mir auch, daß er mich zum Lachen bringt, ein Wunder, da ich im allgemeinen von Unruhe und Nervosität derart umstürmt bin, daß Gelächter diese Wand kaum durchbrechen kann … Und nie nehme ich ihn hoch (außer, wenn ich böse bin, weil er nur so zum Spaß schreit) ohne ein großes Erstaunen darüber, daß dieser kleine, mollige Proppen von jetzt an unter meiner Obhut steht. Und ich sehe ihn so gerne an, und ich bin närrisch stolz auf seine Aufgewecktheit. All das gehört zu den Freuden. Aber es gibt noch viel mehr, und das verfolgt mich.

Erstens ist sein Kindermädchen eine *lata* (ein spanisches Wort, das wörtlich Blechdose bedeutet und auf Katastrophen hinweist). Sie ist so dumm und so taktlos und hirnlos, und weil sie ihm am Abend, einem kalten Abend, die Haare gewaschen hat, hat er seit einer Woche eine höllische Erkältung. Ich kann ihn ihr nicht ohne Sorge anvertrauen, was bedeutet, daß wir auch noch Kindermädchen spielen müssen; wie besessen. Zweitens ist da diese verdammte Erkältung, die nicht weggehen will. Drittens hat er einen elendigen Windelausschlag (und ich bringe meine Lesestunden mit dem Babybuch zu und komme nicht mehr zu erfrischenderer Lektüre). Viertens will er nicht schlafen, beziehungsweise allein in einem geschlossenen Raum liegen. Ich kann nicht nachdenken; ich kann mich nicht eine Stunde von der bohrenden Frage lösen, was ich mit ihm tun soll.

... Außerdem ist meine Belegschaft unermeßlich gewachsen. Letztes Jahr wohnten hier Maria und ich. Inzwischen hat Maria und den Gärtner Amors Pfeil durchbohrt, und sie wohnen beide hier; dann sind da Maria de la Luz, das Kindermädchen, Sandy, Mutter und ich und die Waschfrau, die zum Glück nicht über Nacht bleibt. Du kannst Dir sicher sein, daß Mr. Ford, der Aufseher von River Rouge (wenn es denn so heißt), nach seinem Empfinden noch nie einen größeren Betrieb zu leiten hatte. Was die Kosten betrifft, die übergehen wir mal in diskretem Schweigen und Gebet. Ein Kind kostet deutlich doppelt so viel wie eine Jacht inklusive Geliebter.

Ich denke ständig an Deinen Besuch und habe ein Zimmer für Dich, was ein Problem war, weil man sich in dieser überfüllten Sardinenbüchse kaum bewegen kann.

Im Januar wird es schön heiß sein. Der Boden ist um diese Zeit bereits verbrannt, stärker, als ich es in Erinnerung habe, und ist von den Pinienbergen abgesehen löwengelb, und etwas anderes bleibt auch noch grün. Die Gärten sind natürlich wunderschön üppig, weil sie bewässert werden. Mir ist es zu frisch zum Schwimmen, aber nicht zu frisch, um nackt in der Sonne zu sitzen, wenn ich die Zeit dazu hätte. Du mußt kommen; in meinen Augen ist es wirklich die schönste Landschaft der Welt; schön wild, nicht schön zivilisiert. Und die Indianer sind für mein Empfinden die attraktivsten Menschen, und alles, was sie tun, ist ein so bezaubernder Anblick. Ich würde es nicht gegen Italien eintauschen, nicht einmal gegen England, zweifellos noch immer der Ort, an dem das Herz im schmerzhaft fröstelnden Körper am wärmsten ist. Wir werden schön essen und trinken.

Ich bin müde. Schreib mir. Schnell.

Deine

M

An William Walton

[? Dezember] 1949
Avenida del Parque 14
Cuernavaca

Du mein Schatz;
Die Reise war sagenhaft, natürlich getrübt durch Arbeit, von der ich mich entfernt habe. Ich mag Fremde nicht mit Fragen belästigen; es erscheint mir so aufdringlich. Und natürlich weiß ich, wie albern der Journalismus ist, er spiegelt im günstigsten Fall die Sichtweise einer Person wider und tut so, als liefere er das »Gesamtbild«. Und ich schreibe das alles gar nicht gern auf; und will nur Kurzgeschichten schreiben. In England war es also etwas mühsam, weil ich so viel arbeiten mußte und mich für die Themen nicht interessierte; und habe meine Freunde vor den Kopf gestoßen, weil ich nie Zeit hatte, mich mit ihnen zu treffen, was ihnen allen (zu Recht) allzu ordinär nach Geschäftsfrau aussieht. Aber Israel war traumhaft. Sonne, zunächst einmal, ohne die ich das Leben nicht lebenswert finde. Und dann war Capa da, stand bei meiner Ankunft an der Hotelbar. Das hat mich an Spanien erinnert, an meine ganze Jugend; da haben wir so schwer gearbeitet, sind jeden Tag bei Sonnenaufgang aufgebrochen, jeden Abend spät zurückgekehrt, erschöpft, aber willens, auszugehen, uns umzusehen, zuzuhören, zu trinken und zu lachen. Es ist ein rauhes, unbequemes Land mit einer Million Individuen; Du ahnst ja nicht, wie viele

verschiedene Arten von Juden es gibt, bis es schließlich so etwas wie Juden überhaupt nicht mehr gibt. Aber ihre Geschichte, ach, William, das berührt mich, wie Dich der Anblick von Italien berührt hat; eine Goldgrube an Geschichten, wie ich sie noch nie erlebt habe. Und mutig sind sie, sonst wären sie nicht hier und am Leben, und weil sie mutig sind, sind sie fröhlich (inzwischen bin ich davon überzeugt, daß Trübsinn und Feigheit zusammengehören) und blicken der mehr als unsicheren Zukunft mit einer Entschlossenheit entgegen, die mich entzückt und verwirrt. Sie sind stolz, was sie sich auch erarbeitet haben, und zum Teil wunderschön; allen voran ein orientalischer Stamm namens Rabanim, Juden vom südlichsten Zipfel Arabiens; Männer mit langen dichten Locken und Adlernasen, Frauen, die wie Zigeunerinnen in bunter Seide herumlaufen, die Augen kajalumrandet, behangen mit Silbergeschmeide, das glatte Haar in Hunderte langer Zöpfchen geflochten wie glänzende Schlangen. … Ich habe seit Jahren nicht mehr so gelacht und war ganz schwindlig vor lauter Eindrücken zwischen den glorreichen Ruinen der Kreuzritter (die Geschichte ist dort so greifbar, daß man wirklich das Gefühl hat, sich durch die Jahrhunderte zu bewegen, nicht distanziert, sondern klein und unvermeidlich) und den Wellblechhütten, die eine nach der anderen auf dem Carmel entstehen. Ich will noch mal hin. Möglichst, wenn Sandy älter ist, würde ich dort gern ein Jahr leben und diese Geschichten sammeln; wobei jetzt die beste Zeit ist. Denn die Geschichten werden zu Legenden verblassen, statt Alltag zu bleiben, und verlorengehen; die Menschen werden zu einem Geschlecht von Bauern werden, um zu überleben, Pionieren, die gegen den Sand kämpfen wie die Niederländer gegen das Wasser. Aber was für ein Ort. Müßte ich hier wegziehen, würde ich nur dorthin wollen; ich mag Drama oder Schlaf und nicht viel dazwischen.

Ich habe mich in niemanden verliebt, nirgendwo, was mich betrübt – es gehört doch wohl zu einer Reise, zum Touristendasein, daß man sich verliebt. Aber das gelingt mir nicht mehr. Ich hatte außerdem bestürzendes Heimweh, Kummer, weil ich Sandys plötzlichen Übergang vom Baby zum Jungen verpaßt habe. Und bin selig, zu Hause zu sein, wo es immer noch am schönsten ist, an diesem grünen, blühenden Ort, abgeschieden zwischen all den kleinen, stillen Leben. Das Kind ist eine Wonne, wird immer schöner, immer aufregender, immer bezaubernder. Das ist nicht von Dauer, unmöglich. Aber er macht sich, und das sage ich nicht nur aus blinder Mutterliebe. Und er ist immer glücklich, es ist, als wäre die Sonne in seine Welt eingebaut.

Ich liebe Dich und wünsche Dir ein
sehr glückliches neues Jahr,
Martha

An William Walton

3. Februar 1950
Avenida del Parque 14
Cuernavaca

Mein Schatz; ich habe Deinen Brief bekommen und werde Dir, Satz für Satz, morgen antworten, und ich küsse Dich. Aber jetzt muß ich Dir über Ernests neues Buch schreiben; hast Du Deinen Cosmopolitan von Februar schon gekauft. Wenn nicht, mach es jetzt.

Ich habe gerade die erste Folge gelesen, mit einem Whiskey zur Unterstützung und Neugier als Antrieb. Ich weiß, ich bin voreingenommen und ungerecht; aber ich finde es abstoßend. Außerdem wird mir klar, daß er nie seine Autobiographie zu schreiben braucht, weil er das seit seinem ersten Roman Kapitel für Kapitel macht, wobei jedes Buch mit seiner Lebenszeit Schritt hält und die Traumvision seiner selbst ausbaut. Jetzt ist er ein fünfzigjähriger Colonel der Infanterie mit hohem Blutdruck, hoher Bildung und einer Leidenschaft für die Entenjagd. Die Frauen werden stetig jünger; so daß die jetzige Frau eine neunzehnjährige Italienerin mit olivbraunem Haar ist (möglicherweise eine Prinzessin, die nächste Folge wird es weisen). Und mir wird schlecht, das kann ich Dir gar nicht beschreiben. Zum Zittern schlecht. Mit anzusehen, wie er sein Abbild verehrt, so behutsam und nachsichtig und präzise im Detail. »Er ging mit dem übertriebenen

Selbstvertrauen« und derartiger erbärmlicher, speichelleckender Narzißmus. Mir wird schlecht, und weißt Du, was noch: Ich beweine die acht, beinahe acht Jahre (etwas vorher bin ich aufgewacht), die ich damit zugebracht habe, mit ihm sein Abbild zu verehren, und all das, worum mich diese Haftstrafe noch gebracht hat; und ich beweine einen großen Verlust, denn nie wieder werde ich einem Mann richtig vertrauen.

Lies es und sag mir, ob irgend jemand, der nicht wie ich weiß, wer hier (mit einem Ausdruck ehrerbietiger Selbstliebe auf dem Gesicht) als Vorbild dient, es so annehmen und gut finden kann. Vielleicht ist es das ja. Für mich tönt laut der Irrsinn daraus und ein schrecklicher Gestank von Verwesung.

… Und meine amerikanischen Bekannten sind haarsträubende Schwachköpfe. Kannst Du Dir vorstellen, sie glauben, man könne nur lieben (vor allem dauerhaft und bedingungslos), was den eigenen Lenden entsprungen ist, Liebe als Narzißmus, mit anderen Worten. Dagegen ist mein Sohn genau so, wie ich ihn gemacht hätte, wenn der Unterleib Bestellungen entgegennähme. Tut er aber nicht; und er hat alles, was mein leibliches Kind nicht hätte, einschließlich des heiteren Gemüts und des unwiderstehlichen Lachens und der Leidenschaft für alles und jeden. Er ist mir eine Lehre, und ich bin in seiner Gesellschaft ziemlich fröhlich geworden. Und ich liebe ihn merkwürdigerweise mehr, als ich je irgend jemanden geliebt habe, außer Edna. Das wird wohl auch so bleiben. Ich kann nur hoffen, daß er mich liebt, wenn er alt genug ist, selbst zu denken. Vielleicht empfindet er mich als Verhängnis. Jetzt findet er mich noch göttlich, was sehr nett ist.

… Schreib mehr. Bleib glücklich; heirate keine dunkle Frau ohne meine Erlaubnis. Ich küsse Dich, Du fehlst mir mehr, als Dir wahrscheinlich bewußt ist.

Martha

An William Walton

15. Februar 1950
Avenida del Parque 14
Cuernavaca

Mein Schatz; ich habe mich gefragt: Ist Marx genauso lustig wie Freud? Ich finde Freud zum Schießen, und plötzlich denke ich: Vielleicht habe ich Marx mißverstanden; unendliche Welten unerforschter Erheiterung. Sag Du's mir.

Mich hat gerade ein (mir unbekannter) Mann namens George Bluementhal aus Mexiko angerufen. Seine Geschichte ist: Steuerhinterzieher, Hotelier und der fiese Mann am Ort, der die Sternchen bei ihren Besuchen herumführt. Er hat mich davon in Kenntnis gesetzt, daß Clare Booth Luce und Margaret Case am Freitag bei mir zu Mittag zu essen gedenken. Das ist höchst bemerkenswert, da ich keine von beiden kenne und sie nicht eingeladen habe. Das ist wie Heinrich der Achte, der quer durch sein Königreich Herberge beanspruchte. Das ist eher wie der Regent. Jedenfalls kommen am Freitag ein netter Arzt mittleren (bis fortgeschrittenen) Alters mit seiner Frau aus St. Louis hierher, die meine Aufmerksamkeit verdienen, weil sie meinen Vater mochten. Das dürfte die perfekte Gesellschaft für Mrs. Luce sein.

O Gott, langweile ich mich. Noch vor einer Woche war ich pudelrund zufrieden; aber plötzlich und zum ersten Mal sind hier die ganze Woche Menschen. Das kann ich nicht haben. Menschen sind für vier Dinge da: 1) einen zum Lachen zu bringen und über Witze zu lachen (dies wohlweislich an erster Stelle); 2) den Geist zu befeuern, weil ihr Geist gehaltvoller ist, schneller, fremder, tiefer; 3) Liebe; was heißt, daß man sich freut, einfach nur im selben Zimmer zu sitzen (und läßt sich auf kaum jemanden anwenden); 4) Bett. Darüber hinaus fällt mir nicht ein, wozu es gut sein soll, mit Menschen zusammenzuglucken.

Sollen sie sich doch alle in die USA verpfeifen und mich in Ruhe lassen.

Warum schreibst Du nicht, Du Kuh?

Deine

M

An David Gurewitsch

5. April 1950
[Mexiko]

David, David: Du könntest gar nicht anders heißen, nicht? Das ist so schön und so passend. Ich bin in meinem Arbeitszimmer, aber von Arbeit kann überhaupt keine Rede sein. Ich kann nur an Dich denken. Und ich weiß nicht, was ich denken soll oder wie; da ist nur diese Sehnsucht nach Dir, unkontrollierbar, beängstigend und ziemlich müßig. Ich habe jetzt beschlossen, daß ich Dir nicht täglich Briefe aufbürden kann, meine Liebe darf nicht schwer auf Dir lasten; also schreibe ich für mich und lege die Briefe in eine Schublade. Vielleicht werden mir die Tage dadurch leichter, daß ich auf diese Weise mit Dir rede.

Heute morgen keine Nachricht von Dir; Dienstag und Mittwoch sind auch vergangen, und Du ertrinkst bestimmt in Arbeit, all die Anrufe, die vielen Fragen, die ungelesene Post, die Patienten. Du kommst wahrscheinlich nicht mal zum Denken. Ich sehe Dich, so schmal und so ruhig, diesen getriebenen Alltag bewältigen, ohne je eilig zu wirken oder verärgert oder besorgt. Deinen Körper mit Willenskraft und Seelenstärke antreibend, den schönen zarten Körper; wobei Du allen gibst, was sie brauchen. Ich stelle mir vor, daß Du alle Gedanken und Erinnerungen aufschiebst; aber es ist möglich, daß Du Dich, wie Du sagtest, dort wiederfindest und es die richtige Welt ist und Du Dich an den Himmel hier erinnerst und die Bougainvilleen, die die Mauern emporkriechen und von den Bäumen schwappen, und daß Du Dich an uns erinnerst und es Dir jetzt wie ein Traum erscheint, unwahrscheinlich, unmöglich, ebensowenig wiederzubeleben wie ein Traum. Wenn es so ist, Geliebter, habe ich Verständnis, das verspreche ich Dir. Nur sag es mir; sag es mir. Die Hoffnung ist so neu für mich und so kostbar, laß mich bitte nicht umsonst in Hoffnung leben. Wenn wir Dir jetzt wie ein Traum erscheinen, dann, mein Liebster, schreib mir nur, um Lebewohl zu sagen. Denn ich würde es nicht ertragen, weiterzumachen, die Hoffnung wachsen zu lassen, bis sie mein Leben ausfüllt und schließlich welkt. Ich muß immer die Wahrheit wissen; nur so kann ich leben. Und ich würde es verstehen: Es ist sehr plötzlich und schnell passiert; hinter Dir steht ein eingespieltes, festgefügtes Lebensmuster. Ich würde verstehen, wenn darin kein Platz für mich ist; aber ich muß es wissen, damit ich mein Leben danach richten kann, ohne mit derartiger Leidenschaft auf die Zukunft zu warten. Dann müßte ich ändern, was ich war und fühlte; und mich von jenen vergangenen fünfzig Stunden nähren. Und ich weiß, ich wäre dankbar, David; und würde es irgendwie schaffen. Es ist wirklich besser, zu erfahren, was zu erfahren war, einmal, wie flüchtig auch immer, als es nie erfahren zu haben. Nicht am Anfang; am Anfang wäre es fast zu schwer. Aber ich weiß jetzt, daß ich nicht mit einem Rätsel sterben werde, mit der Vorstellung, es gebe ein Geheimnis, das ich nie gelüftet habe, in der Überzeugung, etwas an mir sei sehr häßlich und merkwürdig, weil nur ich allein nie gefunden habe, wonach ich suchte. Ich habe es gefunden; es liegt nicht in meiner Macht, mehr zu tun, als es anzuerkennen. Ich kann nichts herbeiführen. Ich kann nur leben und abwarten, ob Du mich willst; oder leben und nicht warten, sondern die Erinnerung hegen, falls Du mich nicht willst.

Ich habe so viel an Dich gedacht, daß mein Kopf ganz müde und verschwommen ist; aber es gab keinen Blick, kein Wort, keine Geste, die falsch gewesen wären in dieser Zeit; ich mußte mir nichts erklären, nicht einmal für ein flüchtiges Versagen Rechenschaft ablegen; ich war nicht einsam. Was mußt Du noch wissen? Ich habe wenig Ahnung von der Liebe, ich bin eine Anfängerin; ich weiß nicht einmal, was man wissen muß, ich habe keinen Vergleich; und niemanden, den ich fragen kann.

Ich bin meine Vergangenheit sehr sorgfältig durchgegangen, um mich selbst auszutricksen. Ich will weder Dich noch mich belügen, und ich bin sie nach bestem Wissen und Gewissen durchgegangen, um zu erkennen, ob ich jemals zuvor so empfunden und es vielleicht nur vergessen habe. Ich werde alles aufschreiben, mehr für mich als für Dich, denn vielleicht kommt von Dir nur ein Brief, und zwar der, der den

Traum beendet und Lebewohl sagt, und dann werde ich dies nie abschicken.

Verstehst Du, David, ich habe mich nie entschieden; für mich wurde entschieden. Daher konnte ich mir natürlich nie sicher sein; nur wußte ich nicht genug (bis Du kamst), um zu erkennen, daß es falsch war, der Keim aller Falschheit. Das weiß ich genau, weil ich eine bin, die unentwegt schreibt und ihr ganzes Leben geschrieben hat, Notizen, Tagebücher, nie abgeschickte Briefe; schon als Kind habe ich mich auf dem Papier mit mir selbst unterhalten. Und es gibt Dokumente; all die Anfänge sind festgehalten.

... [Nach Bertrand] Dann war ich fast zwei Jahre allein; erst arbeitete ich für Harry Hopkins, dann schrieb ich das Buch, von dem Dir Mrs. Roosevelt Teile gezeigt hat, dann wieder in Europa zum Arbeiten und Recherchieren in der Weltkriegsbibliothek in Stuttgart. Ich war ständig unterwegs; überall in Amerika und dann quer durch Europa. Es gab Männer. Ich muß wohl hübsch gewesen sein oder irgend etwas gehabt haben, wonach Männer verlangten, denn ich habe nie Flirten gelernt (frühe Ablehnung); ich habe nie gewußt, wie man »Männer kriegt«, und nach sechs Jahren Paris hatte ich einen Widerwillen gegen Äußerlichkeiten entwickelt, so daß ich sehr nachlässig herumlief. Ich dachte mit Schrecken, ich müsse den Geruch einer gefallenen Frau verströmen oder etwas in der Art, warum sonst sollten Männer, so viele Männer, auf mich zukommen, wenn ich nicht auf sie zuging. Eigentlich kam keiner auf mich zu, nicht auf mich, wie ich war oder sein wollte; sie holten sich nur meinen Körper, so jedenfalls sah ich es. Ich kann diese Zeit nicht recht erklären. Ich war einsam, das ja. Außerdem war ich gern lustig. (In Frankreich waren immer alle alt, keiner lachte, keiner tanzte, und keiner folgte seinen Launen wie ich; in Amerika hingegen waren die Männer in meinem Alter, stark und ebenso lustig, tranken vielleicht zuviel, aber fanden Gefallen daran, durch die Nacht nach Atlantic City zu fahren, ewig im Dunkeln zu schwimmen und zu lachen, Hamburger zu essen und ins Büro zurückzufahren.) Von einigen Männern bekam ich das, Gesellschaft, Lachen, Bewegung, das Gefühl, das Leben sei eine endlose Straße, auf der man sehr schnell laufen kann; und dann wollten sie mich. Da habe ich wohl meine Schulden beglichen. Es war meine Gegenleistung; ich hatte meinen Spaß gehabt, jetzt bekamen sie ihren. Und es war nie gut. Ich mochte als einziges die Arme, die sich um mich legten, und eine Illusion von Zärtlichkeit. Aber große Illusionen konnte ich nicht herstellen, und die Arme waren nicht von Dauer; der Rest passierte einer anderen (und immer tat es weh).

… Ich glaube, Ernest hatte ich verdient; weil ich ihn nicht in Beziehung zu mir beurteilte, sondern nur in Beziehung zur Welt. In Spanien fiel das Urteil hoch und voller Bewunderung aus, und zu Recht. Danach kam ich nicht mehr raus; ich steckte zu tief drin; und vielleicht ein wenig wie Du und N. – weil seine Frau da mit ihren Freundinnen anfing, mit Schreckensbildern gegen mich zu Felde zu ziehen, grauenhaften Lügen, infamen Andeutungen, was mich sehr aufbrachte. Aber vielleicht gab es auch von Anfang an eine Schwachstelle: Ich sammelte gern Könige. Bertrand war ein König in seiner Zeit, an seinem Ort, seiner Art (obwohl ich das erst später begriff, allmählich, als alles anfing, hatte ich keine Ahnung von ihm oder wie man König wird. Mit 20 hatte ich zu wenig Ahnung von Snobismus, um die Wertigkeit eines Namens richtig einzuschätzen; aber Frankreich hat mich das sehr schnell gelehrt). Ernest war wegen seiner Bücher immer ein König für mich gewesen, und das war er – weithin sichtbar – auch für andere. Ich habe einen Haß auf diesen Teil seines Lebens entwickelt, einen wirklich ätzenden Haß, und würde ihn nie für mich beanspruchen.

… Mutter hat einmal zu mir gesagt: »Als du jung warst, hat dich Frankreich interessiert, und du hast den vollkommensten verfügbaren Franzosen gefunden, bzw. dich finden lassen. Dann hat dich das Schreiben interessiert, also hast du den deiner Meinung nach besten Schriftsteller gefunden, bzw. dich finden lassen. Im Krieg schließlich hat dich die Tapferkeit interessiert, und du hast den gefunden oder dich von dem finden lassen, der als der Tapferste von allen galt. Aber eines Tages wirst du einen Mann finden und nicht jemanden, der etwas verkörpert.« Mehr oder weniger zutreffend erinnert und wiedergegeben; und das war nett ausgedrückt.

Dies ist furchtbar lang, sogar für meine Verhältnisse, selbst für mich zum Denken, Schreiben und Lesen. Aber es bewirkt etwas Gutes und Klärendes in mir. Ich kann nicht erkennen, daß ich jemals (und um Dir die schockierende und unappetitliche Wahrheit zu sagen, David, ich weiß nicht einmal, wie viele Männer es in meinem Leben gegeben hat) selbst wußte, jemals entschieden habe, es passierte alles, ich habe mich treiben lassen, geriet immer tiefer hinein, und etwas wie Liebe, irgendein abseitiger Aspekt der Liebe, kam stoßweise, um eine Beziehung erträglich zu machen oder am Laufen zu halten. Ich liebte etwas an ihnen, manchmal; anscheinend war ich der Meinung, mehr würde ich nicht bekommen. Und immer war ich einsam. Ich weiß noch, daß ich das beiden, Bertrand und Ernest, bevor es auseinanderbrach, in letzter hilfloser Verzweiflung vorgeheult habe; ich glaube, beide fühlten sich abgestoßen oder belästigt.

Mir wird schlecht von diesen Ausführungen, also muß ich weitermachen. Mir wird schlecht, weil sie die pure Verschwendung dokumentieren. Was habe ich mit meinem Leben angestellt? Warum habe ich es nicht besser im Griff gehabt? Gewiß habe ich außer mir gelebt; die ganze Welt war mein Garten, mich bewegte, was anderen widerfuhr, Massen, Fremden. Ich habe viel gearbeitet, sechs Bücher und Hunderte von Artikeln, ganze Ladungen von Kurzgeschichten, Notizen, Gedichten; ich habe mich so weit und so schnell bewegt, daß mich die Bewegung selbst womöglich schon alle Energie gekostet hat. Trotzdem erklärt das noch nicht so recht, weshalb mein eigenes Leben so durcheinander und vergeblich und zufällig war. Es schien mich nie besonders zu berühren; weil es mich nie verändert hat (bis Ernest; und die Veränderungen, die er bewirkt hat, sind offensichtlich nicht endgültig, weil es Dich gibt und ich einen Mann aufrichtig und rückhaltlos lieben kann). Es hätte sich in meinem Gesicht abzeichnen sollen oder in meinem Verhalten oder sonstwo; aber dem war wohl nicht so. Wahrscheinlich habe ich nicht einmal genug darauf geachtet, um es sichtbar zu machen. Unbegreiflich.

... Jetzt gibt es nur noch sehr wenig zu ergänzen, und nie ist Zeit. Mir ist, als habe ich in den vergangenen Wochen ein ganzes erschöpfendes Leben gelebt, sei nun gestrandet und japse wie ein Fisch. Man kann es zum Teil aufs Wetter schieben; Du wirst sehen; die Luft steht; man fühlt sich ausgetrocknet. Und außerdem bin ich schlecht in Form; zu viele Zigaretten, nicht genug Schlaf; so daß ich hin und wieder sehr vorsichtig sein muß in meinen Bewegungen und meinen Worten, weil ich sonst anfange, Leute anzubrüllen und die unsinnig überstürzten Tage. Mir graut davor, daß Du mich so vorfinden könntest, wie ich mich jetzt fühle (meine Hoffnung ist, daß ich mich, wenn ich Dich sehe, nicht mehr so fühle und alles von mir abfällt): häßlich, getrieben, erschöpft und irgendwie nicht ganz beisammen. Ich konnte mich einfach nicht mehr so nach Dir verzehren; also mußte ich Dich ein wenig von mir schieben, als wärst Du mir vor langer Zeit begegnet und würdest mir in ferner Zukunft erneut begegnen. Ich mußte eine Zeitmauer um Dich bauen, um mich nicht an Gefühle, die nirgendwohin können, völlig zu verausgaben. Wir müssen lernen, wie wir beide gesagt haben, die Liebe als Freude zu leben und nicht, als würden wir in den Wahnsinn getrieben und zu Tode hungern. Wir müssen beide lernen, liebend zu leben.

Und jetzt bringe ich diese lange Geschichte zu Ende: Das ist nämlich eine Angewohnheit, man schreibt zu Ende, was man einmal begonnen hat …

In drei Jahren bin ich 11 Monate von hier fort gewesen; aber in der ganzen Zeit, hier und in Europa, habe ich den nervösen Bedürfnissen des Körpers oder der Schwermut des Geistes (entweder eins oder beides) genau neun Mal nachgegeben. Ich habe es ausgerechnet, darum kann ich es Dir sagen. Bei 1124 Nächten ist das ein ziemlich guter Schnitt; ich wünschte, er wäre perfekt. Ich wünschte, ich wäre noch stärker gewesen, aber besser ging's nicht. Und ich habe mich gehaßt und es nicht im geringsten genossen, aber es war in etwa so, als würde man eine ordentliche Dosis Schlaftabletten einwerfen, nachdem man eine ganze Weile gegen die Schlaflosigkeit angekämpft hat. Es war beinahe wie Medizin.

Drei Jahre lang also habe ich einer Hoffnung entsagt: Ich habe nicht geglaubt, daß es einen Mann für mich gibt, bzw. daß ich für einen Mann bestimmt bin, und beschlossen, mich dem zu fügen, und da das Leben nicht vollkommen ist, muß man für all das Gute, das man hat, dankbar sein und nicht klagen, wenn etwas Wesentliches fehlt. Ich hatte mir das so zurechtgelegt, und insgesamt bin ich damit zu Rande gekommen; jedenfalls über die Runden, und ich bin, glaube ich, niemandem zur Last gefallen. Und wurde ich zu traurig oder zu einsam, las ich mehr oder spazierte weiter und ging schlafen im Bewußtsein, daß ich aufwachen und mein Leben neu beginnen und es nach Kräften bewältigen würde.

... Dann kamst Du; und dies, dieser Berg an Erfahrung, der keine Erfahrung ist, und Niederlagen, die schließlich abgeschlagen wurden, ist das, was sich Dir bot: äußerlich recht normal und anständig in einem Baumwollkleid ... Ich habe keine Ahnung, wie es ausgeht, ich weiß gar nichts. Ich glaube, das hängt mehr von Dir ab als von mir. Ich glaube nicht, daß ich noch die Kraft habe, zu kämpfen und zu ringen und zu leiden; ich will ruhig und glücklich sein.

… Wie Du hübsche Frauen anschaust, so habe ich auch immer Männer angesehen. Weder im Geiste ausgezogen wie in den Karikaturen im *New Yorker* noch mit dem Wunsch, mit ihnen ins Bett zu gehen; sondern mit dem Wunsch, sie möchten dasein, durch die Welt laufen, mit dem Wunsch, es möchten echte Männer in ihnen stecken, gerade, großgewachsene Männer mit guten Gesichtern, die so aussehen, als wüßten sie, wo sie hingehen, und das guten Mutes, nicht die Gebeugten, die Gequälten, die ohne Stolz und mit Tücke. London habe ich immer gemocht, weil die Männer dort schöner sind und zufrieden wirken mit sich, mit dem Mannsein. Aber jetzt habe ich nur noch Augen für Dich.

Ich habe Dir nicht gesagt, Ernests Buch sei gute Literatur; es ist entsetzlich. Daß ich in dem Buch vorkomme, finde ich besonders schrecklich, weil es so miserabel geschrieben ist. Ich halte es für kompletten Schrott, rundum; und das Abbild eines Wahnsinnigen. Aber er ist ja auch immer wahnsinniger geworden; ich habe ihn genau da verlassen, als ich das erkannte, und wußte, daß er es so wollte. Ich halte nicht mal *Wem die Stunde schlägt*, das mir gewidmet ist und auf meinem Sklavenrücken verfaßt wurde, für gut. Aber die Kurzgeschichten und die frühen Romane sind, was die Wortwahl angeht, eine Entdeckung. Ich konnte seine Rauhbeinigkeit nicht ausstehen, weil ich sie durchschaute; die Tapferen müssen nicht brutal sein, die

Tapferen können sanft sein. Die Rauhheit ist eine Pose, mit der man sich alle Gemeinheiten und Borniertheiten leisten kann (um sich über alles und jeden zu mokieren). In Spanien war er kein Rauhbein; da war er freundlich. Zu mir nicht, nicht mal dort, weil ich die Frau war, die er wollte, soll heißen, die Frau, die er bedingungslos zu besitzen, zu zerquetschen, mit Haut und Haar zu verschlingen gedachte. Aber zu Soldaten war er nett, zu Armen. Ganz kurz versuchte er, dem Bild gerecht zu werden, das ich mir von ihm gemacht hatte; dem Bild, das ich unbedingt brauche, weil ich nicht lieben kann ohne Bewunderung. Dann war er es leid, und es zerfiel. Ich hätte ihn nicht verlassen, denn ich glaube an die Worte, die man sich gibt, wenn ich einfach nur unglücklich gewesen wäre. Ich habe ihn verlassen, weil er, unabhängig von mir, verachtenswert wurde; und ich konnte ihn weder aufhalten noch irgend jemanden schützen, und ich verabscheute ihn. Ich bitte Dich, mich zu verstehen. Ernest war der Überzeugung, Frauen verstünden nur Gewalt; wenn sie ihm störrisch kamen (wie ich), mußte man sie nur noch mehr schlagen. Das darfst Du nie, niemals tun; darin liegt für mich das Grauen. Das hat mich regelrecht neurotisch gemacht, daß ich es kaum ertrug, jemandem nah zu sein aus Angst vor der kleinsten absichtlichen Verletzung. Es war, bis Du kamst, wie ein seelischer Granatenschock, und ich dachte, darüber komme ich nie hinweg. Ich hatte Angst, darüber hinwegzukommen, denn es könnte ja etwas passieren, das mich wieder bluten ließ. Ich hatte ernsthaft geglaubt, Ernest würde mich mit seiner Grausamkeit in den Wahnsinn treiben; und da das nicht geschah, hielt ich mich zuerst für unmenschlich, weil man unmenschlich sein mußte, um das zu überleben, und hinterher begriff ich, daß ich ein Feigling war und es nie wieder darauf ankommen lassen konnte. David, ich bitte Dich, das immer zu beherzigen. Wenn Du böse mit mir bist oder von mir enttäuscht, wenn ich einen Fehler mache, kannst Du es mir sagen (tut Mutter auch); wenn ich Dich verletze, sollst Du wissen, daß es aus Versehen geschehen ist, aus Mangel an Einfühlung oder aus Ahnungslosigkeit, aber ich werde Dir niemals absichtlich weh tun, und Du mußt es mir sagen, aufschreien, mich warnen. Ich wurde mit strammerem Zaumzeug gesattelt, als irgend jemand aushalten kann; und wenn jetzt die Zügel angezogen werden, drehe ich durch und bäume mich auf. Das weiß ich, weil es schon passiert ist; selbst in flüchtigen Beziehungen; plötzlich bin ich nicht mehr da, weil ich einen Anfang, eine Absicht von Gewalt spüre wie aufsteigende Übelkeit. Es ist viel verlangt von Dir, weil ich mich selbst nicht kenne und nicht weiß, was ich tue, noch meine Grausamkeit kenne; aber wenn Du darauf aufmerksam machst, weiß ich es und kann mich ändern.

Du sagtest, E. sei in gewisser Hinsicht ein König und Du in keinerlei Hinsicht. Liebling, jetzt hör mal.

Du und ich, wir sind aus demselben Holz geschnitzt. Die Vorstellung, als Königin zu gelten, weise ich von mir. Ich weiß und habe es, glaube ich, immer gewußt, daß ich zu einer bestimmten Spezies gehöre; in subtilem Sinne und stets mit Stolz bin ich von jeher eine Entwurzelte gewesen. Es gab immer wer weiß wie viele Welten, die auf mich warteten, ich brauchte nur hineinzugehen und Platz zu nehmen. Und das konnte ich nicht. Mit Engländern freunde ich mich am leichtesten an, weil sie das Leben rundum fixiert haben; sie nehmen Dich, wie Du bist, und geben Dir einen Namen; ich bin für sie, in ihren Worten, die »fröhliche Exzentrikerin«. Sie lassen mich in Ruhe und heißen mich willkommen; aber zugehörig fühle ich mich nur Einzelpersonen, zu bestimmten Zeiten, an bestimmten Orten, in bestimmten seelischen und geistigen Verfassungen. Du, so scheint mir, bist genauso. Ich erwarte nicht, irgendwo hinzugehören, und hatte xauch nicht mehr erwartet, zu jemandem zu gehören, das Äußerste meiner Hoffnung. Ich gehe, wohin ich will, mühelos, beobachtend, lachend, liebend, wütend; aber immer bin ich zur Einsamkeit zurückgekehrt und habe sie akzeptiert. Jetzt akzeptiere ich sie nicht mehr, denn Du bist da. Ich bin sicher, Dir geht es genauso. Absolut sicher. Ich wurde mit intakten Wurzeln geboren und habe keine; daß Du keine hast, ist kein Zufall. Beide können wir überall leben, und (das ist schmählicher Stolz, aber wozu Bescheidenheit vorgaukeln) mehr Menschen haben uns geliebt, als wir lieben konnten. Ich war imstande, allein zu leben, weil nur das buchstäblich wahr macht, was wirklich wahr ist. Als ich diesmal London verließ, gab Ann Rothermere, bei der ich gewohnt habe, ein Abschiedsfest für mich und lud dazu meine vierzehn engsten Freunde ein. Ich fühlte mich so einsam, daß ich hätte schreien können; ich habe mich derart danebenbenommen, daß ich mich noch immer schrecklich schäme, ich hatte eine ausgewachsene *crise de nerfs*, an Ort und Stelle. Ich war außer mir, denn sie waren zusammengekommen, weil sie mich gemeinsam hatten, alle taten so, als würde ich nicht weggehen, sondern sterben, alle gaben mir Ratschläge mit auf den Weg, alle beschworen mich, nicht so dumm zu sein, mich in Mexiko zu verkriechen, wo ich doch dort zu ihnen gehörte, alle boten mir Liebe, Obdach, alles. Und ich fühlte mich so abgeschnitten und so fern von ihnen, daß ich in Panik geriet; denn wenn sie nicht mein Zuhause waren, was dann?

… Nein, ich wußte nicht, daß Du Jude bist, und in diesem Sinne lasse ich es auch nicht gelten: Für mich gilt diese Bezeichnung nur wie die Bezeichnung Katholik oder Mohammedaner. Es ist eine Religion; wenn man glaubt und sie befolgt, hat man das Recht, sich so zu nennen. Rassisch, als Abstammung, habe ich es schon immer für hanebüchen gehalten. Ich glaube nicht an Kategorien: Man sagt immer »die Franzosen«, »die Engländer«, als wären sie eine Einheit und hätten alle dieselben Gefühle und Verhaltensweisen. Das ist ganz eindeutig Wischiwaschi-Denken; Menschen sind zuallererst ungleich, jeder einzelne ein Geheimnis. Äußere Bedingungen prägen einen Menschen natürlich; wer in einem englischen Landhaus aufwächst und nach Eton chauffiert wird, reagiert anders auf das Leben als einer, der durch die Abwasserkanäle aus dem Warschauer Ghetto in die Wälder entkommt. Aber das hat nichts mit dem inneren Kern des Individuums zu tun; das zeigt nur, was das Leben mit dem Individuum anstellt.

... Mein Haar ist merkwürdig. Wenn es nicht an mir hinge, wäre es bestimmt sehr hübsch. Aber es hat so wenig mit mir zu tun. Ich werde versuchen, einen Schnappschuß davon zu machen, doch vielleicht bringe ich nicht den Mut auf, ihn Dir zu schicken. Ich will wirklich nicht, daß Du mich scheußlich findest mit kurzem Haar, denn da ist auch noch der andere Aspekt, der entscheidende Aspekt, daß Du geil bist (ich muß das Wort nachgucken). Und ich glaube, ich bin sehr geil, David. Du weißt gar nicht, was für eine Überraschung das für mich ist. Du mußt mir das alles erklären; Du mußt alles erklären. Ich liege nachts im Bett und denke an Dich und denke an die beiden Nächte, die Du bei mir warst, und ich kann überhaupt nicht schlafen und spüre einen Schmerz, eine Art Druck in mir, im Schritt. Was ist das? Ich hoffe, das ist nicht pervers. Ich weiß gar nichts, David, überhaupt nichts; ich komme mir dumm vor, so wenig zu wissen, weil es viele Männer gegeben hat. Eduardo, ein lüsterner alter Kauz, hat drei Jahre lang über mich gegrübelt. Vor rund zwei Wochen kam ihm auf einmal die Erleuchtung, und er sagte zu mir: »Ihr Geheimnis ist, daß Sie Jungfrau sind.« Ich brüllte vor Lachen und wies ihn darauf hin, daß das wohl kaum möglich sei. Und er entgegnete sehr ungeduldig: »Die haben keine Bedeutung. Kein Mann hat Sie je besessen; Sie haben nie einen Mann besessen. Alles, was an Ihnen verkehrt und komisch ist, kommt davon, daß Sie Jungfrau sind.« (Es lag in seiner Absicht, mich von diesem bejammernswerten Zustand zu erlösen.) Hinterher habe ich darüber nachgedacht und begriffen, daß er recht hat, und das fand ich ganz furchtbar; ich hätte es niemals zugegeben. Allerdings glaube ich, daß ich jetzt keine Jungfrau mehr bin. Nur wird man natürlich nicht nach 22 Jahren Jungfräulichkeit gleich eine versierte Liebhaberin, einfach so, urplötzlich. Ich habe solche Angst, daß ich Dir nicht aufregend oder erfahren genug bin. Vielleicht sollte ich etwas lesen? Ich habe keine Ahnung, wie ich Dich verwöhnen kann, ich wurde immer nur verwöhnt. Und nach dem, was die Jungs so reden, weiß ich, daß einige Frauen als »phantastisch im Bett« gelten. Das ist ihre große Anziehung oder Stärke. Das möchte ich für Dich auch sein, aber wie mache ich das? Eigentlich habe ich bisher nur herumgesessen und Männer über mich entscheiden lassen, das ist keine gute Übung. Ich will alles sein; ich will, daß Du mich so sehr liebst, daß es auf der ganzen Welt nur noch uns gibt, als Mann und Frau.

… David, habe ich versäumt, Dir zu sagen, daß ich Dich liebe, oder hast Du es in jedem Wort, jedem Komma gelesen? Und David, sofern es Dir nicht allzu viele Umstände macht, komm bitte zu mir zurück, sobald Du kannst. Und wenn es nur für ein Wochenende ist, werden wir es wie ein Jahr behandeln und jeden Moment leben und weder nach vorn noch zurück blicken.

Ganz und gar Dein,
Martha

Als deutlich wurde, daß weder Martha noch Gurewitsch imstande oder bereit waren, die nötigen Schritte zu unternehmen, trennten sie sich. Das Ende ihrer Affäre mit David Gurewitsch bedeutete gleichzeitig das Ende von Mexiko. Sandy war jetzt fünf Jahre alt. Martha erwog kurz, nach London zu ziehen, dachte dann an Frankreich und entschied sich schließlich für Rom. Aus der Zeit, da sie Sandy gesucht hatte, hatte sie einige gute Freunde in Italien, unter ihnen Sybille Bedford, die gerade an ihrem ersten Buch schrieb.

An Sybille Bedford

19. August 1952
L'Olgiata
La Storta

Sybille Du Gute;
... Heute ist Sandy in Sheilas Zimmer gegangen und hat sich nach Kräften bemüht, den Kanarienvogel zu erwürgen. Wir brauchen Freud nicht, um uns das zu erklären. Ich sage Dir, die kindliche Psyche ist um einiges absonderlicher als die erwachsene, so nah an schlichten Leidenschaften wie Mord. Er dachte wohl, er habe den Vogel erledigt, und verkündete Sheila freudestrahlend: »Dein Kanarienvogel ist tot.« Selbst Sheila hatte es begriffen und kam sofort tränenüberströmt zu mir, das arme unglückliche Ding. Ich könnte

Sandy windelweich schlagen, ich habe es satt, einen Miniaturhamlet um mich zu haben. Sheila bleibt bis zum 15. Sept., danach »werden wir sehen«. Aber er hat inzwischen entschieden, daß er überhaupt niemanden mag, einschließlich unserer freundlichen, friedlichen Hilfe. Heute hat er außerdem die Köchin und die Haushälterin getreten. Daher erwarte ich, wenn ich am Samstag für fünf Tage nach Elba fahre, bei meiner Rückkehr verkohlte, rauchende Ruinen vorzufinden.

Keine Arbeit. Ich bin sehr müde. Ich widme mich gern der Hausverschönerung, da bin ich unbelehrbar. Man sollte meinen, ich sei inzwischen klüger, in meiner 12ten Bleibe. Ich kann einfach nicht widerstehen; also streife ich jetzt umher, kaufe Kram und rücke Möbel. Es wird sehr hübsch. Aber nicht sehr angenehm, wenn Sandy eine tiefe, unbewußte Abneigung gegen Italien hegt – Erinnerungen an den Mutterleib –, die ihm von nun an lodernden Haß eingibt.

Du mußt nicht antworten. Ich benutze die Schreibmaschine anstelle eines Besuchs oder Anrufs, was im Moment beides nicht möglich ist, aber ich schwafle nur so daher, beachte es gar nicht. Kümmere Dich um Deine Arbeit, das zählt.

Alles Gute,

Martha

An William Walton

11. September 1952
L'Olgiata
La Storta

Liebe Napoleontorte; Endlich wurde heute mein Telefon angeschlossen, einen Monat ohne auf dem Land lehrt einen, moderne Erfindungen zu preisen. Jedenfalls klingelte es, und es war Shim, Capas Partner, er hatte Miss [Ingrid] Bergman im Schlepptau, und sie werden jeden Augenblick hier auf ein Glas (meiner einzigen Flasche Scotch) vorbeikommen, und ich weiß genau, was passiert: Morgen, nachdem ich Miss B. wiedergesehen habe, werde ich mit meiner längst überfälligen Diät beginnen.

... Also, jetzt gab es eine lange Pause. Sie kamen und wollten Eier und Käse, was wir natürlich nicht haben, auf dem Land hat man (wie in Mexiko) die Eier des Tages, sonst nichts; außerdem hat die Köchin heute ihren ersten Tag, und ich wollte sie nicht verschrecken; also habe ich ihnen Whiskey eingeschenkt, und jetzt, um zehn, sind sie woanders essen gegangen. Ich werde nicht unbedingt auf Diät gehen, da ich keinen Deut dicker bin als Miss B; die außerdem größer ist als ich, unglaublich. Sie war sehr nett; entspannt und lachlustig; da ich kein Mann bin, habe ich sie nie faszinierend gefunden; und ganz gewiß nicht geistreich; aber sehr nett, und Shim ist ein Schatz, unser aller Onkel. Also hatte ich einen angenehm langweiligen Abend, ich bin in so was inzwischen besser als früher; ich erzwinge kein Leben, wo keins ist, und auch kein Licht, wo lauschiger Dämmer herrscht.

Das Haus würde Dich bezaubern, glaube ich; stelle es Dir als italienisches Georgetown vor. Es ist winzig und geräumig; die Zimmer sind alle sehr klein, einige holzvertäfelt, einige mit Kamin; Holzfußböden. Die Fenster sind groß und blicken auf die Landschaft; schlichte Landschaft, Bäume, ein Kiesweg, ein geschwungener gelber Hügel. Um uns herum ist immer noch mehr Land, bewirtschaftet, besetzt von riesigem austernweißen Vieh mit ausladenden Schmuckhörnern; und Rennpferden. Ich beschäftige (und erschöpfe) mich damit, durch eine Blumenvase, einen Vorhang, einen Druck, ein Buch, einen Aschenbecher, die Position eines Sessels das gewisse Etwas ins Haus zu bringen – Charme, Wohnlichkeit. Ich weiß nicht, weshalb mir das so wichtig ist, außer daß ich eine Egozentrikerin und Perfektionistin bin. Hier werden noch weniger Menschen herkommen als nach Cuernavaca; ich werde den Ort für mich genießen. Wenn ich allein bin, hause ich hier, wo ich gerade bin, in einem Kabuff mit Kamin, Bücherregalen, einem von Kretonne bedeckten Liegesofa, einem massiven Eichentisch, einem hübschen kleinen Vertiko und einem noch kleineren neben dem Sofa: mein Arbeitszimmer. Zwei Türen trennen mich vom restlichen Haus, eine Toilette habe ich gleich nebenan. Es liegt im ersten Stock, Endstation, nichts außer mir und dem Dachboden. Vom Fenster aus sehe ich die Kinder (lumpige Renoir-Kinder) auf der Schaukel, die ich habe aufstellen lassen, und auf ihren kleinen Fahrrädern auf dem grünen Rasen, und zur Linken eine kleine honiggelbe Kirche mit Kuppel, wo die Bauern jeden Sonntag zu ihrem gemächlichen Wochenritual hingehen. Es gibt einen Kindergarten, ockergelb mit einer Klematis und einer Glocke; bald wird die Glocke läuten, und die Bauernkinder werden den Hügel hinaufgetrottet kommen (und Sandy wird aufs Fahrrad steigen), und dann sitzen sie den ganzen Vormittag in diesem gemütlichen, ofenbeheizten Haus und machen weiß Gott was. Es ist sehr schön.

Meine Liebe, William. Gewiß bringt mich keiner so zum Lachen wie Du; letzten Endes ist das mein Laster. Ich will vor allem lachen.

Martha

An Adlai Stevenson

[Frühjahr 1953]
Via Pinciana 37
Rom

Lieber Gouverneur Stevenson;
ich werde Ihnen passagenweise Unterhaltungen übermitteln, wie ich sie in Erinnerung habe, Tatsachen, Geschichten, wiederholte Gerüchte und Klatsch: all die umherschwirrenden Worte, die das intellektuelle und emotionale Klima ausmachen. Sie werden es einordnen können, und vor allem werden sie es mit dem vergleichen können, was man aus Frankreich, Deutschland und England zu hören bekommt. Nachdem ich meine jungen Jahre damit zugebracht habe, über den Faschismus in Europa zu berichten, befällt mich jetzt, da ich die häßlichen, haltlosen, sinnlosen Entwicklungen betrachte, die von meinem Heimatland nach Europa zurückschwappen, ein unheimliches Déjà-vu.

Ich glaube, daß der McCarthyismus für antitotalitäre Amerikaner im Ausland so einschneidend ist wie für Europäer, aber darüber läßt sich streiten. Die Wirkung auf Amerikaner ist klassisch. Wir haben diese Veränderungen in Persönlichkeit und Verhalten bei den europäischen Liberalen in den Anfängen des Faschismus beobachten können. Amerikaner lassen inzwischen im Gespräch mit Landsleuten, die sie nicht kennen, Vorsicht und Zurückhaltung walten; sie sind in höchstem Maße beunruhigt über zukünftige Entwicklungen in Amerika und gleichzeitig persönlich verunsichert (bezüglich der eigenen Papiere und der eigenen Arbeit). Und als ganz neue Erfahrung kommt hinzu, sich für das eigene Land zu schämen. Es gibt genug Gründe für all diese unschönen Gefühle.

Sie wissen, daß es bereits amerikanische Flüchtlinge gibt: überwiegend Leute aus der Film- und Radiobranche, die selbstverständlich nie angeklagt oder wegen irgendwelcher Vergehen eingesperrt wurden, sie sind lediglich von irgend jemandem allgemein als Kommunisten bezeichnet worden und bekommen nun in Amerika keine Arbeit mehr. Ihre Zahl wächst, und Paris ist ihr Zentrum, aber hin und wieder kreuzen sie auch hier auf. Sie halten eng zusammen, sind anderen Amerikanern gegenüber empfindlich bis feindselig, weil sie offensichtlich das Gefühl haben, in diesem frühen Stadium für uns alle als Märtyrer herhalten zu müssen. Genauso war es mit den ersten deutschen Intellektuellen, einige Juden, andere nicht, die um 1933–35 von Deutschland nach Frankreich flüchteten. Die Tatsache, daß es überhaupt so etwas wie amerikanische Flüchtlinge gibt, erschreckt andere Amerikaner zutiefst.

… Die Folge dieses vor allem amerikanischen Exils – der Flucht vor der Arbeitslosigkeit in die Hoffnung auf Beschäftigung – ist in erster Linie Angst: Da gehe ich hin, es sei denn, ich mache mich unsichtbar.

Denn niemand hält den McCarthyismus noch für etwas anderes als einen allgemeinen Angriff auf die Gedankenfreiheit. Wir erinnern uns doch an so vieles, und wir erinnern uns auch daran, daß zunächst einmal die europäischen »Eierköpfe« auf die ein oder andere Weise zerdrückt werden mußten. Inzwischen gilt es als sehr mutig, sich mit den Flüchtlingen anzufreunden, sie einzuladen oder sich mit ihnen sehen zu lassen ... gepriesen wird jeder, der den Mund aufmacht.

Dann gibt es noch die Durchreisenden, die sich in drei Gruppen unterteilen lassen. Die erste befürwortet den McCarthyismus, die zweite leugnet dessen Stellenwert und behauptet, es werde alles von den Medien hochgespielt, und die dritte weist Symptome von Granatenschock auf. Die dritte Gruppe ist in der Regel am aufmerksamsten und am besten informiert und umfaßt Leute, die bereits Erfahrungen gesammelt haben mit dem Faschismus in Europa oder Asien. Wir, die wir hier wohnen, sehen diese Reisenden, und alle hinterlassen sie ihre Spuren. Alle, die heutzutage aus Amerika kommen, wirken wie Fremde aus einem sehr fremden Land.

... Ich möchte Sie um Himmels willen nicht belehren, möchte aber doch noch einmal kurz zusammenfassen, was meinem Eindruck nach der McCarthyismus mit Amerikanern im Ausland anstellt. Sie lernen, einander zu verdächtigen, eine ganz häßliche Errungenschaft in amerikanischen Beziehungen; sie fürchten sich vor diesem unsichtbaren Ding, der Denunziation; und durch ihre Angst und Abscheu verändern sie sich. Sie werden mehr und mehr wie jene europäischen Liberalen, die in den dreißiger Jahren auf ihren Untergang warteten. Das wissen sie selbst, mit Grausen spüren sie es, und die Europäer wissen es auch.

… Und nun zur Wirkung des McCarthyismus auf die Europäer. Mrs. Roosevelt hat es milde ausgedrückt, als sie in Athen sagte, ihres Erachtens habe »Senator McCarthy meinem Land großen Schaden zugefügt«. Moralisch fallen unsere Aktien täglich; es spricht wirklich für die Europäer, daß sie unsere Duldung des McCarthyismus mit derartiger Verachtung quittieren.

… Während ich dies schreibe, ist mir, als würde ich halluzinieren. Ich erinnere mich an den gewaltigen moralischen Kredit, den wir bei Kriegsende in der Welt besaßen, ein Kapital, das wir meiner Meinung nach leichtfertig verspielt haben. Mir scheint, keine noch so üppigen Geldgeschenke und keine noch so üppigen Panzergeschenke können ihn zurückkaufen, und unsere einzige Chance, diese Bewunderung dauerhaft zurückzuerlangen (und mit der Bewunderung wohl auch die Zusammenarbeit), liegt darin, nicht mehr so grauenhaft ängstlich zu sein und die Zeichen dieser Angst aus dem amerikanischen Leben zu tilgen.

Ich weiß, daß die Intellektuellen auf der ganzen Welt eine Minderheit darstellen, doch bin ich auch der leidenschaftlichen Überzeugung, daß alles verloren ist, wenn diese kleine Minderheit nicht mehr frei denken, reden, arbeiten, reisen, glauben, streiten, widersprechen und protestieren darf. Denn mir scheint, daß diese Minderheit, so sie aktiv bleibt, ein Bollwerk gegen die Tyrannei darstellt. Intellektuelle sind immer die ersten, die es mundtot zu machen gilt; und eine Weile wurden sie in ganz Europa mundtot gemacht.

... Da es keinen Gott gibt, der speziell Amerikaner vor menschlicher Dummheit bewahrt, glaube ich nicht, daß der McCarthyismus, ein Instrument der Unterdrückung, verschwindet, solange er nicht bekämpft wird. Dann bleibt die Frage (die mich am meisten umtreibt): Will ihn die Mehrheit der Amerikaner denn bekämpfen? Intellektuelle, die die Gefahr einzuschätzen wissen, bilden nie eine einheitliche Aktionsgruppe: Es wäre ein bißchen viel verlangt, sich selbst zu schützen und noch dazu die Freiheiten, die alle Amerikaner schützen sollten. Ich bezweifle, daß sie dazu imstande wären. Aber wer soll es dann tun?

... Ich fühlte mich geehrt und geschmeichelt, als Sie mich baten, diese Beobachtungen zusammenzutragen, und ich hoffe, sie sind Ihnen von Nutzen. Allerdings glaube ich, daß nur Orwell und Kafka mit vereinten Kräften diesem Trauerspiel gerecht geworden wären.

Ich habe mich gefreut, Sie zu sehen und zu hören. Wann immer ich Ihnen in irgendeiner Weise behilflich sein kann, lassen Sie es mich bitte wissen.

Mit herzlichen Grüßen,
Martha Gellhorn

Im September 1953 kam Martha zu dem Schluß, daß sie nicht noch einen einsamen Winter in La Storta ertragen konnte. Nun faßte sie England als nächste Station ins Auge. Sie ließ Sandy in der Obhut eines Kindermädchens, fuhr nach London, um sich umzusehen, und kehrte nur noch nach Rom zurück, um zu packen und Sandy abzuholen. Das italienische Kapitel ihres Lebens war beendet.

An Edna Gellhorn

4. Januar 1954
[London]

Liebste Fotsie
... Dann ist da noch Tom. Ach. Es ist wohl das beste, ihn zu heiraten. Ich liebe ihn nicht, aber meine Lieben waren immer ein Verhängnis, während ich bei Freunden einen guten Geschmack habe, und er ist ein Freund. Ich glaube, es würde das Leben erleichtern. Im Augenblick will ich genau das; Erleichterung, einfach weniger verdammten Ärger. Und wie komisch und unerwartet das Leben ist. Vor zehn Jahren war ich um diese Zeit in England, auf Fliegerhorsten, um über die Männer zu berichten, die des Nachts Berlin bombardierten. In dem Klima war ich zu Hause, und wie gut ich da funktionierte; die Arbeit ging mir so leicht von der Hand, daß sie gar nicht als Arbeit gelten konnte, und ich glaube, ich habe sie – für die Verhältnisse – sehr gut gemacht. Außerdem war ich bei den Burschen sehr beliebt; es war kalt und ungemütlich, und wir waren eigentlich halb verhungert, ernährten uns nur von Brot und Margarine (was heute Brot und Butter ist), aber glücklich, nehme ich an, weil man seine Arbeit gut machte. Dieses Leben ist wohl nicht meine Arbeit, und ich mache sie nicht gut, insofern bin ich nie richtig glücklich. Schrecklich, so etwas zu sagen. Wahrscheinlich bin ich sowenig zur Mutter bestimmt wie Olga zur Auslandskorrespondentin; ich habe einen

zu schwierigen Beruf gewählt, den ich einfach nicht bewältige. Was nicht bedeutet, daß ich ihn aufgeben oder in meinen Bemühungen nachlassen werde, ihm so gut wie möglich nachzukommen; aber es bedeutet doch, daß ich ihn immer mehr oder weniger unter Qualen ausüben werde, niemals mit Ruhe, und daß ich nie das Gefühl haben werde, als Mensch wirklich zu funktionieren. Das sind schreckliche Worte, aber ach, ich fürchte, sie sind wahr. Unter diesen Umständen kann ich genausogut heiraten. Ich bin zu alt für das Leben, das ich geliebt habe und zu handhaben wußte; ich kann jetzt genausogut meine wenigen Vorzüge und vielen Defizite mit Tom zusammenwerfen; wenn man ohnehin von Zeit und Liebe in Häuslichkeit gefangen ist, ist es bestimmt weniger höllisch, sie mit jemandem zu teilen. Aber höllisch ist es, alles in allem; einfach höllisch; es ist nicht der Tod des Herzens, aber der ultimative Tod des Geistes und die Auszehrung der Seele. Es sei denn, vielleicht, als Paar und wenn man alles sehr freigiebig macht … vielleicht wäre das leichter.

Gute Nacht, meine liebe Fotsie. Kein Wunder, daß Du mich kaum noch kennst, denn wer bin ich? Und was ist aus mir geworden? Aber was wäre denn sonst aus mir geworden, mit fünfundvierzig? Schwer zu sagen. Ich fühle mich zehn Jahre älter als Gott.

Immer Deine

M

Tom Matthews 1954–1963

Tom Matthews war Witwer, Amerikaner und ehemaliger Chefredakteur von Time. *Martha hatte ihn in den 1930er Jahren flüchtig in New York kennengelernt. Er war zweiundfünfzig, leidenschaftlicher Tennisspieler, gab gern und ging gern auf Partys. Er schrieb Gedichte und war ein wenig taub. Außerdem hatte er vier Söhne: Tommy, achtundzwanzig, Oxfordabsolvent wie sein Vater, Johnny, fünfundzwanzig, der für* Radio Free Europe *in München arbeitete, Paul, zwanzig, der malen wollte, und Sandy, elf, der bei Onkel und Tante in Amerika lebte.*

Martha und Tom heirateten am 4. Februar 1954. Die Trauzeugen waren Sybille Bedford und Moura Budberg, H. G. Wells' langjährige Lebensgefährtin.

Marthas engste Freundin zu der Zeit, von ihrer Mutter abgesehen, war Diana Cooper, mit der sie sich Hunderte von Briefen schrieb, häufig über Aussehen, Gesundheit, geistige Verfassung, Themen, die sich wie ein humoriger Refrain durch ihre vierzigjährige Freundschaft ziehen. Sie verglichen Wehwehchen, Symptome, Heilmittel und Diäten und tauschten Ärzte und Antidepressiva aus. Martha nannte Diana »meine Wesensfreundin, der einzige Mensch auf der Welt, mit dem sich gemeinsam stöhnen läßt«.

An William Walton

[März 1954]
92 Albany
Piccadilly W1

Mein Schatz; ich kann Dir gar nicht sagen, wie erleichtert ich war, als ich heute früh Deinen frischen kleinen Brief bekam. Ich hatte gefürchtet, du hülltest Dich bewußt in Schweigen oder hättest möglicherweise mein geheimnisvolles, etwas militärisches Telegramm mißverstanden. Ich dachte, Du hättest mich verstoßen, ohne mir auch nur einen Fluch hinterherzuschicken, und war sehr betrübt. Jetzt ist alles gut; du bist erwartungsgemäß einfach nur der Meinung, daß mich alle guten Geister verlassen haben, aber daran bist Du ja gewöhnt.

Was Du zuallererst fest im Kopf behalten mußt, ist folgendes: Tom ist NICHT Ernest. Briefe erreichen ihre Adressatin, ungeöffnet. Keine Mittagessen *à trois*. Annäherungen werden aufrichtig empfangen in dem Geist, in dem sie gemacht werden. Alles ist gut. Kein Arrest, keine Ketten, keine Szenen, keine Schüsse aus Wohnzimmerfenstern. Es sind andere Zeiten. Es sind, genaugenommen, absolut idyllische Zeiten.

Es ging alles so schnell, daß es mich selbst überrumpelt hat. Ich war der Ehe ganz und gar nicht zugeneigt, was ich ohnehin nie bin; und als ich, nachdem mich Tom wochenlang in einer Manier beschwatzt hatte, herauskrächzte (ich hatte zu der Zeit eine Kehlkopfentzündung), ich würde mitmachen, wurde beschlossen, die Zeremonie derart geheimzuhalten, daß nicht einmal ich erfuhr, wann sie stattfinden würde. Dies entspringt meinem berechtigten Gefühl, daß noch ein bißchen mehr Klatsch über die Ehe, von mir, meine Freunde anwidern würde; darüber hinaus hatte ich bisher eine gewisse Neigung an den Tag gelegt, mich vor nahenden Altären aus dem Staub zu machen. Statt dessen nun schnüffelt dieser elendige Evening Standard in Caxton Hall herum (bist Du schon mal in Caxton Hall gewesen, das ist wie ein billiges Beerdigungsinstitut), und C. Hall hängt, was wir nicht wußten, das Aufgebot aus, also wurde unsere Eheschließung in der Zeitung angekündigt, bevor wir irgend jemandem davon erzählt hatten, und als wäre das noch nicht schlimm und kompliziert genug, wurde ich zitiert, als hätte ich etwas ausgeplaudert, worauf Lady Reading zum Telefon griff, um mir zu sagen, ich sei verachtenswert, und anderswo sauertöpfisches Schweigen herrschte, so daß ich vor und nach der Trauung nur damit beschäftigt bin, mich dafür zu entschuldigen, daß ich mich niemandem anvertraut habe, was ziemlich albern ist, oder?

Wir verbringen die Flitterwochen *en famille* im Haus der Birkenheads in Oxfordshire, einem traumhaft verschachtelten Bau, den wir bis zum Frühjahr haben. Dann kommen sie zurück (schlagen sich durchs Eis?), und wir haben wieder kein Dach über dem Kopf. Es ist furchtbar harmonisch und entspannt, ich hätte nie gedacht, daß die

Ehe so sein kann, wie Alleinsein mit Kuscheln und Kichern. Allerdings bin ich ja auch nicht gerade verwöhnt, man denke an meine Flitterwochen im Brown Palace Hotel in Denver, und jetzt tief berührt und dankbar. Du mußt ihn nicht mögen, aber das wirst du, glaube ich, wenn Du Dir einmal die Zeit nimmst, ihn kennenzulernen.

Er hat eine Wohnung im Albany, Piccadilly, kennst Du diese langgestreckte Junggesellenklause, wo Byron, Macaulay und andere verkehrten (und Champagnerflaschen über den Innenhof warfen). Frauen (nur Ehefrauen) sind seit ungefähr dreißig Jahren zugelassen, aber noch immer keine Kinder und Hunde. Sandy bekommt in London ohnehin keine Luft, also brauchen wir dauerhaft zwei Wohnsitze, was ich für eine prima Idee halte. Im Juli kommen wir drei zurück, um den Sommer mit Toms jüngstem Sohn, der 11 ist und auch Sandy heißt (ist das nicht erstaunlich), mit dem 20jährigen Paul und Mutter zu verbringen. In Newport, wo Tom ein Haus hat. Dann kannst du uns auf der falschen Seite von, wie ich mir vorstelle, juwelenfunkelnden Schienen besuchen. Im Herbst kehren wir hierher zurück, weil wir uns zum Glück in Europa, mit England als Schwerpunkt, niederlassen werden. Die beiden Sandys leben bei uns, die anderen drei Matthews-Söhne sind schon aus dem Haus, aber ich kenne zwei von ihnen und finde sie sehr angenehm, das ist also in Ordnung.

Ich beneide Dich ums Arbeiten, ich habe nämlich seit letztem April nichts mehr zu Papier gebracht außer zwei Albernheiten in Dubrovnik. Aber wenn wir nach London zurückkommen, in etwa zwei Wochen, fange ich mit Clapham Common, das ich mir in etwa als Londons Brooklyn vorstelle, ein neues Leben an. Dort wurde vor einigen Monaten ein zutiefst verwunderlicher Mord begangen, von einer Bande blutjunger Burschen, die sich die Edwardianer nannten; der Mord hatte mit der Ehre einer Frau zu tun, einer aus dieser Bande war der Ansicht, auf einer Tanzveranstaltung der Londoner Gemeindeverwaltung sei seine Freundin beleidigt worden. Ich kreise seit Monaten um diese Jugendlichen und habe mit [Stephen] Spender vereinbart, eine ausführliche Geschichte über deren Leben und Treiben zu machen, und zwar für den Encounter (guckst Du da jemals rein; er ist nicht hochklassig, weil die Amerikaner ihnen nur Geld geben, wenn sie ein gewisses Maß an Antikommunismus reinbringen, sprich Artikel von Koestler, beklagenswert). Aber man hat dort Platz, bis zu 10.000 Wörter, um sich auszubreiten, und darf so gebildet schreiben, wie man kann. Also hoffe ich, via Clap Com den mühsamen Weg zum Schreibtisch und zur Disziplin zu finden. Das Leben ohne Arbeit ist einfach ein hysterisches Durcheinander, unterhaltsam vielleicht, aber im Grunde daneben, als würde man Marshmellows oder Asche kauen oder beides zusammen, aber nichts wirklich Nahrhaftes. Ich sehne mich nach dem Schreiben; und ich glaube, die Ehe könnte sehr wohl eine große Hilfe sein, kein Hindernis.

Ach, du fragst, was Familie und Freunde dazu sagen. Sandy und Mutter sind außer sich vor Freude; selbst meine versteinerten Englewood-Brüder haben ihn gutgeheißen, als er vor etwa zwei Wochen zur Beerdigung seines Vaters nach Hause flog. Alle meine Freunde hier (London, Paris, Rom) sind beinahe beleidigend erbaut; da kommt mir der Verdacht, daß ich, ohne es zu wissen, so häßlich geworden bin wie eine Besenhexe. Sie scheinen einhellig der Meinung zu sein, ich hätte etwas Schlaues und Bewundernswertes zustande gebracht wie beispielsweise einen großen Bankraub. Allen voran Flavia und Diana Cooper. Um uns herum herrscht tatsächlich Überraschung, aber Zustimmung; nicht so sehr, würde ich sagen, von Toms amerikanischer Seite, die offensichtlich meint, er habe die Hure Babylon geheiratet oder irgend so einen kleinkarierten Unsinn. Ist es zu glauben, sie grämen sich, weil ich geschieden bin; dabei waren Eheschließung und Scheidung der einzige ehrbare Prozeß, den ich je angestrengt habe. Aber natürlich übertreibe ich, also erzähle nicht dem Jetset, ich würde bei meiner Rückkehr in die Staaten von Toms wütenden Freunden gesteinigt. Mein Schatz, schreib, schreib, schreib; und male.

Ich liebe Dich

M

An Leonard Bernstein

30. November 1956
20 Chester Square
London SW1

Liebster Lenny-pot; Zu langes Schweigen. Was denkst Du? Komische Welt, oder?

... Ich denke die ganze Zeit an Chim. Er hätte leben sollen; er liebte das Leben; und er hatte eine Konstitution, die es ihm erlaubt hätte, wirklich gut zu altern (was möglicherweise keinem von uns vergönnt sein wird). Ich lasse diesen Wahnsinn immer wieder vor mir ablaufen, der Jeep, den ein waghalsiger junger Franzose zu schnell die Straße hinunterfährt, der letzte englische Posten, <u>nicht</u> gekennzeichnet (wieder Durcheinander), die rufenden Fallschirmjäger, weder Chim noch der Franzose verstehen sie, sie passieren den ägyptischen Außenposten, wo natürlich der Kaffer in Stellung lag und kein Risiko einging, nicht einmal bei zwei unbewaffneten Männern in einem Jeep, dann das Rattern der Maschinengewehre auf die Windschutzscheibe. Meine einzige Hoffnung ist, daß Chim an Ort und Stelle tot war und nicht verwundet, aber bei Bewußtsein im Kanal ertrunken ist ... Müßig. Ich sage Dir, im Grunde könnte man seine ganze Zeit damit zubringen, das ganze Menschengeschlecht zu betrauern, die Lebenden und die Toten.

In meinen Augen sieht es schlecht aus; für mich ist es ungefähr 1936. Und Ungarn ist das neue Spanien, und wie Spanien wird es sterben. Keiner hilft rechtzeitig. Aber es herrscht eine Art Hoffnungslosigkeit oder Wahnsinn, oder auf Erden gerät etwas ins Rutschen; keiner hat es im Griff, keiner, nirgendwo.

Ich grüße Dich und Feli.

Schreib einer traurigen Freundin.

Martha

An Rosamond Lehmann

[?] 1958
68 bis rue Charles Laffitte
Neuilly-sur-Seine

Liebste Rosamond:

... Was Sie über meine Geschichten schreiben, macht mich glücklich. Ihre Lieblingsgeschichte hat dieses Jahr in den USA den O. Henry Prize gewonnen – angeblich beste in dem Jahr veröffentlichte Kurzgeschichte –, natürlich ein Witz, obwohl es als große Ehre gilt, und das erste Mal in meinem Leben, daß ich einen Preis gewonnen habe, einschließlich meiner Schulzeit.

Die Figur des Bara ist in allen mir zugänglichen Belangen Capa, der Kriegsfotograf, der 1954 in Indochina ums Leben kam. Die Geschichte ist von mir, eine Erfindung, basierend auf einer langgehegten Vermutung – die seinen Freunden so wahr erscheint und Capa endlich so erklärt, daß sie meinten, ich habe es gewußt, er habe es mir erzählt, und daß dies nicht der Fall ist, enttäuscht sie. Die beständige Unterstellung, ich würde bloß berichten, was ich gesehen & gehört habe, belastet (und begeistert) mich. Robert Graves schreibt über die Geschichten, ich habe selbstverständlich die Namen geändert, doch die tiefe Wahrheit dieser Geschichten führte mir vor Augen, daß es sich um ausgestaltete Fallstudien handelt – kurz, das wahre

Leben. Und jede Geschichte ist von Anfang bis Ende erfunden. Ich will natürlich für meine Einfühlung gelobt werden, statt dessen werde ich als gute Journalistin gefeiert. Bitter.

Ich habe Capa von ganzem Herzen geliebt – aber nicht, wie Sie meinen. Ich habe ihn 1937 in Spanien kennengelernt, und er war mein Bruder, mein echter Bruder. (Und ich war sein Bruder.) Wir fühlten uns nie, nicht eine Minute auch nur im geringsten sexuell zueinander hingezogen. Wir zählten aufeinander. Er brauchte mich weniger (wobei ich die einzige Frau war, die er je zum Freund hatte, und vielleicht der einzige Freund, der ihn kannte); ich brauchte das Gefühl, daß er hier auf der Welt war. Wir haben uns nie geschrieben, uns nicht verabredet; wir haben einander immer – überall auf der Welt – durch irgendeinen wundersamen Zufall gefunden, wenn wir den anderen wirklich brauchten. Ich habe seinen Rat angenommen und nur seinen, als wäre er für mich die ultimative Wahrheit – rätselhaft. Und gelacht haben wir – mein Gott, was sind wir umhergewandert, sehr arm in jungen Jahren und dann beide hilflos und von wachsenden Besitztümern und Sorgen geplagt, und alles haben wir gesehen. Er fehlt mir jeden Tag meines Lebens. Zunehmend.

Ich hatte in meinem ganzen Leben, in unterschiedlicher Intensität (Capa war in jeder Hinsicht der beste, der engste) fünf Freunde – Männer –, ich weiß nicht, ob Sie Männerfreundschaften haben, in denen beide praktisch gleich sind (ich glaube, ich bin im großen und ganzen sowieso ein Mann), vielleicht hatte ich ihretwegen immer das Gefühl, in der Welt zu Hause zu sein; sie waren da; ich konnte sie immer finden und sie mich – obwohl ich sie nicht oft fand, ich *wußte* einfach, daß ich in der Not nur die Hand auszustrecken brauchte. Aber sie lebten in der Welt. Alle sind gestorben, gewaltsam; nur einer verunglückte zu Friedenszeiten, nachdem er eine beinahe tödliche Kriegsverwundung überlebt hatte. Oft fühle ich mich wie übriggeblieben und immer merkwürdig alt – als hätte ich meine Zeit und meinen Ort überlebt.

Ich habe noch immer ein paar Freunde, Männer (nicht ganz so wie die anderen, die ersten), und sie und die Toten haben mir immer mehr bedeutet als jeder Liebhaber. Liebhaber schienen irgendwie nie ganz aufrichtig; da war etwas, das ich nicht recht glauben konnte – und selbst in den Fängen der qualvollst berauschenden Liebesaffäre wollte ich lieber mit meinen Freunden zusammensein, die meinesgleichen waren, mein Zuhause. Ich fand das sehr eigenartig (das finden Sie bestimmt auch), sehr unweiblich & wahrscheinlich geschlechtslos von mir. Ich liebte nur die Welt der Männer – nicht die Welt der Männer-und-Frauen. Ich liebte nur die Männer, wie sie für sich waren, nicht, wie sie mit Frauen wurden. Vielleicht bin ich einfach die geborene Besucherin – dazu angetan, als Fremde jemand anderes Terrain zu beschreiten, da ich kein eigenes habe.

Irgendwann (noch ist es mir nicht gelungen) werde ich mich selbst für eine Geschichte benutzen müssen; und niemand wird es glauben – und wird sagen, was denn noch, was für ein *Unsinn*.

Zu langer Brief. Weil ich nicht richtig schreiben kann und (zum ersten Mal seit langem) unbegrenzt Zeit habe und nichts tun kann *außer* Schreiben. Außerdem überwältigendes Bedürfnis zu schreiben, was sich in solch schweren Briefen äußert. Verzeihung.

Ihre

Martha

An Leonard Bernstein

4. Juli 1958
Mexiko

Lennypot, mein Süßer; Ich habe auf den richtigen Augenblick gewartet, um über die West Side Story zu schreiben, aber genau der richtige Augenblick kommt nie, also werde ich jetzt, an einem verregneten (ist es zu fassen?) Cuernavaca-Morgen, damit anfangen. Auch wenn ich weiß, daß ich dem nicht gerecht werde.

Wie kann man das bloß eine »musikalische Komödie« nennen? Es ist eine musikalische Tragödie, und wenn die bezaubernde Musik nicht wäre und der Tanz, dem Fliegen gleich, könnten sich die Menschen das gar nicht ansehen und begreifen. Auf jeden Fall würden sie nicht in dieses riesige Stadion strömen und hohe Summen zahlen, um sich von Angst packen zu lassen und von einem Mitleid, das müßig ist, denn wie soll man Hilfe anbieten, wie kann eine ganze Welt verändert werden? Tom und ich fanden es wunderschön und zutiefst erschreckend. Doch Omi und er müssen selbst erzählen. Omi hatte es schon gesehen und war beim zweiten Mal noch gebannter. So weit zu ihren Eindrücken.

Ich war buchstäblich erstarrt vor Angst. Ist Dir klar, daß in dem Stück nicht gelacht wird, daß es keine echte Fröhlichkeit gibt, die von Freude herrührt, von

Jugend? Natürlich ist Dir das klar, Euch allen war klar, was Ihr da schreibt. Das unglaublich lustige Lied »Please Officer Krupke« (die Titel sind bestimmt falsch, aber nah dran) ist nicht fröhlich, sondern die bissigste, ironischste und verächtlichste Satire. Und ich fand sie ausgesprochen treffend – nicht den perfekten Witz in Musik und Worten –, treffend in der Beschreibung des Geisteszustands dieser jungen Leute. Auch das Lied der Puertoricanerinnen, wo eine sich nach der Schönheit der Heimat sehnt und die andere sich über sie lustig macht, hat nichts mit Lachen zu tun; sondern mit der Strenge des Lebens, der Härte des Lebens, dem Traum nach mehr Sanftheit (innen drin, wo es zählt) gegenüber den eiskalten Maßstäben moderner Großstadtjugend. Bei den Liebesliedern mußte ich weinen (vorher schon, als ich das ganze Musical zweimal an einem Tag gehört habe, auf [Irwin] Shaws Schallplatte in der Schweiz). Aber diesmal, mit dem Bild vor Augen und der mörderischen Stadt da draußen, in Amerika, wo die »West Side Story« zu einem künstlerisch gestalteten soziologischen Dokument wird, habe ich vor lauter Herzschmerz geweint wie ein Schloßhund.

Was aber als das Schreckensbild hängenbleibt, ist die Szene im Drugstore, als die Jets »Keep Cool, Man« singen. Ich glaube, ich habe noch nie etwas Beängstigenderes gesehen oder gehört. (Ich brauche nicht eigens zu erwähnen, daß ich die Musik so phantastisch finde, daß mir dafür die Worte fehlen.) Für mich war es eine Art Verweis auf den Irrsinn: die irre Besessenheit von nichts, wahnsinnig, beständig angespannte Nerven – ohne Pause, ohne Ausweg; die Leere der orientierungslosen Geister, deren einzige Beschäftigung in Gewalt und einer schrecklich makabren Schauspielerei besteht. Wenn ein Mann nichts sein kann, kann er immer noch so tun, als sei er ein Gangster, und sich wie jemand fühlen. Ich bekam gar keine Luft, als ich das sah und hörte; es erscheint mir als Untergang, wie diese wiederholten Wasserstoffbomben-Tests, bei denen die Atmosphäre langsam, aber sicher immer weiter unwiderruflich vergiftet wird. Ich glaube, der Drugstore und die Wasserstoffbomben-Tests entstammen derselben Familie.

... Es ist mir peinlich, über Musik zu reden, da ich restlos ahnungslos bin und sie nicht höre, sondern nur fühle. Ich liebe Deine Musik – alles, was Du schreibst (viel mehr als alles, was Du dirigierst). Das hat vielleicht mit meiner Liebe zu Dir zu tun, aber lückenlos würde das nicht funktionieren. Ich liebe einige Menschen, deren Werke oder Bilder ich entsetzlich finde. Nein, das ist überhaupt nicht so persönlich. Ich glaube, ich liebe sie, weil sie so echt ist. Darauf wirst Du Dir Deinen eigenen Reim machen müssen.

Ich finde, Du solltest komponieren, mehr und mehr, und das wirst Du auch, glaube ich. Amerikaner sind so dumm, das Alter zu fürchten. Es ist notwendig und gut; man muß sich nur natürlich mit dem Alter verändern, das eigene Alter leben, zulassen, daß es die eigene Gestalt (innerlich und äußerlich) entsprechend verändert. Du hast, meine ich, da Du nun mal bist, der Du bist, das lange hektische Stadium gebraucht, in dem Du alles gemacht hast, alles und überall warst. Das ist Rohmaterial; das mußtest Du schlucken, denn Du wirst es brauchen. Aber Du wirst es, glaube ich, auch irgendwann ohne Mühe oder Bedauern abstoßen; denn das wird die Zeit sein, da Du das Rohmaterial bearbeitest, Deine Schlüsse ziehst, Dein ganz eigenes Talent aus all dem formst, was Du gesehen, getan, gehört und gefühlt hast. Ich glaube, Du wirst in etwa acht Jahren richtig komponieren und konzentriert und ganz davon eingenommen sein.

In N.Y. habe ich offensichtlich den Verstand verloren. Innerhalb einer Woche (mir einbildend, ich wüßte, was ich tue) habe ich vier Buchverträge an Land gezogen, zwei für Tom, zwei für mich, und fünf Artikel für mich. Man hat mir diese Verträge nachgeschmissen und mehr Geld geboten, als ich je zuvor bekommen habe. Das liegt daran, daß ich diese ganze Arbeit überhaupt nicht machen will und ganz gewiß nicht einen Cent mehr will, als ich habe. Nun muß ich bis zum 1. September meinen Band gesammelter Kriegsberichterstattungen fertig machen. Ab Oktober, bis April, muß ich zwei Artikel über England schreiben und je einen über Polen, Ungarn und Tschecho.

Meine einzige Hoffnung besteht darin, in die beiden letzteren Länder nicht reinzukommen. Ich bin wirklich verrückt. Das einzig Gute daran ist, daß es mich in die Arbeitsroutine zurückzwingt, die ich verloren habe, und das wird ein langes, lästiges Muskeltraining.

Stets Deine

M

An Diana Cooper

2. Februar 1960
Hotel Krone
Solothurn/Schweiz

Meine Liebe, meine Schöne;
Wie geht es Dir? Wo bist Du?

Bitte sag; bitte halt mich auf dem laufenden. Es gehört zu den vielen Kümmernissen meines Lebens, daß Du gar keine inoffiziellen Notizen mehr schickst.

Was mich betrifft, so waren all die Qualen des Londoner Winters und die elendigen Weihnachtsferien nicht, wie ich vermutet hatte, den neurotischen Frustrationen des fortgeschrittenen Alters zuzuschreiben. Als Tom und die Jungen nach London zurückfuhren, habe ich mich hierhergeschleppt, nach Solothurn, wo ein alter Arztfreund das Krankenhaus leitet, und darum gebeten, meine Neurose ein Weilchen betten zu dürfen, weil ich mich wirklich nicht mehr auf den Beinen halten konnte. Er hat schnell diagnostiziert und dann durch ein Röntgenbild belegt, daß ich einen ordentlichen Zwerchfellbruch habe. Schon mal davon gehört? Ich nicht. Der Magen ist durch die Wände (oder was immer) des Zwerchfells geplatzt, so scheint es, und schwimmt jetzt in einem kleinen vergifteten Sack, wodurch sich die Speiseröhre verschoben hat und alles eine riesige, <u>chronische</u> Ferkelei ist.

Ach Diana, Diana, das ist ein echter Wink der

Sterblichkeit, von der häßlichsten Sorte. An derartiges habe ich nie und nimmer gedacht: Krankheit. So schändlich und so langweilig und eine derart trostlose Begrenzung des Lebens. Ich habe mich immer auf mein Alter gefreut und wurde immer überzeugter, daß das viel mehr Freude macht als diese unentschiedene Phase des mittleren Alters, nicht Fisch, nicht Fleisch, die mich zugegebenermaßen anödet. Ich hatte mich als gräßliches altes Weibsstück gesehen, fett wie ein Schwein und wen kümmert's, ohne auch nur die winzigste öde Beschäftigung, mit Lästerzunge und vielen ähnlich herzhaften Altersgenossen, mit denen ich herumsitze und über die menschliche Verfassung herziehe, eine Whiskeyflasche am Ellbogen. Was an meinem Ellbogen stehen wird, ist zweifellos eine Flasche Milch; und ich werde zu sehr mit meinen diversen Wehwehchen beschäftigt sein, um mich noch über die menschliche Spezies zu mokieren. Das ertrage ich nicht. Ich fühle mich wie auf dem tiefen Grund einer Fallgrube der Düsternis.

... Das einzig Positive daran ist, daß ich zuguterletzt, endlich, in meinem Alter (ist es zu fassen?) eine Ahnung davon bekomme, was das Leben eigentlich ist. Wie es funktioniert; und wie es verfällt; und was die Menschen lernen müssen, um damit umzugehen. Ich bin zu dem Schluß gekommen, daß die gesamte menschliche Spezies (außer mir) heldenhaft ist; wie hält sie das aus? Vielleicht macht es mich zu einer weiseren Schriftstellerin, wenigstens das. Andererseits frage ich mich, ob man nicht, wenn man sich ständig um sich selbst kümmern muß, ein bißchen spinnert wird und wie eine Bekloppte schreibt?

Immer Deine

Martha

Martha wurde wieder einmal rastlos. Sandy Matthews und Sandy Gellhorn – mit dem es immer wieder Streit um sein Gewicht und seine Eßgewohnheiten gab – waren beide auf dem Internat, und sie war zunehmend genervt und gelangweilt vom Gesellschaftsleben, dem Tom frönte. Unerwartet hatte sie für 3000 Dollar eine Geschichte ans Fernsehen verkauft und beschloß nun, auf eigene Faust Afrika zu erkunden, »zum Vergnügen zu reisen, bislang die verwegenste Idee überhaupt«. Sie nahm eine Wärmflasche mit, Wollhosen, einen großen spanischen Fischerhut, Farbe, Patiencekarten, eine Reiseschreibmaschine, einen Feldstecher, eine Tasche mit Detektivgeschichten, Jane Austen und eine große Auswahl Medikamente. Sie plante, drei Monate unterwegs zu sein. Afrika, erzählte sie Tom bald, sei perfekt: »Wie Livingstone kämpfe ich meinetwegen gern ums Überleben, entsetzlich finde ich nur, diesen gepflegten Lebensstil zu organisieren.«

An Leonard und Felicia Bernstein

6. Juni 1962
Korfu

Ihr Lieben. Monatelang hatte ich Schreibstarre im Kopf, aber Schweigen bedeutet nicht Vergessen …

Gestern habe ich in einer drei Tage alten Zeitung gelesen, daß die Israelis getan haben, worauf ich gehofft hatte – Eichmann schnell, ohne große Ankündigung, hinzurichten und seine Asche ins Meer zu streuen. Keine Ahnung, welches Nachspiel das noch in der Welt hat, aber es war bestimmt die richtige Entscheidung. Den meisten ist gar nicht klar, daß dieses Ungeheuer für Araber und all die verbliebenen (zahlreichen) Faschisten überall eine heilige Johanna war. Tot kann er kein Leitbild mehr sein – sogar kaum noch eine Erinnerung. Lebendig war er ein Fluch auf Israels Boden und eine potentielle Gefahr. Ich bin merkwürdig erleichtert; natürlich gibt es keine Strafe, die seinem Verbrechen gerecht geworden wäre, aber man kann doch die Welt von jenen reinigen, die jegliches Recht auf Zugehörigkeit zum Menschengeschlecht verwirkt haben.

Und ich bin gegen die Todesstrafe. Aber dieser Fall lag in einer anderen (ja einzigartigen) Kategorie; und ich grüble weiterhin über einen Gedanken nach, der mir neu ist: Ein Mann kann vollkommen bei Sinnen sein und vollkommen unmenschlich (d.h. von Sinnen).

Ich hoffe, Israel veröffentlicht nicht seine Memoiren – noch nicht; sondern wird sie für jene bewahren, die sich mit dem menschlichen Verhalten beschäftigen. Möglich, daß ein künftiges Genie – ein Freud der Soziologen – irgendwo in diesem Dokument den Keim des Antisemitismus entdeckt.

Ihr liegt mir sehr am Herzen. Ich möchte Euch sehen. Angesichts meiner unheilbaren Allergie gegen New York möchte ich Euch allerdings nicht dort sehen, weil ich mich dann wie ein schlechtgelauntes Elend fühle – das Freude weder schenken noch empfangen kann …

in Liebe Eure

Martha

An Sandy Matthews

[Oktober? 1962]
20 Chester Square
London SW1

Lieber alter Junge; wo anfangen? Mit Freude und Staunen betrachte ich diese entstehende Brieffreundschaft zwischen zwei verlorenen Seelen.

... Das Miteinanderreden: Das fängt wohl in der Familie an – in meiner Familie wurde viel geredet. Mein Vater war ein kluger Kopf und Redner, der die Position vertrat, daß Worte, da Kommunikation zwischen Menschen nun mal hauptsächlich über Worte läuft, präzise, interessant und lebhaft sein sollten. Wir wurden zum Denken und Reden erzogen; über Geld oder Klatsch zu reden war verboten, zwei Themen, die mein Vater menschlicher Kommunikation für unwürdig erachtete. Alles andere jedoch stand uns weit offen. Ich finde, wir haben eine sehr merkwürdige Erziehung genossen, zu erlaucht (obwohl sie nichts Heiliges hatte und Gott nie bemüht wurde), geistig zu rege und zu eigen. Deshalb hat sich keiner von uns je in ein Kollektiv oder eine Gesellschaft einfinden können; mein Vater mokierte sich bloß über die konventionellen Gefühls- und Gedankenwelten der durchschnittlichen bürgerlichen Gesellschaft. Als ich jung war, redete ich aus Spaß; später aus Hoffnung – einer großen, berauschenden Hoffnung. Es war immer, als würde man dem möglichen Freund die Hand reichen, der möglichen Liebe; immer, als würde man sagen, hier bin ich, wo bist du, sag's mir. Die ist verblaßt oder gestorben, aber gründlich. Ich bin seltsamerweise am glücklichsten, wenn ich wochenlang allein bin und mit niemandem reden muß, nur im Geiste mit dem imaginären Zuhörer, der genau hört, genau versteht und ebenso wahrhaftig antwortet. Da ich es nicht ganz vermeiden kann (wenn auch weitgehend, zu Toms Leidwesen, der bedingungslos gesellig ist), rede ich im Alltag aus Verzweiflung. Ich finde das Geschwafel der Menschen so schleppend, so dumpf, so ungefähr, daß ich es nicht ertragen kann; und ich rede im verzweifelten Bemühen, es mir erträglicher zu machen. Was allerdings nicht funktioniert; mich nur leer und erschöpft zurückläßt oder lächerlich, je nachdem. Ich habe mir das Trinken angewöhnt, um ein wenig zuhören und mit Menschen, die mich kaltlassen, viel über nichts reden zu können. Sehr gern lausche ich Menschen, die besser reden als ich und wahrhaftiger; leider habe ich nur wenige gefunden, und die sind nicht so einfach zur Stelle.

Wenn Du die gefunden hast, der Du von Herzen vertraust, wirst Du auch mit ihr reden können. Wenn nicht, nimm Reißaus. Und wenn sie nicht mit Dir reden kann, liegt irgend etwas schwer im argen. Zwar wissen es die wenigsten oder probieren es aus oder werden fündig; aber die meisten geben sich gnädig oder zuweilen freudig mit einem Kompromiß zufrieden; sonst erstarren sie in ihrer Einsamkeit ohne Hoffnung auf Entkommen.

Ich glaube eigentlich nicht, daß ich alt werde oder überhaupt nur erwachsen, was durchaus wünschenswert wäre. Aber Dein Papa glaubt es, so mein ständiges Gefühl, und er wird es vielleicht wissen. Natürlich gibt es da noch die Fakten, die chronologischen Fakten; und wenn ich lange genug in den Spiegel sehe, kann ich mich vage erkennen, nur vage – früher habe ich mich überhaupt nicht gesehen, deshalb mochte ich auch keine Fotos. Aber ich persönlich, ganz persönlich, bin bestürzt, weil es noch so viel zu tun und zu sein gibt, und die Zeit ist nun mal nicht unbegrenzt; was aber noch schlimmer ist – was ich noch tun und sein will, ist genau dasselbe wie mit 18, nur klarer, dringlicher und zweifellos ziemlich verrückt. Um mich zu disziplinieren, sage ich mir also, daß ich alt werde. Und um mir zu beweisen, daß ich lüge, tue ich noch immer das, was ich mit 21 hätte tun können; und gehe die tollkühnen Risiken meiner Lieblingsbeschäftigungen ein, tagträume und schmachte ebenso wie Du. Es ist hoffnungslos, Sandy, glaub mir: Man kann nicht gewinnen. Was man sich unter Schmerzen ersehnt, erfüllt sich in winzigen, unvermittelten Schüben, wenn man es am wenigsten erwartet; und manchmal ist man so blind vor Sehnsucht, daß man sie nicht einmal spürt, sondern erst hinterher merkt, was man verpaßt hat. Doch manchmal spürt man sie gleich, eine Minute lang oder fünf, drei Tage oder eine Woche, was nur den unersättlichen Appetit anregt; aber es gibt die

Freude. Das weiß ich. Nicht häufig und nicht dauerhaft, aber sie ist da. Das ist der einzige Grund für mich, weiterzuhoffen.

… Ich durchschreite gerade kohlschwarze Finsternis, gelähmt beinahe, als würde ich versuchen, ohne Licht durch einen Stollen zu klettern. Schreiben kann ich gar nicht. Ich ertrage kaum die Gesellschaft von Menschen, und reden kostet (wieder einmal) gräßliche Mühe. Ich versuche, irgendwo ein Arbeitszimmer zu finden, weil es helfen wird, aus dem Haus zu kommen, das mir wie ein hübscher Schrein vorkommt, der um mich herum errichtet wurde; und ich werde zu malen versuchen, mein schönes Kinderhobby. Oder auf dem Boden liegen. Oder vielleicht lesen. Wobei Lesen schrecklich schwierig geworden ist; wenn man nicht schreiben kann, ist es eine Qual, zu sehen, wie wunderschön andere es meistern. Eine schwierige Zeit. Du bist nicht allein.

Vielleicht wirst Du Dich in Deiner Haut nie wohl fühlen; aber tröste Dich mit dem Gedanken, daß Du dafür noch lange wirst kämpfen können. Das ist das einzig Positive, was ich Dir übermitteln kann.

Ich habe Deinen letzten Brief als eins der größten Komplimente empfunden, die ich je bekommen habe; dafür danke ich Dir von Herzen.

Deine

Stiefmama

An Adlai Stevenson

8. November 1962
20 Chester Square
London SW1

Liebster Adlai; Heute ist ein Tag, an dem man beieinander sein müßte. Um zu weinen. Wir hätten schon vor Jahren, vor siebzig Jahren, um Mrs. R. weinen sollen. Jetzt nicht mehr um sie; sie hat vor dem Tod bestimmt nie Angst gehabt und hätte auf keinen Fall krank und abhängig leben wollen. Ich habe sie immer für den einsamsten Menschen gehalten, den ich je in meinem Leben gekannt habe; und so daran gewöhnt, schlecht behandelt zu werden, angefangen bei ihrer Mutter (sie sprach mit Liebe von ihrer Mutter; ich habe ihre Mutter gehaßt) und immer so weiter, daß es ihr nie in den Sinn gekommen wäre, irgend etwas für sich zu beanspruchen. Niemals. Ich habe oft um ihretwillen geweint; und mich furchtbar aufgeregt; und den Präsidenten habe ich nie gemocht und habe ihm, weil er sie so schlecht behandelt hat, auch als Mann nie getraut. Sie war, das habe ich immer gewußt, etwas derart Kostbares, daß man es gar nicht benennen konnte, mehr als eine Heilige, eine Heilige, die es mit allen Widrigkeiten des Alltags aufnahm, eine durch und durch unerschrockene, selbstlose Frau, deren Herz nie fehlging. Und ihr Bedürfnis, Liebe zu schenken – sie, die sie nie bekam, wenn sie ihr zustand, von jenen, die sie ihr schuldeten –, kann gar nicht hinreichend erinnert werden; Du findest es bestimmt verrückt, daß ich sie immer für jünger gehalten habe als mich selbst, ich war sechsundzwanzig, als ich sie kennenlernte, und hatte das Gefühl schon damals.

Heute können wir um uns selbst weinen. Ich bin einsamer und ängstlicher; ein Mensch ist aus meiner Welt geschieden, der eine sichere Zuflucht verkörperte; und so unbeirrbar ehrenhaft war.

Worte nützen nichts. Tränen auch nicht. So ist es nun. Ich weiß, daß Du genauso fühlst; ich wünschte, ich hätte einen Teil dieses Tages, der zufällig mein Geburtstag ist, mit Dir verbringen können.

Reichen wir uns die Hände übers Meer, mein Freund; von einer Bedürftigen zum anderen, hilflos.

Deine

Martha

An Adlai Stevenson

26. Dezember 1962
20 Chester Square
London SW1

Adlai, mein Junge; Vielen Dank für die schönen Aufsätze, die Du über Mrs. R. gesprochen hast. Ich kann Dir nicht mehr zu ihr schreiben; ich habe alles an dem Morgen gesagt, an dem ich so dringend mit Dir sprechen wollte. Das Leben legt sich wie Treibsand über die Toten; sie versinken im Tod, und der Boden legt sich über sie. Alles geht weiter. Wir laufen natürlich auf dem Treibsand. Es gibt Augenblicke, in denen ich mir vorstelle, wie friedlich es sein muß unter dem Treibsand. Jedenfalls können wir die Toten nicht zurückholen; sie vermissen, ja, weil wir nun mal nicht anders können, obwohl das Vermissen wie das Bedauern eine so schmerzliche wie müßige Empfindung ist; und versuchen, ihnen zur Ehre und zum Angedenken etwas anständiger zu sein.

Mit Empörung und Widerwillen verfolge ich Deine jüngsten Scherereien. Wie furchtbar, erwachsen zu sein in einem Land, das so unheilbar pubertär ist. Was tun? Die Bürger der Vereinigten Staaten von Amerika müssen leiden, um Würde zu lernen; aber ich hoffe beim Allmächtigen, es möge ihnen erspart bleiben, aus dem einfachen Grund, daß sie nicht alleine leiden würden und die Welt genug hat. Eigentlich ist jedermanns Politik widerwärtig, vielleicht ist es einfach ein abstoßender Beruf, so wichtig wie die Müllabfuhr und die Abwasserreinigung, aber abstoßend. Ich weiß nicht, warum.

Habe drei Wochen in Deutschland verbracht und werde nie wieder hinfahren. In meinen Augen sind das unheilbare Menschen. Augenblicklich sind sie gerade reglose Schafe und Tiger; aber nur, weil sie mit Butter und Sahne vollgestopft sind. Ohne werden aus ihnen irre, blutrünstige Schafe und menschenfressende Tiger. Die jungen Menschen sind zum Teil erbärmlich; und die besten Deutschen sind einsam, verzweifelt, zu ihrem Land verdammt. Da können wir noch dankbar sein, gerade noch. Zumindest sind wir keine Deutschen.

Auf dem Weg nach Afrika am 10. Jan. Gott, so viel zu schreiben dieser Tage, aber mein Herz freut sich wie verrückt auf die Sonne und die schönen Tiere.

Deine

Martha

Afrika und Vietnam 1963–1974

Irgendwann im Frühjahr 1963 fand Martha heraus, daß Tom seit langer Zeit eine Affäre hatte. Sie reagierte empört und zugleich fassungslos, derartige Eifersucht zu empfinden. Sie beschloß, ihn auf der Stelle zu verlassen. »Ich werde es nie wieder versuchen«, schrieb sie an Diana Cooper, »wir werden alleinstehende Damen sein (Du mit zahllosen Verehrern), und ich bin der festen, aufrichtigen Überzeugung, daß wir dann mehr Spaß haben werden.« Sie verlangte die Scheidung von Tom und flog nach Amerika zu ihrer Mutter, deren Gesundheitszustand ihr Sorgen bereitete. Edna war inzwischen vierundachtzig. Sie fuhren in den Urlaub nach Florida.

Wann immer sie Gelegenheit dazu hatte, wenn sie nicht bei Sandy oder in St. Louis war, zog sich Martha nun nach Afrika zurück, meist an die Küste nahe Mombasa, wo sie schnorchelte, schwamm und in der Sonne lag.

An Adlai Stevenson

22. Mai 1963
Destin
Florida

Adlai, mein Junge; Diese amerikanische Apartheid ist eine Schande. Was kann man dagegen tun? Ich sehe wirklich nicht, wie wir über Demokratie, Freiheit und den American Way of Life tönen können, während diese Barbarei herrscht. Mum und ich sind auf dem Weg hierher durch Miss. und Ala. gefahren, und der Motor hat sich buchstäblich selbst ausgebrannt. (Ich habe vor, in einer Werkstatt in Mombasa zu arbeiten, um selbst Autos reparieren zu können; Mechaniker sind schlimmer als Quacksalber.) Man sieht keine Neger. Hin und wieder eine baufällige Wellblechhütte; da wohnen sie. Aber sie verschwinden von den Straßen wie die Juden in Deutschland vor 1938 und verstecken sich in ihren Häusern. Das hat auch etwas Freudianisches und Häßliches an sich; dieser schleichende Argwohn, den weiße Männer gegen die Gier des Negers nach weißen Frauen hegen. Bestimmt gieren weiße Männer nach Negerinnen. Ich habe Unterhaltungen mit Negern geführt, aufschlußreiche, befremdliche, aber sie sehen sich vor und haben zu Recht Angst. Wie behandeln weiße Frauen schwarze Männer normalerweise, frage ich mich. Das muß verabscheuungswürdig sein. Jedenfalls beschämt mich das alles, weiß und

Amerikanerin zu sein. Und was die Afrikaner denken müssen. Keine noch so große HILFE kommt gegen Bull Connor an

Ich wünschte, ich hätte keine Zeit damit vergeudet, Dich mit meinen Privatangelegenheiten zu deprimieren. Die Welt ist viel interessanter. Ich hätte Dich gern gründlich gegen Deutschland indoktriniert, denn auch da machen wir uns enorm was vor. Unser ganzes Geld auf ein so labiles Pferd zu setzen. Und bei Nasser und Nahost auch. Inzwischen sollte man sich um die US-Doktrin der Opportunität nicht mehr scheren, sich keine Illusionen mehr machen oder sich echauffieren; als hätte Opportunität je funktioniert. Ich kann es aber nicht lassen, obwohl ich weiß, daß meine Wut nichts nützt.

Ich wünsche Dir alles Gute, mein Junge. Und es tut mir leid, Dich betrübt zu haben; und um meiner selbst willen erst recht, Zeit mit Dir verschenkt zu haben.

Deine

Martha

An William Walton

23. November 1963
Mombasa
Kenia

Liebster William; Ich habe es erst heute morgen gehört. Man erwartet, daß die Sonne stillsteht und der Himmel schwarz wird. Es ist nicht zu begreifen; so ein Schock, so ein Grauen lähmt den Verstand. Ich weiß, daß es wahr ist und er ermordet wurde, kann es aber immer noch nicht glauben; braucht Zeit, etwas derart Böses und Abscheuliches und Verheerendes. Und so schrecklich Gefährliches für die ganze Welt.

… Kann gar nicht an die Zukunft denken; was von all dem Erreichten geht jetzt verloren, was für ein Chaos, was für eine Dummheit werden jetzt um sich greifen; ach, das ist einfach zuviel für Herz und Verstand; zu schockierend. Und ein Verlust; dieser intelligente, so lebendige charmante charmante und anständige Mensch weg, als könnten wir uns das auch nur eine Sekunde leisten, als wäre das eigene Leben dadurch nicht ärmer – und das Leben aller anderen.

Könnte ich doch jetzt bei Dir sein. Ich habe Angst; der Mensch ist sein eigener Feind bis zum nackten Wahnsinn; einen anderen Feind gibt es nicht. Es macht Angst, inmitten einer solch gefräßigen Spezies zu leben.

Schreibe später mehr. Du weißt, was ich für Dich empfinde, als Freund; und wie ich für uns alle überall empfinde. Amputation; das ist es: unsere Zeit urplötzlich amputiert.

Eine liebende Hand über diverse Meere.

Martha

An Jacqueline Kennedy

24. Dezember 1963
Mombasa
Kenia

Liebe Mrs. Kennedy;
Sie werden Millionen Worte gehört und Millionen Worte gelesen haben, viele nobel, alle aufrichtig, doch scheint mir, Worte sind hoffnungslos müßig. Seit einem Monat und einem Tag denke ich an Sie und diesen einzigartigen Mann, Ihren Mann, und finde keine Worte für den beständig verzweifelten Kummer. Sie sind seiner so fabelhaft würdig; ich hoffe, das Land wird sich seiner würdig erweisen. Doch sind wir alle ärmer und werden es bleiben.

Martha Gellhorn

Anfang 1964 wurde Martha Laurence Rockefeller vorgestellt, dem Bruder von David, Vorstandsvorsitzender der Chase Manhattan Bank, und Nelson, Politiker, Gouverneur von New York und später Vizepräsident unter Gerald Ford. Freunden gegenüber nannte Martha ihn »L«. Sie liebte seine Bescheidenheit, seine Fähigkeit, über sich selbst zu lachen, seine Großzügigkeit und sein Bedürfnis, Gutes zu tun. Sie sahen sich zwar nur wenige Male im Jahr, führten aber lange Telefongespräche. Jahre später bezeichnete Martha ihre Beziehung zu Laurence als die »beste und längste« ihres Lebens.

Seit Sommer 1961 bemühten sich die Amerikaner, die Südvietnamesen als Bollwerk gegen den Kommunismus in Südostasien aufzubauen. Angriffe der Vietkong hatten schwere Bombardements des Nordens nach sich gezogen, und im Sommer 1965 waren 125 000 amerikanische Soldaten in Vietnam im Einsatz. Martha war von Anfang an gegen diesen Krieg gewesen, und je mehr Opfer es unter der vietnamesischen Zivilbevölkerung zu beklagen gab, desto mehr beschäftigte Martha dieses Thema. Freunden gegenüber nannte sie den Krieg einen »Stein auf meinem Herzen«.

An Leonard Bernstein

7. Dezember 1965
Naivasha
Kenia

Lenny Liebster; wenn Du DICH NOCH IMMER TOT FÜHLST, KOMMST DU MIT?? ICH (ach zum Henker mit dieser Schreibmaschine und jeder Maschine und überhaupt allem in meinem hübschen Haus) fühle mich so tot, ein Wunder, daß ich überhaupt noch atme. Ich würde überallhin gehen (habe Reiseschecks, kann reisen); was soll'S ALSO? Vielleicht Bombay. Dort soll es so schrecklich sein, daß es uns wachschokken könnte. Vielleicht JAPAn, vielleicht Hongkong, gutes altes Hongkong, wir könnten uns haufenweise handgemachtes Seidenzeug kaufen, Pyjamas, Hemden, Unterwäsche. Wir könnten uns betrinken und betrunken bleiben. Ich kann mich kaum noch ertragen, mich oder mein Haus, das wie ein Dämonenfluch ist, an dem sich unentwegt kleine Kobolde zu schaffen machen, alles ist kaputt oder geht kaputt, meine Afrikaner sind beschränkter, als man sich vorstellen kann; ich könnte schreien, töten, fliehen. Selbst Giraffen lächle ich kaum noch an, wenn sie mir auf der Straße begegnen.

Also. Was nun? Ich weiß, daß ich eigentlich nur nach Vietnam will, mit einem Fotografen; und 20 Stunden täglich an allen mir bekannten Orten arbeiten, um erneut alle greulichen Fakten darüber zusammenzutragen, wie wir, die größte selbsternannte und selbstliebende Demokratie auf Erden, ein fernes Volk, das uns nie bedroht hat, verstümmeln, auslöschen und zerstören. Das ist das Hauptanliegen meines Lebens und die einzige Arbeit, die ich machen will. Aber keiner will sie haben; ich bin einfach zu alt; es gibt neue, jüngere Kollegen, die zu recht am Zug sind. Ich würde jede Zeitschrift dafür bezahlen, meine Artikel zu veröffentlichen, samt Bildern; aber so läuft das natürlich nicht. Mir ist bewußt, daß ich nicht nötig, ja nicht einmal nützlich bin. Und das macht mich fertig. Ganz zu schweigen davon, daß mein literarisches Schaffen (dieser Roman, der fließt wie ein Zementstrom) nicht gut genug ist, nicht gut genug.

Hör zu: Wenn man in der einzigen Angelegenheit, die einem am Herzen liegt, nichts ausrichten kann; seine Arbeit nicht so hinbekommt, daß sie Freude, Spaß oder Stolz bereitet; weder Sex noch Liebe hat, was, frage ich Dich, ist dann noch übrig? Reisen. Aber nicht mehr allein. Ich bin mein ganzes Leben lang überallhin allein gereist, ohne mir vor Augen zu führen, daß ich stets damit rechnete, aufgegabelt zu werden, was auch passierte; mir war nicht einmal bewußt, daß es tatsächlich passierte. Ich bin allein gereist, aber nie allein geblieben.

Und jetzt? Duff Cooper sagt so treffend: »Je älter wir werden, desto weniger gefällt uns und desto weniger gefallen wir.« Und Lenny, es gibt kaum mehr Witze. Wo treffen wir uns? Aden, Karatschi, Bombay, Daressalam? Ich muß raus oder mich in mein Schwert stürzen.

DEine

Marthy

Im Sommer 1966 konnte Martha endlich den Guardian *überreden, eine Reihe von Artikeln über den Vietnamkrieg anzunehmen, unter der Bedingung, daß sie für die Reise selbst aufkam. Bevor sie London verließ, schrieb sie zwei Briefe, einen an ihre Mutter und einen an Sandy für den Fall, daß sie nicht zurückkäme. Sechs Artikel erschienen im September im* Guardian *und wurden als Broschüre gedruckt. Die sorgfältigen, detaillierten Bilder der Wunden und Tode, geschrieben mit Marthas charakteristischer kühler Präzision und verhaltener Wut, erregten Aufsehen, denn damals kritisierten die Zeitungen den Krieg nur selten derart unverhohlen.*

An Edna Gellhorn

9. August 1966
London

Mein liebster Mensch, meine allerliebste kleine Fotsie, meine einzige lebenslange Gefährtin: Ich hoffe, diesen Brief wirst Du nie erhalten, und ich glaube es auch nicht. Doch bin ich jetzt fast dreißig Jahre älter als damals, als ich nach Spanien aufbrach, und viel ordentlicher: sollte ich aus irgendeinem Grund nicht aus Vietnam zurückkehren, will ich Dich nicht ohne ein Wort zurücklassen. Zumal ich Dich hintergangen haben werde, zum ersten Mal in meinem Leben und zu Deinem Wohl und Deiner Seelenruhe, indem ich Dir nicht mitteile, daß ich in diesen schändlichen, irrsinnigen Krieg fliege. Und ich habe ein schlechtes Gewissen, ein schlechtes Gewissen Deinetwegen (wobei man auch in der Badewanne ertrinken kann); doch glaube ich, daß Du meine Beweggründe verstehen wirst.

Ich kann nicht leben mit dem Gefühl, nicht alles mir Mögliche (wenig genug) getan zu haben, um gegen den Krieg in Vietnam zu protestieren, für die Vietnamesen, Amerikaner und schließlich die gesamte menschliche Spezies zu protestieren: denn Wahnwitz und Schlechtigkeit sind ärger denn je. Mag sein, daß die menschliche Spezies abdankt, ein gescheitertes Geschlecht, und jeder Versuch vergebens ist. Doch ich glaube, selbst wenn ich das wüßte, ich würde immer noch meinen, daß jeder einzelne für sein Gewissen verantwortlich ist; und bis zum letzten Atemzug nach seinen Maßstäben von Gut und Böse leben muß. Ich kann das nur im Schreiben: und glaubhaft schreiben, in der Hoffnung, auch nur ein paar Menschen zu beeinflussen, kann ich nur aus eigener Anschauung. Du wirst das verstehen und meine Motive respektieren; aber das macht es für Dich nicht einfacher. Also bitte ich Dich um Verständnis und Vergebung, solltest Du diesen Brief je bekommen; und wisse, es ist nicht fehlender Liebe zu Dir geschuldet, daß ich mein Leben aufs Spiel setze. Ich kann es nicht leben, wenn ich so fühle, denke und um die Zukunft fürchte, ohne den einzigen mir offenen Weg zu gehen.

Ich liebe Dich mehr als alle; immer schon. Ich liebe Dich, solange ich lebe, in größerer Dankbarkeit, als ich je ausdrücken kann, weil Du bist, wie Du bist.

Deine

M

An Meyer Levin

13. November [1967]
4961 Laclede Avenue
St. Louis

Mein lieber Meyer; Ich habe Dich im August in Israel gesucht, aber da warst Du schon weg, und gerade war ich drei Tage in NYC, hatte aber Deine Adresse nicht. So weit dies.

... Mit normaler Post schicke ich Dir Dein Exemplar des Anne-Frank-Stücks zu. Es schmerzt mich, daß der alte Oscar Wilde nur halb recht hatte; mir scheint, ein jeder tötet nicht so sehr, was er liebt, sondern tötet sich selbst – aber vielleicht läuft das aufs selbe hinaus. Du wirst mir nie verzeihen, wenn ich Dir aufrichtig sage, daß Du Deine Nerven, Deine Heiterkeit, Energie und gewiß Deine Frau für Unsinn strapaziert hast, es ist einfach kein gutes Stück, Meyer; das aufgeführte Stück war zwar auch nicht besonders gut, aber sie sind sich auch erstaunlich ähnlich. Daß der Autor von *Zwang* dieses Stück geschrieben hat, ist allein schon seltsam: wie zwei verschiedene Menschen, und der Autor von *Zwang* ist ein fabelhafter Schriftsteller, während der Autor von *Anne Frank* ein redlicher Mann ist, der ein hausbackenes Stück geschrieben und einer 13jährigen derart langweilige Erörterungen in den Mund gelegt hat, daß man nicht recht glauben kann, was man da liest. Wir sind wohl alle verrückt; Du ganz bestimmt.

... Irwin Shaw hat ein nicht ganz gescheites Bedürfnis, Theaterstücke zu schreiben, aufführen zu lassen und mit unvermeidlicher Promptheit und Gründlichkeit durchfallen zu sehen. Er macht weiter, und ich betrachte es als Tick oder Hobby; doch glücklicherweise schafft er es, dabei zu lächeln, es mit Fassung zu tragen, gute Arbeit abzuliefern und dann wieder ein bißchen an seinem Theaterstück zu schreiben. Henry James war auch versessen aufs Stückeschreiben und ähnlich unfähig. Du bist Romancier, was in meinen Augen ungleich schwerer und seltener ist als Dramatiker: und glaub mir, mein Lieber, hättest Du ausschließlich die Anne Frank geschrieben, bezweifle ich, ob man Dich überhaupt als Schriftsteller anerkennen würde.

Nun ist es heraus, und Du wirst mir nie verzeihen. Die beste Figur in dem Stück ist vielleicht noch die schreckliche Mrs. Van Daan; und ich mußte dauernd an die Juden von Masada denken und wie beneidenswert einst ihr Leben und Sterben war.

Zwei Dinge sind unerträglich, beide sind zu unseren Lebzeiten geschehen: der unbeschreibliche Horror der Nazis und was wir in Vietnam anrichten und angerichtet haben. Die Selbstgerechtigkeit der Nazis wie auch unsere überschreiten meine Verurteilungskraft, eine Abscheulichkeit auf Erden. Heute treffe ich mich mit einem kleinen vietnamesischen Mädchen, 8 Jahre alt, so klein wie eine 4jährige und zu schwach zum Laufen: Sie hat nur ein halbes Gesicht, ein totes

Auge, das zur Seite heraushängt …, die andere Gesichtshälfte ist hübsch: Die Vietnamesen sind wunderschöne Menschen, eine Seltenheit in Ostasien, finde ich. Sie wäre besser tot, wie buchstäblich Hunderttausende Kinder in Vietnam; und es geht weiter, Tag für Tag, während diese erbärmlichen Nicht-Menschen, die uns regieren, über den Krieg sprechen wie über irgendeine abstrakte geopolitische Theorie, und die Masse der Amerikaner, vermute ich, will, daß es aufhört (vielleicht, vielleicht auch nicht), aber sie liegen nicht wach in Seelenqualen, mit nagenden Schuldgefühlen, in Trauer und Verzweiflung über die Grausamkeit und Schlechtigkeit.

… Unnütz, darüber zu berichten; ich glaube, die Welt ist an das Grauen so gewöhnt, daß letzten Endes nichts, nicht einmal Fotos, sie wirklich beeindrucken. Einst herrschte die Vorstellung, schnelle und umfassende Informationen würden uns zu mitfühlenden Brüdern machen; statt dessen sind wir weithin bloß betäubte oder feindselige Fremde. Andererseits sind wir nun mal eine Raubtierspezies und sollten nicht Heilige sein wollen, Helden oder auch nur gute Menschen.

Stets die Deine

Martha

Marthas Leben hatte nun einen festen Rahmen. Sie verbrachte einige Monate pro Jahr in St. Louis bei ihrer Mutter und teilte die restliche Zeit zwischen London, Reisen an neue Orte und Afrika auf, wo sie Ende der 1960er Jahre ein Haus zu bauen beschloß. Dazu suchte sie sich einen Flecken auf einem Stück Land aus, das Freunden gehörte, in deren Haus sie zuvor gewohnt hatte, auf dem Mount Longonot, Naivasha, 2000 Meter über dem Meeresspiegel und zwölf Kilometer von der nächsten Straße entfernt, in der »gewaltigen Stille Afrikas«. Das Haus zu bauen, kostete sie ein Jahr ununterbrochener Probleme, der Wind und die Höhe bedrückten sie, aber sie liebte den Himmel, die Weite und die Tiere. »Normale Menschen«, sagte sie einem Freund, »brauchen andere Menschen … Ich wandle im freien Raum.«

An Edna Gellhorn

23. August 1968
[?]

Meine Allerliebste; ich habe die ganzen letzten Tage an Dad und Dich gedacht und versuche, aus Deinem Vorbild Mut zu schöpfen. Eher vergeblich; Du bist die Tapfere, immer gewesen. Als er starb, warst Du vier Jahre jünger als ich jetzt, und ich weiß noch, wie Du vielleicht fünfzehn Jahre später zu mir gesagt hast, Du würdest alles, was Du hast, bist oder je warst oder sein könntest, darum geben, eine halbe Stunde mit ihm zu sprechen. Ich weiß, er fehlt Dir jeden Tag, und das hat Dich anderen gegenüber nur noch milder gemacht; irgendwie muß es Dir gelungen sein, ihn immer bei Dir zu behalten und Dich von der Einsamkeit nicht lähmen zu lassen. Du hast immer gesagt, Deine Kinder hätten Dich am Leben gehalten. Meine liebe kleine Fotsie, Du hast mich am Leben gehalten; Du bist mein Land und mein Kompaß und meine eine Herzenswärme.

Du hast oft zu mir gesagt, ich würde mir das Leben unnötig schwer machen, wie Dad ja auch. Und nun habe ich es mir unerträglich schwer gemacht, denn ich hätte gleich Anfang Juli zu Dir kommen und still bei Dir weilen sollen, ohne viel Raum einzunehmen oder irgend jemandem in die Quere zu kommen, einfach dasein, Tag für Tag, um Dich zu sehen, Deine Hand zu halten, Dich zu küssen, weil wir unser ganzes Leben füreinander da waren, und jetzt bist Du es, Deine Nähe, die mir so hoffnungslos fehlt.

Ich habe das Gefühl, wir leben beide in einem Traum. Dein Traum ist weit weg, und keiner kann Dich begleiten, doch hoffe ich, daß der Traum strahlend ist und friedlich. Ich kenne niemanden auf Erden, der in seinem Leben nichts zu bereuen hatte: alles erhellt von geschenkter und empfangener Liebe und alle Arbeit darin gute Arbeit, die bleibt und nachwirkt, die die Welt weniger grausam und weniger häßlich und weniger dumm macht für jene, die folgen. Dein Leben ist meine einzige Zuversicht; ein Licht, das nie versagt und mich stets gewärmt hat. Wie kann ich Dir danken, Fotsie? Du mußt wissen, daß ich Dir schon mein ganzes Leben danke.

Mein Leben ist jetzt auch ein Traum, halb abgelöst, er scheint jemand anders zu passieren. Vielleicht schmunzelst Du, wenn Du erfährst, daß ich kochen lerne und heute in meinem Morgenrock herumhantiere, übe und mit dem Gelernten experimentiere. Was für ein trauriger Witz; nach so vielen Jahren hat Deine Tochter eine Lachsmousse gemacht – wer will denn so was essen? Und hat außerdem gelernt, Möbel abzuschmirgeln und zu lackieren, noch so eine Beschäftigung am heutigen Tag. Diese Wohnung ist der einzige Ort, der mir je etwas bedeutet hat; er rangiert gleich neben dem einen Herzstück, unserem kleinen Haus in

Cuernavaca. Meine geliebte Fotsie, meine Allerliebste, Du bist jeden Tag meines Lebens bei mir, so wie Dad bei Dir gewesen ist. Es ist schwer gewesen für Dich, Fotsie, es ist schwer für mich. Ich bemühe mich, Deinem makellosen Herzen nachzueifern.

Ich liebe Dich jetzt und fortan mehr als jemals irgend jemanden sonst.

M

An Sandy Gellhorn

6. September 1968
London

Mein geliebter Junge; Ich hatte einen paradiesischen Urlaub, den besten seit meiner längst verflossenen Jugend. Ich kann mich nicht erinnern (soweit die Erinnerung reicht), wann ich mich das letzte Mal so gesund und sorgenfrei gefühlt habe; es war, als sei beim Wandern durch die Schweiz die Angespanntheit von Jahren von mir abgefallen. Ich war im Jura, unserem Land, dem Gebirge hinter den kleinen Seen, in dem wir einmal waren. Und muß einen seltsamen Anblick geboten haben, eine sehr hochgewachsene ältere Dame, die mit einem Rucksack durch die Landschaft stapft. Die ersten sechs Tage zu Fuß waren die Hölle, was mich davon überzeugt hat, diese erquickliche Kur für Leib und Seele nun jedes Jahr zu unternehmen. Ich bin wie eine Chinesin mit eingebundenen Füßen gelaufen, mußte mir jeden Schritt aus den verknoteten Beinmuskeln wringen. Als ich beinahe alle Hoffnung aufgegeben hatte und zu dem Schluß gekommen war, daß mein Körper nicht zu retten ist, streckten sich meine Muskeln, und ich konnte ausschreiten. In zwei Wochen bin ich 170 Meilen gelaufen und fand es rundum schön.

Das Land ist zauberhaft, das kann man nicht anders sagen. Die Wälder sind voller Wildblumen, das

Almland voller hellbrauner und weißer Kühe mit blonden Wimpern und Halsglocken; und schlanken braunen Pferden. Nie war jemand da außer ihnen und mir, und wenn ich mich verlaufen hatte (was oft vorkam), fragte ich an einem Bauernhof nach dem Weg. Mir gefallen die Menschen und die blitzblanke Sauberkeit der Deutschschweiz. Wo immer ich ankam, erschöpft, in jedem kleinen Dorf fand ich ein sauberes Bett. Ach herrlich, herrlich: So bin ich ursprünglich durch Europa gereist, und so reise ich noch immer am liebsten. Und beim Wandern sprach ich mit mir selbst. Viel über den Roman, den ich jetzt auf jeden Fall schreiben werde – und es ist möglicherweise der letzte, aber ich will ihn endlich schreiben, und er nimmt deutlichere Gestalt an. Und die Schöpfung habe ich gepriesen, die schöne Welt, die die menschliche Spezies nicht zu schätzen weiß, die aber der einzige Trost für Geist und Seele ist. Ich merke, wie sehr ich Glück und Freiheit gebraucht habe, denn beide haben mich so verändert.

Und über Dich habe ich nachgedacht, nachgedacht, nachgedacht …

Es gibt einiges, das ich Dir klarmachen muß. Du sollst wissen, daß ich mit Bewunderung und Zutrauen sehe, was Du aus Dir gemacht hast. Du hast mit Disziplin über Deinen Körper triumphiert, der jetzt schön und stark ist und Dir zu Diensten: ein echter Triumph. (Und es gibt niemanden, der stärker an den Körper glaubt als ich. Ich weiß, daß er an erster Stelle steht. Wenn der Körper gesund und stark ist, folgt der Geist; Gott, der Geist singt und springt nicht in einem beschädigten Körper.) Mir ist sehr wohl bewußt, wieviel Mühe es gekostet hat, den Schwabbel der Jahre loszuwerden, Deinen Willen zu trainieren und die Muskeln zu kräftigen; und dafür hege ich tiefen Respekt. Außerdem freue ich mich für Dich, mehr, als ich ausdrükken kann.

Darüber hinaus bewundere ich enorm, wie Du mit der Armee umgehst, wie Du den ganzen Druck und die Langeweile überlebt und diese Zeit zum Lernen genutzt hast. Mir scheint, Du hast auf hervorragende Weise mitgenommen, was Du kriegen konntest – eine Ausbildung in einer präzise umrissenen Fähigkeit; und den Rest hast Du Dir selbst beigebracht. Interessen, Vorlieben, Bücher und Musik; und Deine immer schon große Gabe, Menschen zu verstehen und zu schätzen, weiterentwickelt.

Du hast Dich selbst erwachsen gemacht, und wie ich finde, sehr schön. Du hast Deinen eigenen Kompaß nach dem eigenen wahren Norden gerichtet, so wirst Du wachsen und überleben, und darum geht es im Leben – Wachsen beinhaltet Geben wie Nehmen; Überleben bedeutet, als echter Mensch, ganz und lebendig zu überleben.

Deine Beziehung zu mir ist abgelöst von dem, was Du bist und aus Dir gemacht hast, und meiner Freude darüber. Ich verstehe Deine Beziehung zu mir nicht. Verstehst Du sie, frage ich mich? Für mein Gefühl bist Du inzwischen zu reflektiert, um mich durch beiläufige Mißachtung zu strafen; und ich werde das Gefühl nicht los, daß Du mich jetzt mit Absicht strafst. Wie eine Figur aus Kafka fühle ich, daß ich natürlich Strafe verdiene – uns allen liegen viele Sünden, bewußte wie unbewußte, auf der Seele; aber wie eine Figur aus Kafka weiß ich nicht, für welches Verbrechen genau ich bestraft werde, noch kenne ich Art und Ausmaß des Urteils. Natürlich bin ich verletzt – und verwirrt. Und es erscheint mir so bejammernswert überflüssig, denn würdest Du den Mund aufmachen, könnten wir diese Leere bestimmt klären. Klären ist nicht das richtige Wort; bestimmt ließe sich dieses Vakuum füllen. Es sei denn, Du bist zu dem Schluß gekommen, daß Du mich als Mutter nicht willst oder brauchst. Aber wäre es dann nicht anständig, mir das zu sagen?

Wenn ich Dich im Oktober, bevor ich Omi in St. Louis besuche, nicht sehe, kann ich Dich erst im nächsten Juni wieder sehen. Der Gedanke an ein Jahr Schweigen macht mir angst; aus Selbstschutz müßte ich mich darin üben, mich von Dir zu entfernen. Willst Du das? Entfremdung, Zurückweisung, all die schikken neuen Wörter für fehlende Liebe und Einsamkeit?

Wir haben auch praktische Dinge zu besprechen. Ich hatte einen Geistesblitz, den Du, glaube ich, begrüßen würdest. Er hat mit London und Wohnen zu tun; wohl zum ersten Mal habe ich mir etwas Solides und Befriedigendes einfallen lassen. Solltest Du über Weihnachten herkommen, kannst Du im übrigen meine Wohnung haben.

Ich habe Dir aus den USA eine tragbare Schreibmaschine mitgebracht; die gute, die L. mir geschenkt hat. Sie muß überholt werden, aber wenn Du sie haben willst, kannst Du Dich darum kümmern. Sie wartet hier auf Dich. Und es gibt ein Grammophon für Deine Musik.

Ach, Sandy, ich liebe Dich und kann nicht glauben, daß Du mich wirklich verstoßen willst mit Deinem Schweigen.

Mum

An Sandy Gellhorn

5. September [1969]
London

Armer Sandy: eines Tages werden wir alle sterben oder auch nur wegziehen, und Du erfährst es nicht, Du bist nicht im Bilde, keiner hat Deine Adresse, also kann Dich keiner benachrichtigen; und irgendwann bist Du dann ganz allein und vollkommen frei, wonach Du seit vielen Jahren strebst ... Weißt Du, alter Junge, Eltern bäumen sich irgendwann auf. Ich habe mich aufgebäumt. Gründlich. Daß Du Deinen zweiten Brief mit »Ich liebe Dich durch und durch« beschließt, ärgert mich so sehr, wie Deine Worte, nicht Deine Taten eines Tages eine Frau erzürnen werden, die von Dir erwartet, daß Du echt bist, nicht ein Haufen schmalziger Wörter.

Außerdem habe ich Deine Haltung zum Leben so satt. Du bist ständig gelangweilt, untätig, unfähig, egal, wo Du bist. Die einzig wahre Floskel ist »keine Motivation«. Kein Wunder. Motivation kommt von innen; die Welt wurde nicht zu Deiner Bespaßung und Befriedigung erfunden; oder um Deinen Lebenswandel auf Rosen zu betten. Motivation kommt von Mumm, Phantasie und Willenskraft, von innen. Du hast keine. In meinen Augen bist Du ein armes, dummes Würstchen, ich würde mich so schämen, Du zu sein, daß ich mich von der Klippe stürzen würde. Himmel noch mal, wann fängst Du endlich an, zu sein, statt auf etwas, jemanden von außen zu warten, der Dir alles nach Deinem Gusto und Gebot anrichtet?

Ich habe keinen Respekt für Dich übrig und derzeit auch wenig Zuneigung. Du begleichst keine Schulden, gar keine, egal, welcher Art (und es gibt viele verschiedene Schulden; und Ehre verlangt stets die Begleichung von Schulden). Du hast überhaupt keinen Stil, Dein Geist ist so spannend wie Löschpapier, Du *tust* nichts, Du bist außerstande, Deine Tage zu gestalten, Dein Leben, Deine Umgebung. Du bist eine durch und durch mittelmäßige Nullität. Vielleicht wäre Vietnam für Dich das richtige gewesen: jede Menge Motivation, allein Deine Haut zu retten.

… Wenn Du an mir interessiert bist, wirst Du Dir Deinen Weg zurück verdienen müssen. Werde interessant. Fang etwas mit Deiner Zeit an; lerne etwas. Du mußt praktisch alles lernen, weil Du ja nichts weißt. Hör auf, Liebe zu beteuern, wenn es Dir in den Kram paßt, und beweise sie durch Fürsorge. Ich habe Dich satt, Sandy, so satt. Unaufhörlich demonstrierst Du, daß Du ohne mich leben kannst, es sei denn, Du willst etwas von mir; ich kann auch ohne Dich leben. Eine gewisse Zahl von Menschen liebe und hege ich, aber die Liebe ist wie Tennis, weißt Du, im großen: Sie wird von zwei Leuten gespielt, nicht von einer Heiligen und einem Schwein. Sie ist eine Beziehung zwischen Ebenbürtigen. Und ich war noch nie imstande, Menschen weiter zu lieben, die ich nicht respektiere – vielleicht ein Defizit, vielleicht das Zeichen eines guten, gesunden Selbsterhaltungstriebs.

Ich bin nicht gelangweilt, ich bin todmüde, krank und abgeschlagen, aber die Arbeit wird erledigt, und die Verpflichtungen werden erfüllt. Aber Du, mein Schatz, bist weder Arbeit noch Verpflichtung: Du bist ein selbstsüchtiger, fauler, sinnloser junger Mann und für Dich selbst verantwortlich. Ich bin nicht mehr haftbar. Jetzt bist Du dran.

Deine

Mum

An Lucy Moorehead

Sonntag [1970]
St. Louis

Liebe Lucy,
Hier sitze ich am Sterbebett meiner Mutter und warte mit ihr, Tag für Tag, auf ihr Entkommen. Ihr Gesicht war in ihrem ganzen Leben nicht gequält, und nun sieht es aus, als hätte sich Erschöpfung in Schmerz verwandelt. Sie ist so dünn wie Belsen, Haut und Knochen. Ich muß immerfort weinen, wenn ich bei ihr bin – und die restliche Zeit ist mir, als wandelte ich in jemand anderes Traum, unwirklich. Nichts ergibt Sinn oder ist erträglich. Ich denke an Dich, 10 Tage an Alans Bett, als er im Koma lag. Wenn man lange genug lebt, lernt man so viel, wie sich ertragen läßt. Aber ich denke immer an die Konzentrationslager, um mir selbst alle Widrigkeiten, die ich durchleben mag, gründlich ins rechte Licht zu rücken. Nur diese Qual ist für sie – wenn sie wach ist, obwohl sie die Augen geschlossen hat & zu schwach ist für Worte –, ich weiß, daß sie weiß und mit Verzweiflung denkt, darf ich denn überhaupt nie gehen.

Ich liebe sie mehr als alles andere auf der Welt & immer schon, meine einzige unfehlbare Liebe, und jetzt wünsche ich, daß sie stirbt, daß ihr erlaubt wird, nicht dort zu bleiben, wo nichts mehr ist als diese überwältigende Entkräftung.

Ich bleibe bei ihr, solange sie atmet. Vielleicht weiß sie, daß meine Arme sie umfassen & daß ich ihre Hände küsse, und fühlt sich weniger einsam. Ich habe so viel Tod gesehen, aber es ging immer schnell. Schnell ist ein Glück. Es gibt keinen Gott und keine Gerechtigkeit. Dieser großartige Mensch sollte nicht Tag für endlosen Tag darum kämpfen müssen, gehen zu dürfen. Ihr einziger leidenschaftlicher Akt des freien Willens bestand darin, das Essen zu verweigern – die dummen Schwestern stopfen ihr ein paar Löffel Milch in den Schlund, drei Mal täglich, aber ich weiß, daß sie das einzige tut, das ihr noch geblieben ist, um alles zu beenden.

Ach, Lucy – findet man danach noch ins Leben zurück, und kann man dann noch lachen, ein bißchen?

Deine

Martha

Am 24. September 1970 starb Edna mit einundneunzig Jahren. Es war ein langer, langsamer Tod, und Martha machte sich bittere Vorwürfe, ihn nicht beschleunigt zu haben. Sie war völlig benommen vor Trauer, sprach mit niemandem, verkroch sich im Bett, schlief eine Woche lang und versuchte, sich mit einem Verlust zurechtzufinden, den sie ihr ganzes Leben lang gefürchtet hatte.

Im selben Jahr hatte Martha in London eine Wohnung gekauft, das oberste Stockwerk und den Dachboden eines hohen viktorianischen Hauses aus rotem Backstein am Ca-

dogan Square 72. Durch die großen Fenster hatte sie einen Blick auf die Londoner Skyline, und sie richtete die Wohnung mit schlichten Farben und Bambusmöbeln ein, die sie am liebsten mochte. Außerdem sammelte sie ehrenamtlich Müll in Kew Gardens.

Um diese Zeit lernte sie durch ihren gemeinsamen Freund Robert Presnell Betsy Drake kennen, Schauspielerin und Exfrau von Cary Grant, die von Kalifornien nach London zog, um sich zur Psychotherapeutin ausbilden zu lassen. Es war der Beginn einer langen, engen, innigen Freundschaft; an Betsy schrieb Martha einige ihrer intimsten und offenherzigsten Briefe. Meist eher deskriptiv als analytisch – Martha lehnte jedwede Selbstbespiegelung vehement ab, sagte, das sei »nicht mein Bier« –, schrieb sie an Betsy über Liebe, Einsamkeit, Depressionen, Schreiben, Sex und Männer.

Jetzt, da es keinen Grund mehr gab, nach St. Louis zu fahren, teilte Martha ihre Zeit zwischen London – wo Sybille Bedford, Diana Cooper und Betsy wohnten –, Naivasha und ihren Reisen auf. »Da ich wegen meiner Linie nicht esse«, schrieb Martha, »und kein Liebesleben habe, sublimiere ich das Ganze durch Liebesaffären mit Orten.« Eines Tages rechnete sie in einem Hotel aus, daß sie fünfundfünfzig Länder, davon vierundzwanzig wiederholt bereist, und elf Wohnsitze gehabt hatte. Sosehr sie scherzte und klagte, Martha brauchte das Reisen. Ihr bedeutete es Freiheit.

An Betsy Drake

15. Januar 1972
[Naivasha]

Liebe Betsy; Ich bin müde; es ist *l'heure bleue*, keine Zeit, einen Brief zu schreiben. Ich werde wohl häppchenweise vorgehen, da ein zusammenhängender Brief meine Kräfte übersteigt. Sonst scheint nichts meine Kräfte zu übersteigen, einschließlich meiner jüngsten Unternehmung: Straßenbau per Hand. Das ist weder für die Hände noch für den Rücken gut. Kleine Felsbrocken tragen, um Erosionsgullys in dem verdammten sieben Meilen langen Weg zu füllen, der als meine Straße herhalten muß, und Erde hacken und schaufeln, um selbige zuzuschütten. Aber natürlich immer stolz auf neue Fähigkeiten. Ich habe es sogar geschafft, den Rasenmäher zu reparieren; und mit Hilfe eines Wunderbuches namens *Eintopfschätze* habe ich in unermüdlicher Arbeit bis halb zehn gestern abend ein sehr schmackhaftes Mittagessen für den israelischen Botschafter und seine Frau bereitet, die heute kamen und eine Flasche Whiskey mitbrachten.

... Daß Du zu meinen scheinst, es könnte ärgerlich oder aufdringlich sein, über meine Bücher zu schreiben, verwirrt mich. Ich weiß nichts über Deine beiden Berufe, Schauspielerei und Psychotherapie, aber so anders können die doch nicht sein. Wärst Du verärgert oder hättest das Gefühl, man träte Dir zu nahe, wenn Dir jemand über Deine Arbeit schreibt? Zumal wenn man so schreibt wie Du, was mich verblüfft und mit bestimmt ungerechtfertigtem Stolz erfüllt. Ich schreibe immer an Schriftsteller. Nicht Bekannten und Freunden (wobei ich mich immer freue, wenn ich einem von ihnen Anerkennung zollen kann). Nein, ich schreibe umgehend jedem Schriftsteller c/o seinem oder ihrem Verlag mit Lob und Dank, wenn mich ein Buch bewegt hat. Denn ich weiß, was es heißt, Schriftstellerin zu sein, und weiß, wie nur jene wissen können, die wie ich im verborgenen wirken, um die Einsamkeit. Man schreibt für sich und wird veröffentlicht. Und man hätte das Buch genausogut mitten in den Pazifik schmeißen können, von Rezensionen abgesehen, die bedeutungslos sind. Ich habe mich immer danach gesehnt, daß mir ein Fremder schreibt, um mir zu sagen (mehr sage ich ja auch nicht): »Ich habe Sie gehört.«

Du hattest keine Veranlassung, von *His Own Man* oder *The Lowest Trees Have Tops* berührt zu sein. Das war Fluchtliteratur für mich. Leicht wie ein Baiser. *His Own Man* habe ich ungefähr in der Mitte meiner letzten Ehe geschrieben, als ich buchstäblich an der Kargheit des Lebens zugrunde ging. Ich habe es zu meinem Amüsement geschrieben, während ich mich gleichzeitig bemühte, ein Haus in Spanien zu führen und ein weiteres zu bauen; mich außerdem bemühte, meinen

Mann nicht wegen seiner entsetzlichen Hypochondrie und Destruktivität umzubringen; ich ahnte ja nicht, daß er bloß ein Magengeschwür hatte, weil er ein Doppelleben führte und fürchtete, es in Spanien nicht aufrechterhalten zu können.

… Die anderen, nein. Ich bin zum Schreiben immer getrieben worden (vielleicht fehlt das jetzt). Nicht von meinem eigenen Leben; vom Leben anderer. Ich habe *The Wine of Astonishment*, das in meinem Kopf immer den Titel *Point of No Return* trug, geschrieben, um Dachau loszuwerden. Das ganze Buch hatte genau diesen Zweck: auszutreiben, womit ich nicht leben konnte. (Aber Dachau und alles, was ich danach gesehen habe: Belsen usw., hat mein Leben und meine Persönlichkeit verändert. Wie ein Wendepunkt. Ich bin seitdem nicht mehr dieselbe. Wie beim Farbenmischen. Schwarz, richtiges, echtes, kompaktes Schwarz kam hinzu, und ich habe nie wieder zu einem Zustand der Hoffnung oder Unschuld oder Heiterkeit zurückgefunden.) Den Artikel über Dachau habe ich gleich geschrieben, noch in derselben Woche. Das Buch zwei Jahre später. Übrigens ist mein wahrscheinlich bester Artikel der über den Eichmann-Prozeß, der in dem Buch nicht enthalten ist.

Meiner Ansicht nach, die sehr altmodisch ist, sollten Reporter so wenig wie möglich in Erscheinung treten: Die Reporter sind völlig unwichtig. Wichtig ist die Sache: die Tatsache: was passiert ist: wie es war.

Und, wiederum altmodisch, ich finde, daß Betonen und Beharren die Wirkung schwächt – d.h. man will, daß der Leser dabei ist. Ich habe meine Artikel immer gekürzt und zusammengestrichen, um meine Schreie so weit wie möglich auszumerzen. Und in einem Roman, da ich, wie gesagt, nicht über mich schreibe (das könnte ich nicht, und es interessiert mich auch nicht), besteht die Herausforderung darin, die äußeren Ereignisse für die Figur glaubwürdig zu machen.

Hier bin ich wieder, ein Weilchen später und einige Drinks später, aber noch immer in Plauderlaune. Ach, der enorme, abstoßende Luxus, über das eigene Werk zu plaudern, etwas, das ich praktisch nie getan habe, schlicht, weil niemand es hören wollte. Und jetzt, weil es nichts zu sagen gibt: kein Werk. Ich glaube, »Bis der Tod uns scheide« ist gut. Ich habe die Geschichte jahrelang immer wieder geschrieben; Fehlgeburten. Und dann kam sie innerhalb von drei Wochen. Sie ist aus Liebe und Heimweh nach den Toten entstanden. Ich habe keine Ahnung, nie gehabt, was das bedeutet: »Laßt die Toten die Toten begraben.« Beim besten Willen leuchtet mir dieser berühmte Satz nicht ein. Ich persönlich begrabe meine eigenen Toten oder errichte vielleicht ein privates Denkmal als Grab. Also, wenn ich es mir recht überlege, begrabe ich sie überhaupt nicht; sie bleiben bei mir. Aber wenn ich etwas schreiben kann, ist es, als würde ich über einen Berg klettern oder mich an ein leeres Tal gewöhnen. Ich habe das immer deutlichere Gefühl, daß ich gar nichts schreiben kann, bis ich (nur für mich) über den Tod meiner Mutter schreiben kann. Nicht darüber, daß sie tot ist, sondern darüber, wie sie gestorben ist. Da ich noch immer Albträume habe, muß ich es wohl aus mir herausholen und zu Papier bringen – Du weißt, daß Schreiben eigentlich eine Art Auskotzen dessen ist, was der Geist nicht verdauen kann –, doch noch kann ich mich dem nicht stellen. Dem Schmerz. Eines Tages werde ich es tun, oder ich werde wohl nichts anderes mehr tun.

Mrs. Hapgood war meine Ersatztherapie. Therapie ist wohl für manche Menschen, vielleicht für viele unerläßlich und wertvoll. Mir ist es ein Graus, ein Suhlen in Selbstmitleid. Als meine zweite Ehe in die Brüche ging, war ich am Boden. Nicht aus gutem Grund, wie ich jetzt weiß: dem Verlust einer wahren, großen Liebe. Aber es war wie ein Schlag in die Magengrube. Ich bin mindestens fünf Jahre lang belogen worden, grausam belogen: indem man mir zu verstehen gab, daß schwindendes Interesse und das allgemeine Gefühl, in einem wohlmöblierten Eisschrank zu leben, mir zuzuschreiben sei. Mein Mann wies darauf hin, daß ich älter werde; das ist zehn Jahre her; und ohnehin nicht so ein Fall für Männer sei. Ich hatte immer viele Männer im Leben, aber die Birne schaltet man eben nicht ein. Ich habe mich leicht beeinflussen lassen, vereinsamte mehr und mehr, stumpfte ab; und fand dann heraus, daß das meinem Mann alles als Deckung diente. Ich bin beinahe durchgedreht, weil ich mit Lügen nicht umgehen kann, was albern ist. Die Welt und die Menschen sind voll davon, und ich sollte mit allem umgehen können – immerhin ist von mir nie verlangt worden, was andere haben durchmachen müssen. (Ich war nie in Dachau eingesperrt: Das ist mein wahrer Maßstab.) Mein lieber alter Onkel Doktor bekam es satt, mir Schlaftabletten und Beruhigungspillen zu verschreiben, und schickte mich zu einem Kameraden, einem reizenden alten Psychiater: so ein netter, freundlicher, weiser Mann. Ich habe fünf Mal mit ihm geredet; dann sagte ich »Lieber Doktor, mein eigenes Gejammer zu hören macht mich krank. Das widert mich alles an. Scheiß drauf. Ich schreibe es einfach auf und weg damit.« Also habe ich mich hingesetzt und diese Geschichte geschrieben – während die Kubakrise an mir vorüberzog. Ich saß in einem gemieteten Kellerraum und schrieb und schrieb und schrieb. Und kürzte die Geschichte um die Hälfte: Was Du gelesen hast, ist eine komprimierte Hälfte. Und als ich fertig war, habe ich die Andere besucht (ich habe übrigens nie auch nur einen Moment daran geglaubt, daß eine andere Frau oder ein anderer Mann eine Ehe zerstören), die ich nie gesehen hatte und mir aufgrund der schließlich freudigen und außerdem unaufrichtigen Offenbarungen meines Mannes als junges, hilfloses, irgendwie rührendes Flüchtlingsding vorgestellt hatte. Und stand vor einer großen, dummen, aufgeblasenen Möchtegernlady, vielleicht vier Jahre jünger als ich, kam brüllend vor Lachen nach Hause und sagte ihm, sie hätten einander redlich verdient; und ich hatte meine Geschichte und war frei. Das ist also meine Therapie; für mich die einzig wahre. Ich bin von einer guten, harten Schule geprägt, deren erste Lektion lautete: Weitermachen. Irgendwie.

Ich glaube nicht, daß wir uns uns selbst entfremden, ich finde, wir kreisen viel zu sehr um unseren eigenen Bauchnabel. Und sollten uns im Gegenteil etwas verschreiben, das nichts mit uns zu tun hat. Sublimierung lautet womöglich das absurde Modewort dafür. Was zum Teufel sollen wir so viel über uns lernen? Man lernt durch Taten, nicht durch Herumsitzen und Beschau seiner eigenen Innereien. Man ist, was man tut; man lernt durch Zuhören, Hinhören, durch Mitgefühl und indem man sich an die Stelle und in die Leben anderer versetzt. Es erscheint mir wichtiger, andere zu erkennen, bei fast allen. Mich erkenne ich schon so oder so, aus praktischen Gründen; außerdem verändere ich mich mit der Zeit, durch äußere Ereignisse wie den Lauf der Zeit und größere Erfahrung. Ich finde, wir sind anderen entfremdet, allen anderen.

… Einer der Gründe, weshalb ich mich hier unwohl gefühlt hatte, war, daß ich mit den Afrikanern überhaupt keine Wellenlänge fand. Sie waren sie.

Schrecklich, aber wahr. Jetzt, so mein Gefühl, sind sie immer noch sie, in dem Maße, in dem ich ihre Fremdheit spüre (was unvermeidlich ist, das geschieht ja schon durch eine andere Sprache, von der Umgebung ganz zu schweigen, Wohlstand, Kultur, die so enorm anders sind), aber ich spüre sie auch als Menschen, ich weiß verdammt genau, daß ihre Bedürfnisse andere sind, auch ihr Lachen und ihr Schmerz; doch ich spüre sie, ich merke, sie sind anders als meine, aber da. Insofern ist jetzt etwas viel Besseres passiert, in mir; ich werde die Afrikaner nie kennen und sie mich auch nicht; aber vage, schrullige, freundschaftliche Bande sind geknüpft, ich lebe jetzt auf demselben Planeten wie sie. Und das ist mir viel wichtiger, als mir selbst nah zu sein. Ich kann ja gar nicht anders, als mir nah zu sein, Himmel noch mal, egal, wie sehr ich mir wünschte, jemandem in mir zu begegnen, der nicht ich ist.

… Wenn Du wirklich weiter Gellhorn lesen willst, besorge Dir *The Trouble I've Seen*. Es ist der Chronologie nach mein zweites, aber eigentlich mein erstes. Das erste habe ich mit 21 geschrieben, ein unwissendes, unschuldiges Baby; es war *Die Clique* lange vor Mary McCarthy, ein lustiges, furchtbares Buch. Ich wußte nichts weiter und schrieb, was ich wußte. Doch sobald ich mehr wußte, schrieb ich, was für mich stimmig war, nicht für meine Clique, nicht für mich: sondern andere. In *The Trouble I've Seen* gibt es eine Geschichte, »Ruby«, die ich kürzlich noch einmal gelesen habe, um mir vorzugaukeln, wenn ich früher einmal geschrieben habe, könne ich es jetzt immer noch. Ich las sie mit Staunen, und es beruhigte mich nicht, es erschütterte mich. Heute könnte ich so etwas nicht mehr schreiben. Aber damals hatte ich meine Wahrheit gefunden. Das Buch handelt von den Arbeitslosen während der Weltwirtschaftskrise. Ich entdeckte, daß mein Thema die Menschen sind, die herumgeschubst werden, Ungerechtigkeit, das Leiden der Opfer; und daß ich die Opfer als Menschen mochte, stetig mehr und auf alle Zeit, und daß ich die Sieger nicht ertragen konnte.

... Meine beiden Ziele habe ich jedoch nicht erreicht. Ich wollte eine große Mann-Frau-Liebe leben und ein großes Buch schreiben. Zu dumm: Ich besitze nicht die nötige Gabe. Ein Großteil der Welt besitzt nicht die nötige Gabe; es ist nicht so, als bekäme man von jemandem, der dafür angeheuert wird, die Fingernägel ausgerissen. Ich kann Geduld nicht lernen und habe das Gefühl, Sandy könnte mir geschickt worden sein wie Hiob seine Geschwüre, um meine minimale Geduld auf die Probe zu stellen und zu verlängern. Unduldsamkeit wird es im allgemeinen genannt, aber das ist nicht ganz zutreffend. Ungeduld heißt die Krankheit. Auf einmal möchte ich aus dieser Abgeschiedenheit verschwinden, um noch abgeschiedener zu leben und noch mehr Tiere zu sehen als hier und keine Pionierhausfrau mehr zu sein, sondern ein Pionierpfadfinder. Nach diesem Bekenntnis erzähle ich Dir, daß ich vorhabe, in der Dorfschule als Teilzeitlehrerin zu arbeiten. 200 kleine Afrikaner, sämtlich am Existenzminimum. Es kostet $6,08 pro Jahr, ein Kind zur Schule zu schicken, was die meisten Familien nicht aufbringen können; und sie bekommen immer noch 8–10 Kinder. Weißt Du, die Menschen bringen viel Zeit damit zu, einander und sich selbst zu raten, man solle »es vergessen«. Das kann ich nicht, nichts und nirgendwo, und das, meine Liebe, ist Wahnsinn.

Nun, Du brauchst Dich wegen Deiner Briefe ganz bestimmt nicht zu entschuldigen; nicht nach diesem Beispiel.

Habe ich Dir schon ein glückliches neues Jahr gewünscht? Glücklich? Na, zumindest Kopf hoch, oder?

Martha

An Sandy Gellhorn

13. Februar [1972]
[Longonot?]

Mein liebster Junge;

... Ich habe noch einen Nachruf auf Omi gefunden; Du hast gesagt, Du hättest gern einen. Ich schicke ihn Dir als eine Art Talisman. Man braucht im Leben Helden und Vorbilder, und die sind schwer zu finden. Güte in Verbindung mit Grips muß man mit der Lupe suchen. Ich glaube, Dein größtes Glück ist es, Omi noch gekannt zu haben, denn dadurch weißt Du, wie liebenswürdig, liebenswert und bewundernswert Frauen sein können, und das gibt Dir Vertrauen in die Damenwelt.

Ich war derart niedergeschlagen, zweifellos wegen meines katastrophalen Gesundheitszustands, daß ich eines Tages im Bett blieb mit dem Gefühl, statt Blut Eiter in den Adern zu haben, und gründlich über mich als Deine Mutter nachdachte. (An der Wand gegenüber meinem Bett hängt doch eine Reihe Fotos von Dir.) Das Große von Dir als kleiner Junge, 4jährig, wo Du Dich lächelnd an mich lehnst, scheu, aber mit traurigem Blick, bricht mir das Herz. Ich kam zu dem Schluß, daß ich als Deine Mutter vollständig versagt habe; ich war zwar als Versorgerin da und Organisatorin und habe über Deine Gesundheit gewacht, war aber freudlos, ungemütlich, wie in der schrecklichen

Zeile von Milton oder vielleicht Wordsworth (zwei Dichter, auf die ich verzichten kann) »Strenge Tochter der Stimme Gottes«. Wenn man fehlgeht, ist der am meisten betrogene und beraubte Mensch natürlich man selbst. Ich wünschte bei Gott, ich könnte noch einmal neu anfangen. Und das, mein Schatz, ist der allertraurigste hoffnungsloseste Satz in welcher Sprache auch immer.

Versuch so zu leben, daß Du möglichst wenig zu bereuen hast. Materielles bereut man nur eine Minute lang, es sei denn, man ist verrückt. Ich habe so viele materielle Fehler begangen und sie schnell, nach kurzer Aufregung vergessen, so daß ich sie nicht mitzähle. Doch in menschlicher Hinsicht frißt einen die Reue von innen auf.

Mach's gut, schreib, bitte, ich brauche es.

Deine

Mum

An den Herausgeber
The Times

7. September 1972
72 Cadogan Square
London

Sehr geehrter Herr: Ich bitte um Aufklärung. In der Frühphase der Greuel von München sahen wir den Londoner Vertreter der Palästinensischen Befreiungsorganisation im Fernsehen. Hat die PLO in irgendeiner anderen Stadt der westlichen Welt außer London eine rechtmäßige Vertretung? Und was vertritt die Organisation in London? Laut PLO-Vertreter im Fernsehen repräsentiert seine Organisation alle palästinensischen patriotischen Gruppen, was automatisch Al Fatah einschließt, was wiederum seinen geheimen Arm, die Gruppe Schwarzer September, einschließt. Der hiesige PLO-Vertreter brachte es auch nach wiederholten Nachfragen nicht über sich, den feigen Mord an (bis dahin) zwei israelischen Sportlern bei den Olympischen Spielen zu verurteilen, sondern sanktionierte diesen Mord – mit wendiger, grotesker Rhetorik.

Ich bitte um weitere Auflärung. Ich verstehe nicht, wieso es unmöglich ist, diese arabischen Gangster, die nicht nur die Gesetze verletzen, die wir befolgen, sondern auch das eine Gesetz, das wir in höchsten Ehren halten, am Reisen durch die westliche Welt zu hindern. Wir lesen, daß acht Millionen amerikanische Touristen im Sommer durch Europa reisen; aber die Zahl arabischer Touristen muß verschwindend gering sein. Es kann doch nicht die geballte Macht der Geheim- und Sicherheitsdienste der westlichen Welt überfordern, mögliche arabische Terroristen im Auge zu behalten. Es ist mir unbegreiflich, daß sich Miss Khaled, wie berichtet, noch immer frei in Europa bewegen kann. Israelis müssen zwangsläufig zu der bitteren Erkenntnis gelangen, daß uns arabische Mörder nicht so wichtig sind, da ihr vorrangiges Ziel, von der Explosion einiger Öltanks abgesehen, darin besteht, israelische Zivilisten zu ermorden.

Mit freundlichen Grüßen,
Martha Gellhorn

An Harry Redcay Warfel

9. November 1972
Florenz

Lieber Dr. Warfel; Ich will nicht unhöflich erscheinen, gar nicht. Aber ich verstehe Sie nicht. Es kommt mir vor wie diese wöchentlichen Fragebögen, die einen von überall her erreichen und auch schon um den Verstand bringen, welches Theaterstück hat Ihnen gefallen und warum; glauben Sie an die Ehe und wieso und so weiter. Es ist Ihr Buch, weshalb muß ich es schreiben?

Ich habe das Gefühl, daß Sie nichts von mir gelesen haben, und dafür gibt es auch weiß Gott keinen Grund (Sie befinden sich damit in der Gesellschaft nahezu der gesamten Bevölkerung der USA.) Doch was scheren Sie sich dann um mich? Stellen Sie eine Art literarisches Who's who zusammen, oder schreiben Sie eine kritische Abhandlung? Ich verstehe es nicht.

Ich habe im Who's who alles geschrieben, was mir zu meiner Person wichtig erscheint; das sind genau drei Zeilen. Aber es sagt aus, ganz schlicht, wo ich wann war. Was die Bücher betrifft, können Sie nicht von mir verlangen, sie Ihnen zu erzählen. Ich habe sie geschrieben; es liegt bei Ihnen, zu beurteilen, wovon sie handeln. Ich habe lediglich hastig und verzweifelt versucht, eine hoffnungslose Fehldeutung des letzten – einer Liebesgeschichte, wie Sie sagen – auszuräumen, doch wenn Sie nach Ihrer Lektüre zu diesem Schluß kommen, ist das Ihre Sache, und offensichtlich ist das Buch gescheitert, wenn es bei Ihnen keine andere Reaktion hervorruft.

Aber, lieber Gott, wenn in den Universitäten nicht gewissenhaft gearbeitet wird (wenn auch Sie tatsächlich der Sünde amerikanischer Publikationswut verfallen, statt zu denken, zu fühlen und zu entdecken), sind wir verloren.

Es tut mir furchtbar leid, und ich wünschte, Sie würden mich einfach herausnehmen. Alle sind im Who's who, falls die Information benötigt wird. Darüber hinaus brauchen wir Erkenntnis und Kritik und ein ungeheuer hohes Niveau sowie eine Wertschätzung desselben.

Nehmen Sie mich bitte heraus. Ich bin eine ganz und gar abseitige Schriftstellerin und Ihnen zu nichts nutze.

Mit freundlichem Gruß,
Martha Gellhorn

An Betsy Drake

2. Januar 1974
[72 Cadogan Square
London SW1?]

Meine liebe Betsy; gestern habe ich Dir einen langen Brief geschrieben, bin aber nicht dazu gekommen, ihn wegzuschicken. Heute kam Dein Brief, verzweifelter Brief. Hör zu. Alle Menschen sind überall einsam. Die Wände des Schädels trennen die Menschen, sagte mir mein Vater, als ich etwa acht war. Und der Mann, der das sagte, war glücklich verheiratet, glücklich verliebt in eine vollkommene Frau, die ihn liebte, und seine Kinder waren noch nicht alt genug, um ihn zu enttäuschen. … Einsamkeit ist der universelle menschliche Urzustand und außerdem die universelle menschliche Urangst. Außerstande, ihr zu entkommen, bringen die Menschen ihr Leben in dem Bemühen zu, ihrer Einsamkeit zu entkommen oder sie zu lindern. Das ist der eigentliche Grund für Ehe, Fortpflanzung und sehr wahrscheinlich sogar Sex. Aber so etwas wie andauernde allumfassende Kommunikation zwischen Menschen gibt es nicht. Die ganz schlichten Gemüter glauben, Körper, Anwesenheit, Lärm und Stimmen wirkten als Gegengift zu Einsamkeit. Für die Schlichten und den rechten Zeitpunkt usw. mag das ein Rezept sein. Für mich nicht.

Ich glaube, die Einsamkeit muß man hinnehmen wie den Boden unter den eigenen Füßen. Ich habe einst viele dumme, panische Versuche unternommen, ihr zu entkommen, obwohl ich nie an meine Bemühungen glaubte, die auch nie funktionierten. Ich hatte meine Mutter, und von ihr nehme ich folgendes mit: Ein Mensch auf der Welt hat mir immer zugehört, komme, was wolle. Ich glaube, mein verzweifelter Wunsch während dieser vergangenen acht Jahre, Sandy zu meinem Sohn zu machen und mich zu seiner Mutter, war noch so ein vergeblicher Versuch, die Einsamkeit abzuwehren, auch für ihn, hatte ich gedacht. Für mich bedeutet Einsamkeit, niemandem und für niemanden verantwortlich zu sein – jeder hat wahrscheinlich seine eigene Definition. Aber ich akzeptiere, daß ich im Grunde immer einsam gewesen bin; das entspricht nicht nur meinem Wesen, sondern auch meiner Lebensauffassung. Nie habe ich mich einsamer gefühlt als in meinen Ehen, allen beiden; mit jemandem zu leben und ganz allein. Und Du, warst Du nicht einsam in Deiner Ehe?

Ich habe mein eigenes Mittel gegen Einsamkeit, wenn sie das Ausmaß von Verzweiflung annimmt: Ich lese. Ich lese, wie man ans Ufer schwimmt – wenn ich etwas lese, bin ich nicht da und also nicht allein; ich bin anderswo, im Buch, bei den Figuren. Darum lese ich wahrscheinlich hauptsächlich Romane; ich schließe mich anderen Leben an. Beim Schreiben auch, da bin ich auch nicht da, nicht ich, nicht dieser spezifische Haufen Fleisch und Blut mit all seinen lästigen Problemen; ich bin ein Förderband, ein Werkzeug, ich lebe in den Leben, die ich erschaffe. Abgesehen von diesen beiden Mitteln habe ich nichts. Aber wenn Du die Einsamkeit einmal akzeptiert hast, liebste Betsy, wird es viel leichter; dann hat man vor dem Alleinsein keine Angst mehr.

Was die Zweifel an Deinen eigenen Ideen angeht, das ist doch gesund? Das bedeutet, die Ideen können mit jeder neuen Information, Einsicht und Erkenntnis wachsen und werden. Es bedeutet, daß sie, wenn sie in Zweifel gezogen werden, nicht starr sind, nie. Man muß zweifeln und ändern und zappeln und japsen; auch das ist ein menschlicher Urzustand. Es gibt keine Antworten; es gibt nur mehr Erfahrung und nie genug. Von einem Tag zum anderen halten wir (wie alle) den Kopf über Wasser. Ich halte die amerikanische Verfassung, die allen Menschen das Streben nach Glück als Recht zuerkennt, für Idiotie. Nach Glück kann man nicht streben; es ist eine Gnade, ein Geschenk, ein Zufall, ein Wunder; und vor allem ist es kurz und abrupt. Die Verfassung hätte etwas Ernsthaftes proklamieren sollen wie die Chance, seinen Verstand zu wahren … Denn damit sind zu Recht alle beschäftigt. Auch Verstand läßt sich nicht definieren, da er für jeden etwas anderes bedeutet.

… Mir widerstrebt der Gedanke, daß Du Dich zermarterst, obwohl ich es verstehe; das gehört auch zu meinen Beschäftigungen. Mehr noch widerstrebt mir die Vorstellung, daß Du Angst hast, obwohl ich natürlich auch das verstehe; nur weiß ich ganz genau, daß Angst sinnlos ist, ermüdend und nichts besser macht. Ich muß aufhören; ich bin mir ganz und gar nicht sicher, ob Worte irgend jemandem irgend etwas nützen. Aber Du weißt, daß Du in dieser Welt nicht unerwünscht und entbehrlich bist.

Deine

Martha

An Diana Cooper

29. Januar 1974
Kilifi
Kenia

Liebste Diana; eigentlich hatte ich Dich mit einem fröhlichen Brief schockieren wollen. Statt dessen … Dieser Brief bleibt unter uns; das geht sonst niemanden etwas an. Aber wenn ich es Dir nicht schreibe, kann ich überhaupt nicht schreiben.

Eins nach dem anderen. Ich bin am Donnerstag Morgen des 10. Januar am Flughafen Nairobi angekommen, benebelt von Seconal und dem grausigen Nachtflug. Bis zum folgenden Dienstag war alles nur Erschöpfung, Ärger und Mühe. Am Dienstag schließlich habe ich mich zur Küste aufgemacht, fuhr aber erst mal nur bis Hunter's Lodge, rund 2 ½ Stunden von Nairobi entfernt. Ich habe im nierenförmigen Becken meine obligatorischen 20 Minuten Muskelaufbau absolviert, bin ins Bett gegangen und habe mit einer Unterbrechung 13 Stunden geschlafen. Ganz erfrischt fuhr ich am Mittwoch an die Küste weiter, und unterwegs fiel mir auf einmal, weiß der Kuckuck, wie aus dem Komposthaufen im Kopf irgend etwas entsteht, eine Geschichte ein. So etwas ist heutzutage ein Wunder für mich, das ist nicht mehr einfach so passiert, seit ich meine Mutter sterben sah. In Voi habe ich Rast gemacht, nur um Namen und Geburtsdaten aufzuschreiben, damit ich das Leben meiner Figuren nachvollziehen kann, denn man muss alles über sie wissen, bevor die Spitze des Eisbergs der Geschichte sichtbar wird. Nach dieser Beschäftigung kam ich um 18.30 am Mittwoch, dem 16. Januar, hier in Kilifi an.

Dieses Haus, das Peter aufgetan hat, ist so abstoßend, so hoffnungslos, daß es unter makabre Witze fällt. Auf den ersten Blick habe ich erkannt, daß es ein verkappter Segen sein könnte, keine Chance, auch nur eine Minute auf Verschönerungen zu verschwenden. Noch nie habe ich in solchem Dreck gewohnt. Aber am Donnerstag, als ich noch hoffnungsvoll war und die Geschichte in mir schwelte, beschloss ich, das große Schlafzimmer – in zusammengewürfelten, fleckigen, schmutzigen Lavendelkomponenten gehalten – so sauber wie möglich zu machen, dort alles auszupacken, einen Schreibtisch hineinzustellen und daran zu arbeiten, auf der Terrasse zu essen und vor dem Rest die Augen zu verschließen.

Doch nichts kann diese satinweiche Luft zerstören, die Monsunbrise, die Farben des Meeres, die Frangipani und Bougainvillea, die Sonne und den Nachthimmel. In diesem Klima fühle ich mich am besten, besser als irgendwo sonst, und Einsamkeit im Bikini steht mir gut.

Am Freitag fing ich an, meine Geschichte zu schreiben. Ich kann gar nicht erklären, wieviel mir das bedeutet. Zum ersten Mal seit drei Jahren schrieb ich mit Zuversicht, Leichtigkeit und Aufregung. Davor hatte ich es immer mal wieder als Pflicht, Therapie, Disziplin versucht im Bewußtsein, aufs Versagen zuzusteuern. Wieder so zu schreiben gab mir das Gefühl, leben zu können, leben zu wollen, das Leben hatte einen Sinn, nur das brauchte ich. Ich hatte das Gefühl, aus dem Nirgendwo zu treten, in einen echten Ort auf Erden.

… Erfüllt von Hoffnung und Glück habe ich mich dann am Samstagmorgen nach Malindi aufgemacht, 42 Meilen entfernt, um mit den Mooreheads und Celia Johnson, die in Jack Blocks Gästehaus wohnten, zu Mittag zu essen. Bewußt glücklich, weißt du, und ganz prall vor Hoffnung. Etwa um 10.20 (mit der Zeit bin ich mir nicht sicher) auf einer vollkommen leeren Straße mitten im Busch, auf beiden Seiten keine Autos, keine Häuser in Sicht, keine Afrikaner zu Fuß oder mit dem Fahrrad auf der Straße, schoß ein kleiner afrikanischer Junge (zwischen 6 und 10 Jahren, schätze ich) von links über die Straße, wie eine Gazelle kam er aus dem Busch gesprungen, mir direkt vors Auto, keine drei Meter vor mir. Ich habe vielleicht eine Schrecksekunde verloren, mehr nicht. So heftig ich konnte, riss ich das Steuer nach rechts (wir fahren hier links, wie in GB), um ihm auszuweichen. Ich hörte ein leises Flappen hinter mir, als der Wagen vom Asphalt auf den Seitenstreifen schlitterte und dort über einem Graben hängenblieb. Da zog ich den Wagen scharf nach schräg links, weit vor der Stelle, wo der Junge hätte sein können, und sah mich schnurstracks in den Graben stürzen (etwa 2 Meter tief, glaube ich). Ich wurde ohnmächtig, als ich in den Graben fuhr, und als ich wieder zu mir kam, war ich voller Staub, selbst in meinen Kleidern, und welker Gräser, völlig betäubt auf dem Beifahrersitz, und der Wagen hatte sich offensichtlich zweimal überschlagen, stand jetzt wieder auf den Rädern in der Richtung, aus der ich gekommen war. Es herrschte absolute Stille, nichts auf der Welt, nur ich benommen im Wagen im Graben und ein kleiner Körper zusammengerollt auf der Straße, eher rechts als direkt in der Mitte. Und tot.

Langsam, ungefähr drei Stunden lang passierte alles mögliche, Leute, Polizei, Leichenhaus, Polizeiwache. Doch obwohl ich mich gut daran erinnere, zog es in einer Art Nebel vorbei, wegen der Taubheit, dem Schock und dem Schmerz in meinem Kopf. Ich kam zu Lucy, zu spät zum Essen, verdreckt und natürlich ziemlich wirr; entweder konnte ich nicht aufhören zu reden oder saß da wie ein Zombie. Seit Alans Schlaganfall hatte ich Lucy nicht so glücklich und sorglos und beschwingt erlebt; sie hatten 10 Tage an der Küste, und sie war einfach selig. Dann kam ich, wie eine Spielverderberin – und sie war sofort tatkräftig, selbstlos und unendlich freundlich zur Stelle, aber ich würde sagen, ich habe ihnen gut 24 Stunden verdorben, und auch das liegt mir auf der Seele. In den vergangenen 7 Jahren ist sie nicht besonders glücklich gewesen.

Ich sollte natürlich genauso tot sein wie der Junge oder jedenfalls zerschlagen und zerschrammt. Die Windschutzscheibe war nicht zerbrochen. Der Wagen steht bei der Polizei in Malindi, und ich habe es dumpf mitbekommen, als wir dort ein ärztliches Gutachten über mich abgeliefert haben. Ein alter, halbblinder Arzt in Malindi befand, ich hätte keine Gehirnerschütterung und keine gebrochenen Rippen, was ich bereits wußte. Mächtige Schläge auf die rechte Schläfe, hinters linke Ohr und auf den linken Wangenknochen haben mich bewußtlos gemacht, und zweifellos erklärt sich daraus der steinerne Kopfschmerz, den ich noch immer mit mir herumschleppe. Und riesige geschwollene violette und gelbe Flecken von beiden Schultern zu den Ellbogen, auf beiden Seiten meines Rückens, auf beiden Hüften, heftiger Stoß direkt auf die neue schreckliche Narbe und innen an den Oberschenkeln über den Knien. Mein Rücken ist wieder ausgerenkt, aber das passiert so häufig, wie es an der Haustür klingelt. Eigentlich nichts. Ich weiß nicht, ob die Polizei rechtliche Schritte einleitet oder nicht (Lucy telefonisch über Ruth Rabb in Nairobi hiesigen Anwalt besorgt, der verneint). Das ist mir eigentlich alles egal.

Nachdem ich vierzig Jahre lang überallhin gefahren bin, hatte ich meinen ersten Unfall, und ausgerechnet diesen, den ich am wenigsten ertragen kann. Anscheinend ist so ein Unfall nicht ungewöhnlich.

... Es gibt nur einen kleinen Trost. Der Arzt sagt, der Junge kann nichts gespürt haben, er habe schneller das Bewußtsein verloren als ich und dann endgültig. Vielleicht nicht einmal genug Zeit, mitzubekommen, was passiert, da er an der Straße nicht nach rechts und links gesehen hat, und binnen Sekunden war es vorbei – das

Ganze kann nicht mal eine Minute gedauert haben, von seinem Auftauchen bis ich im Graben landete. Und ich habe ihn nicht überfahren, jedenfalls das, der Wagen hat ihn seitlich getroffen, hinten links, da bin ich mir ziemlich sicher. Kein großer Trost, aber immerhin.

Hier bin ich also wieder, liege – mir scheint, ich tue nichts anderes, liege in London, liege hier –, schlucke auf ärztliche Verordnung Valium und Aspirin und bin wieder im Nirgendwo. Zweimal, glaube ich, in genau vier Monaten hätte ich im Grunde sterben sollen, und das finde ich völlig in Ordnung, tot zu sein, meine ich, nur jetzt macht es mir angst, denn mir scheint, ich bringe anderen Verderben, und das geht nicht. Also liege ich hier nur oder sitze und warte darauf, daß die Zeit vergeht. Die Tage sind lang.

Liebste Diana, dies ist nicht der Brief, den ich je hatte schreiben wollen. Ich werde eine Weile nicht mehr schreiben, da ich nichts zu sagen habe und mich ohnehin leblos fühle. Es kommt mir vor wie zwei Jahre statt der 20 Tage, die ich jetzt weg bin. Bitte laß Dir nichts zustoßen.

Immer Deine

Martha

Der Unfall hatte Martha zutiefst erschüttert. In den folgenden Wochen schrieb sie immer wieder in allen Einzelheiten darüber an Diana Cooper, Betsy Drake, Sandy Matthews und Robert Presnell, beschrieb minutiös den Tod des kleinen Jungen, als könnte sie ihn nur durch Schreiben ertragen. Später erzählte sie die Geschichte noch einmal in der nur wenig fiktionalisierten Novelle »Am Meer«, doch auch das – ähnlich wie damals, als sie hoffte, mit dem Schreiben über Dachau Kummer und Grauen auszutreiben – konnte sie nicht von diesem Trauma befreien.

Der Unfall machte ihr deutlich, daß es Zeit war, Afrika zu verlassen, zumindest vorläufig. Nachdem der Entschluß gefallen war, hatte sie es wie immer eilig, ihn umzusetzen. Nach einigen scharfen Auseinandersetzungen mit den Freunden, die ihr das Grundstück überlassen hatten, kehrte sie nach England zurück.

An Betsy Drake

8. Mai 1974
c/o Moorehead
Porto Ercole
Italien

Liebste Betsy
… Ich habe mir die Haare schneiden lassen. Ich habe die Augen geschlossen, gebetet (zu wem?) und gedacht, schlimmer kann es nicht werden, also muß es besser werden oder vielleicht anders schlimmer. Mit meinem Haar bin ich wie Samson. Bedenkt man, daß es niemanden kümmert, nicht einmal mich, wie ich aussehe, ist das absurd. Jetzt weiß ich, was es bedeutet, geschlechtslos zu sein; so ist wohl das Alter. Es geht nicht darum, nicht mehr begehrt zu werden; es geht darum, nicht mehr zu begehren. Sich selbst nicht zu sehen und nicht gesehen zu werden; auf der Straße fühle ich mich unsichtbar, wenn ich nicht zufällig im Schaufenster eine großgewachsene, schlecht gekleidete Gestalt erblicke, die tagträumt oder ausschreitet; jemand, irgendwer, bin ich das? Ich war mir immer der Blicke bewußt; häufig zu sehr. In jungen Jahren haben sie mich erzürnt. Jetzt ist es gespenstisch, für mich und andere Nichtexistenzen.

Zum Schreiben. Nach 4 Stunden Mühe, vergeblich oder nicht, ist man körperlich und geistig ermattet. Wirklich. Dann will ich nur noch ins Bett kriechen, vor allem nach einem Fehlschlag. Außerdem kann man nicht mehr zusammenhängend an irgend etwas anderes denken. Es frißt sich durchs Gehirn, eine endlose Unterhaltung mit sich selbst. Der kleinste Handgriff ist eine Zumutung. Menschen sind keine Anregung; sie sind anstrengend. Über eine Woche habe ich allerdings nicht mehr zu schreiben versucht. Zunächst hatte ich aufgehört, weil ich irgendwie einen neuen Zusammenbruch nahen fühlte. Was faszinierend ist, Betsy, ich habe versucht, über eine Frau zu schreiben, die den Verstand verliert, und war selbst dabei, den Verstand zu verlieren. Also habe ich mir Insidon und Valium verordnet und eine erträgliche Woche vor mich hin vegetiert. Mit Ruhe und Bedacht wurde mir klar, daß ich noch einmal neu anfangen muß. Was ich zu sagen habe, muß ich sagen: schlicht, um es herauszulassen. Die einzige mir bekannte Therapie.

... Du irrst Dich, wenn Du sagst, Ernests Anwesenheit sei eine Hilfe gewesen. Er war nur körperlich anwesend. Er brauchte mich für den Haushalt und um auf mir zu kopulieren (das Wörtchen ist bewußt gewählt, nicht mit, sondern auf) und um ihn mit täglichem Tennis fit zu halten. Es gab weder Spaß noch Kommunikation, gar nicht. Wenn ich das Gefühl hatte, vor Einsamkeit und Langeweile verrückt zu werden, habe ich mich in einen Krieg davongeschlichen: vier Mal. Um überhaupt zu leben, habe ich geschrieben. Ich mußte dort Monate am Stück bleiben, und wenn ich die üblichen Qualen der Haushalterei hinter mir hatte, habe ich geschrieben. Er erzwang Disziplin, weil er selbst vollkommen in *Wem die Stunde schlägt* vertieft war; also mußte ich mir meine eigenen Geschichten schaffen.

Für meine jetzige Einsamkeit gibt es aber keine Heilung; damit werde ich wohl bis zu meinem Tod leben. Freunde sind himmlisch liebenswürdig, zuweilen amüsant; es wäre verhängnisvoll, sie nicht zu haben. Doch auf keinen Fall möchte oder brauche ich täglich Kontakt; vielleicht verlangt es mir ebenso viel ab, wie es mir gibt, vielleicht noch mehr. Und wenn ich schreibe, habe ich praktisch nichts zu geben. Das Problem waren nicht Menschen oder deren Mangel: es war ein Fehler im gesamten Aufbau des Buches, ein verheerender Fehler.

... Lillian Hellman, die mir schon seit Jahren mißfällt, wird irgendwo folgendermaßen zitiert: »Bloßes Herumlaufen erschöpft mich.« Nach eigenen Angaben ist sie 67. Bestimmt ist sie eher über 70. Aber dieser Satz ist die erste Aussage von ihr, die mir gut gefällt. Mich erschöpft schon, nur friedlich am Leben zu bleiben. Mir die Haare schneiden zu lassen, schwimmen zu gehen: meine Tagesmühen.

Willy Brandt und Golda Meir waren die einzigen beiden Weltpolitiker von echtem moralischen Format; jetzt sind sie beide weg. Während Nixon bleibt. Ich lese seine Protokolle täglich und traue meinen Augen nicht. Wenn der US-Kongreß nicht den Schneid aufbringt, den Wünschen des Landes folgend das Land von ihm zu erlösen, sind die USA erledigt.

Immer Deine

M

An Ruth Rabb

4. März 1975
[72 Cadogan Square
London SW1]

Liebste Ruth; Ich komme nicht zum Durchatmen, geschweige denn zu Briefen an meine Liebsten. Ich befinde mich in einem kaum faßbaren Arbeitsrausch. Mit selbst gesetztem Abgabetermin. Ich gedenke, am 6. April mit fertigem Buch hier aufzubrechen, es dem Verleger in NYC vor die Füße zu werfen und für ein paar Wochen zum Schwimmen und Sonnenbaden in die Karibik zu fliegen. Ich bin den ganzen Winter über kaum aus meiner Klause herausgekommen und weiß wie Ziegenkäse.

... Stell Dir meine Farm vor, in einem Gebiet in etwa zwischen Elenmteita und Nakuru; sagen wir, 6000 Fuß. Die Zeit ist 1950. Ich brauche folgende Infos:

a) was für Wildbäume wachsen dort (kein Fieberbaum, es gibt kein Wasser, reines Hochland). Ich versuche, mir seinen Garten vorzustellen, das Gelände um sein Haus herum. Und was schneiden die Watu als Kuni?

b) Seine Böden – ein altes, schlichtes Haus aus den 1920er Jahren; was für ein Holz.

c) Seine Möbel, 1920–23 von asiatischem Schreiner am Ort angefertigt, was für ein Holz. Alles kenianisches Holz aus der Gegend, wahrscheinlich.

d) Was soll an den Mauern seines Hauses und den Säulen der Veranda emporranken. (Und: Würdest Du es Veranda nennen, denk an die in Deinem/Pips Haus in Naivasha und der am großen Haus; Terrasse? Balkon? oder Veranda?) Ich habe ihm Wilden Wein, Klettertrompete, Klematis und Bougainvillea gegeben. Blauregen geht nicht; schon woanders verwendet.

e) pflanzt irgend jemand in dieser Höhe Obstbäume, Apfel, Kirsche, Pflaume? Wie lange dauert es überhaupt, bis sie Früchte tragen?

f) wie würdest Du auf Suaheli nichtsnutziger Faulenzer sagen; ich weiß, daß *bure* nichtsnutzig ist, aber was ist Faulenzer? Etwas, das Afrikaner über einander sagen, nicht, was über sie gesagt wird, von Europäern.

Bestimmt wird mir noch mehr einfallen. Dieses Buch ist eine Überraschung für mich. Ich habe an einem Roman gearbeitet; hatte 350 Seiten, Arbeit eines Jahres und eine Menge Recherche. Als ich über Weihnachten bei Sandy in Amsterdam war, habe ich plötzlich gemerkt, daß er niemals funktionieren würde; er war tot. Also habe ich das ganze nach meiner Rückkehr auf eine 50 Seiten lange Geschichte heruntergedampft, die, so hoffe ich inbrünstig, gut ist. Ich habe eine fertige Geschichte auf Lager (es sind Novellen, zwischen 13.000 und 23.000 Wörtern) und arbeite an einer dritten, schlecht geschrieben und einmal steckengeblieben, in Nairobi in diesem Hotel gegenüber der israelischen Botschaft. Jetzt vollkommen umgeschrieben, und ich hoffe, es geht. Also wird es ein Buch mit drei sehr unterschiedlichen Novellen, alle in Afrika. Herrje. Mich begeistert das Schreiben selbst. Ich habe keine Ahnung, ob sie furchtbar sind oder nicht. Nicht mehr meine Sache, ab jetzt; meine Sache, sie fertig zu machen.

Jetzt muß ich mich darauf vorbereiten, Lord Bangor zu empfangen, der behauptet, mich vom Krieg in Finnland zu kennen. (Ich kann mich an niemanden aus derart ferner Vergangenheit erinnern; nicht einmal, wenn ich mit ihm geschlafen habe.) Die Sache ist die: Er wurde in der Wüste gefangengenommen und war jahrelang Kriegsgefangener, und ich brauche Hintergrundinfos für den Helden meiner aktuellen Geschichte. Ich zapfe überall Hirn an. Wie könnte ich Schriftstellerin sein, wenn andere nicht etwas wüßten. Ich selbst weiß ja nichts.

Ich schreibe richtig, wenn diese Orgie vorbei ist, wäre aber dankbar für schnelle Antwort auf die literarischen Fragen.

Stets Deine

Martha

An Alfred Gellhorn

11. November 1975
[72 Cadogan Square
London SW1]

Alfie, mein Schatz; Dein Geburtstagsbrief ist heute gekommen. An Deinen oder Walters Geburtstag denke ich nie, das macht mir ein schlechtes Gewissen, andererseits wäre es mir auch lieber, wenn sich keiner, mich eingeschlossen, an meinen erinnerte. Es ist eine eigenartige Tatsache, daß ich mich am 8. Nov. ein ganzes Jahr älter fühle als am 7. Nov. Ich weiß genau, wie sich Lionel Trilling (mit 70 gestorben) am Ende fühlte: Das passende Synonym für »reif« ist erschöpft. Keine Sorge, mein Lieber; Dein leidenschaftlicher Zorn ist ein Zeichen körperlicher und geistiger Gesundheit. Ich weiß noch, wie entsetzt ich war, ein unwissendes (und, aus heutiger Sicht, vollkommen herzloses) junges Mädchen, als Dad mir sagte, er könne es nicht mehr hören – ich weiß nicht mehr, von welchem skandalösen Elend ich ihm gerade berichtet hatte. Ich hielt ihn für egoistisch; er war einfach nur erschöpft. Ich kann zum Beispiel keine Geschichtsbücher lesen; davon wird mir buchstäblich schlecht. Die schreckliche Wiederholung der immergleichen Dummheiten. An diesem letzten Wochenende (Dad und ich haben schicke Geburtstage; die Russische Revolution und der Waffenstillstand von 1918) habe ich im Fernsehen die Gedenkfeiern gesehen. Sehr alte Männer, viele erblindet, mit Orden behangen, die immer noch am Ehrenmal vorbeimarschierten; andere, sämtlich mittleren Alters (eigentlich alt, die Armen altern schneller), die jedes Jahr nach Dünkirchen zurückkehren und die Gräber ihrer Kameraden besuchen; sie erinnern sich ganz genau, als wäre es gestern gewesen, an jede Einzelheit, die ihnen an jenem Tag widerfahren ist, und an jeden Millimeter Boden. Das Fernsehen am Wochenende war voll davon, und ich habe unter Tränen zugesehen: beim Gedanken an all die Verschwendung, all das Grauen, das Elend, die Verluste; um uns zu retten, um die Welt zu retten. Und sieh sie Dir an.

Vor meinem Fenster ist, o Wunder, blauer Himmel. Wir hatten einen phantastischen Herbst und auch Sommer; vielleicht naht das Ende der Welt. Um 16:30 wird es dunkel, der Winter bricht herein, aber bisher macht es mir nichts aus. Ich scheine mich nach und nach in ein beispiellos schrulliges Leben zurückgezogen zu haben; ich sehe fast niemanden – seit ich nicht mehr in Journalistenkreisen verkehre, sehe ich nur noch meine engsten Freunde, inzwischen alles Frauen, und ich weiß immer schon im voraus, was jede einzelne von ihnen sagen wird, was ich sagen werde, und ich finde uns alle bewundernswerte Langweiler. Ich bevorzuge Alleinsein und Thriller. Von der Lady Diana abgesehen, die bis zum Schluß (82 Jahre) eine schrullige Genießerin bleibt und mich zum Lachen bringt.

Doch arbeitsmäßig (um diesen eleganten neuen Ausdruck zu benutzen) sieht es gut aus. Ich habe das Ms. meines Buches endlich knapp an die Perfektion heranredigiert und für viel Geld per Luftpost an einen neuen US-Verlag geschickt.

... Das New York Magazine (ich schätze es nicht übermäßig, aber es ist, wie man so sagt, »heiß«) rief mich an, um zu fragen, ob ich eine große Geschichte über Spanien machen will – quo vadis nach Franco. Das finde ich aufregend, die Art Journalismus, die mir liegt, drei Wochen zum Herumstreunen, Ideen- und Eindrückesammeln, viel Raum zum Schreiben. Ich warte, bis das alte Schwein stirbt; doch offensichtlich lassen sie ihn weiteratmen (nicht mehr), während die Rechte das Land immer fester umklammert. Ich werde warten, bis er begraben, die Staatstrauer vorüber und Juan Carlos gekrönt ist oder was auch immer. Es muß etwas Positives passieren, damit sich Reaktionen ergeben. In der Zwischenzeit knüpfe ich Kontakte. Gestern abend waren 3 junge Basken bei mir. Sie haben mich an das Draufgängertum, die Leidenschaft und völlige Irrationalität der Spanier erinnert, obwohl sie darauf bestehen, keine Spanier zu sein; eine andere Gattung. Der Bruder des einen sitzt, zum Tode verurteilt, als Führer der ETA im Gefängnis, *nom de guerre* Wilson. Ich habe die Namen ihrer Familien in den Dörfern, um sie zu besuchen ... Heute abend kommt ein Katalane, Diana wird mir derweil

Briefe an den reichen Uradel geben. Es wird interessant, nein, rasend aufregend. Doch im Herzen trage ich so wenig Hoffnung für unsere Spezies; ich glaube, wir sind unheilbar. Mein einziges Ziel wäre eine Amnestie für politische Häftlinge; ein staatliches Folterverbot. Das ist heutzutage ein hochtrabendes Ziel; vielleicht das einzig erstrebenswerte.

In der Wartezeit war ich außerdem (mit einem Schmerzknäuel im Magen und Hysterie) in ein TV-Fiasko verwickelt. Ein gewisser Knightley, der nie auch nur in der Nähe eines Krieges war, hat ein Buch über Kriegskorrespondenten geschrieben (und sagt, viel hätten die nicht gemacht; erwähnt lobend nur mich in Vietnam, ist das zu fassen?). Besagtes Buch wurde für den Book of the Month Club ausgewählt. Darin behauptet er, basierend auf zweifelhaften, widersprüchlichen und unbestätigten Indizien, Capas großes Bürgerkriegsbild des getroffenen Milizionärs sei eine Fälschung. Das hat mich in eine Rage versetzt, wie sie mich selten befällt; es gibt kein Gesetz gegen Verleumdung von Toten; und Capa war der Mutigste und Beste und besaß die größte Einfühlung in den Krieg, echtes Verständnis. Ich, die ich mich eher erschießen lassen würde, als im Fernsehen aufzutreten, fand mich also dortselbst wieder; vergebens, es war ein derart müdes Durcheinander, daß nichts dabei herauskam. Außer daß ich mir die Sendung, die wir aufgenommen hatten, ansah und 108 Jahre alt aussah.

Ich gehe meinem Anblick geschickt aus dem Weg, außer beim Zähneputzen. Heute früh bin ich zu dem Schluß gekommen, daß ich wie Dotty Parker aussehe. Ihre Tränensäcke waren so groß, daß wir immer dachten, sie sei mit dem Kamel verwandt; eine spezielle Vorkehrung zum Flüssigkeitstransport …

Da ich beim Warten auf Francos Tod nichts anderes zu tun hatte, beschloß ich, aus einer meiner Geschichten ein »Treatment« für einen TV-Film mit Betty [Lauren] Bacall zu schreiben; da sie interessiert ist und meine Agentin interessiert ist, aber keiner etwas tut – um in NYC etwas zu erreichen, muß man dort sein und nerven –, und man auf einen »Bearbeiter« hofft. Also habe ich es gemacht, mit großem Vergnügen; keine Ahnung, ob es etwas taugt; und keine Ahnung, wie lange es dauert, eine geschriebene Szene zu spielen. Dieses »Treatment« dauert möglicherweise länger als das russische *Krieg und Frieden*. Betty kommt in zwei Tagen her, und dann werden wir alles in Ruhe besprechen … Irwin Shaw war hier, auf Verlagsinitiative, um sein neues Buch zu bewerben und mir Vorträge zu halten. »Hör zu, Mädchen, Bescheidenheit ist angeblich eine Tugend – ist sie NICHT – sie ist ein schwerer Fehler. Du mußt aufhören, Dich selbst runterzumachen. Tritt groß auf, zier Dich, preis Dein Werk an, als wäre es direkt auf dem Berg Sinai empfangen. Ich bin bescheiden«, sagte Shaw und lachte wie verrückt, »aber ich habe auch genügend Leute, die für mich unbescheiden sind.« Seinen Rat finde ich nach einem ganzen Leben schwer zu befolgen, aber ich werde mich bescheiden bemühen.

… Mein Lieber, bring Dich nicht um mit Deiner medizinischen Fakultät. Es muß Wegbereiter geben, und die haben üblicherweise ein elendes Leben; viel später dann wird dieser Weg zur normalen, anerkannten Straße. Du hast gezeigt, was getan werden kann und sollte; bitte, bitte bring Dich nicht um mit etwas, das die Zeit für Dich erledigen wird.

Euch beiden alles Liebe,

M

Ich kann nicht einmal über Ford und Reagan schreiben – und Humphrey, unzerstörbar wie Mistinguett, der naheliegenden Wahl der Demokraten. Sie sollten die Präsidenten per Los bestimmen – schlimmer kann es nicht werden.

An Gerry Brenner

7. März 1976
Claviers
Frankreich

Lieber Mr. Brenner;
Ihre Ansichten über Ernest sind sehr amüsant und hätten ihm bestimmt sehr gefallen. Ein überaus gelehrter Russe hat einmal über E. geschrieben, der mir diese tiefschürfenden Aufsätze mit Entzücken zeigte und sagte, wer hätte gedacht, daß das alles in mir steckt – aber Aristoteles' Poetik hätte ihn nun wirklich begeistert. Er war nicht akademisch bewandert, wissen Sie, seine Lektüre war ganz und gar nicht systematisch, und ich möchte beinahe wetten, daß er Aristoteles' Poetik nie gelesen hat. Halten Sie es nicht eher für möglich, daß die Kunst anderer Kunst gleicht? Oder planlos und unwissenschaftlich denselben Empfindungen entspringt? Ich finde, wie gesagt, die Parallelen, die Sie zwischen der *Stunde*, wie Sie sie nennen, und *Das verlorene Paradies* ziehen, bestrickend, aber verquer. Kein Anlaß, anzunehmen, E. hätte Milton gelesen oder Donne. Titel wurden in einer Anthologie gesucht, ich glaube, dem *Oxford-Buch der Zitate*. Als E. diesen Titel fand, war er überglücklich und sagte: »Ich schreibe, und Donne titelt.«

Ich persönlich meine, er hat sich selbst kreiert, eine künstlerische Eigenkreation. Was er gelesen hat, wenn er schrieb? Alles mögliche. Er ist Sachen aus dem Weg gegangen, die seinen Stil osmotisch beeinflußten – so wie ich während des Schreibens nicht wage, Henry James zu lesen, weil ich mich bereitwillig und wie besessen von Sätzen verschlingen lasse wie von Pythonschlangen. Hin und wieder fand er aber einen ziemlich unbekannten Autor, und dann war er wie ein Mann, der Äpfel aus Nachbars Garten klaut. Am meisten verstand er wohl von Malerei. Jedenfalls habe ich keine Ahnung, was das für ein Buch war in Sun Valley, könnte alles gewesen sein von einem Almanach bis zu einer Aufmerksamkeit des Verlags. Ich meine mich zu erinnern, daß er auf Kuba damals *The History of the Peninsular Wars*, eine sehr lange, detailgenaue Militärgeschichte in diversen Bänden, gelesen hat, kann es aber nicht beschwören. Er sprach nicht gern über Bücher. Sagte nur, sie seien toll, gut, miserabel usw. Er wollte mich auch nicht als Kritikerin. Ich hatte ihn schon in der Frühphase der *Stunde* durch mangelndes Lob gekränkt. Ich mag das Buch eigentlich überhaupt nicht. Seine Artikel auch nicht. Wütend und gekränkt hat er sich also ein besseres Publikum gesucht, wie seine Jagd- und Angelkumpanen. Sehr witzige, rührende Szene auf Kuba, E. liest einem erwachsenen, wohlhabenden Pulk halber Analphabeten, der gebannt auf dem Fußboden sitzt, aus der *Stunde* vor.

Ich kann Ihnen also nicht weiterhelfen. Er war

wohl in vielerlei Hinsicht ein Geheimniskrämer – aber das war ein Charakterfehler oder Angst, und ich bezweifle, daß er im Schreiben irgend etwas anderes verbarg als seinen Mangel an Bildung.

Entschuldigen Sie nochmals die Verzögerung. Ich beantworte normalerweise keine Briefe über E., habe allerdings auch etwas gegen die Ungehörigkeit, Briefe zu ignorieren.

Mit freundlichen Grüßen
Martha Gellhorn

An Moshe Pearlman

12. Juli 1976
Comino
Malta

Liebster Moishie; Ich habe nur eine Zeitung gesehen, am 8. Juli, von der ich Teile hier beilege; kenne also nicht die Einzelheiten der israelischen Befreiung in Entebbe, sondern nur das Ereignis an sich. Es ist ein Wunder und eine Freude. Nur Israel besitzt in dieser Entführungsgeschichte den nötigen Mumm, und ich, die ich sonst nicht blutrünstig bin, hätte alle Entführer auf der Stelle erschossen, neben dem Flugzeug, das sie entführt haben. Egal, wer sie sind, welcher politischen Überzeugung auch immer. Und Amin ist natürlich ganz böse, ein irrer Wilder, ein Verhängnis für sein Land; und Gaddafi ist ja wohl auch verrückt. Mein Gott, was für eine Menge mächtiger, gefährlicher Bekloppter frei herumläuft.

Es hat mich furchtbar traurig gestimmt, wie Dich gewiß auch, daß Israel durch widrige Umstände in eine Art Abmachung oder Bündnis mit Südafrika gezwungen wurde. Das ist grundverkehrt, ich gebe Kissinger die Schuld und daß er seiner Eitelkeit zuliebe Israel offensichtlich in einem fort erpreßt, um als der Urheber des Nahostfriedens in die Geschichte einzugehen. Genau wie dieser famose Frieden, den er in Vietnam zustande brachte, was den Krieg noch um Jahre verlängert hat. Was hältst Du von Jimmy Carter? Ich hoffe, er als Bibelnarr ist den Juden wohlgesonnen, schließlich haben sie die Bibel erfunden.

Ich verplempere hier meine Zeit mit einer Orgie der Faulheit, herrlichste Bademöglichkeit, die ich von gewissen karibischen Inseln abgesehen je erlebt habe. Eigentlich sollte ich an einem Buch arbeiten, habe aber noch keinen Strich getan; habe in einem Tag eine Kurzgeschichte geschrieben, ansonsten schwimme ich aber, schlafe, lese Unsinn und esse. Das wäre das reinste Paradies, nur sind die übrigen Gäste Krauts aus Bearleen, die ich nicht ausstehen kann. Nachdem ich Krautland seit Jahrzehnten meide, habe ich vergessen, wie absolut entsetzlich die sind, so laut, Untermenschen, die sich als Besitzer dieses Hotels aufführen, eine Überzahl von 14 zu 1. Aber ich kann ihnen aus dem Weg gehen, was ich auch tue, und mein Gott, das Schwimmen ist unglaublich. Das ist für mich wie für Dich das Skifahren.

Liebster Moish, alles Liebe,
Martha

Nach Anlaufschwierigkeiten verkauften sich sowohl Das Wetter in Afrika *als auch* Reisen mit mir und ihm *gut, vor allem letzteres kam zu einem Zeitpunkt heraus, als man allgemein Geschmack am Reisen fand. Marthas Leben wurde immer besser. Die Phase, die sie »wie Lazarus zwischen den Schatten zugebracht« hatte, von dem Augenblick an, da Sandy in Deutschland vom Militärdienst desertiert war, bis zu Ednas Tod, dem Autounfall und dem Vietnamkrieg, schien nun endlich überwunden. Sie schrieb und nahm auch das Altern gelassener.*

Und nun schien sie, wie sie es spöttisch nannte, »von einer kleinen Meute lustiger junger Männer wiederentdeckt« zu werden. Es waren natürlich nicht ausschließlich Männer – wobei Martha Freundschaften mit Männern stets als lustiger und in gewisser Hinsicht wichtiger empfunden hatte –, aber es waren Schriftsteller, Journalisten, Verleger und Fernsehreporter, die ihre Bücher und Artikel gelesen hatten und sie kennenlernen wollten. Sie brachten ihr, wie sie sagte, »Neuigkeiten aus dem Rialto« mit, von Orten, die sie nicht mehr so ohne weiteres aufsuchen konnte.

Zu diesem Kreis gehörten Mary Blume, Kolumnistin und Autorin der International Herald Tribune, *und John Hatt, Reiseschriftsteller und Gründer von Eland Books. John machte Martha mit der Biographin und Romanschriftstellerin Victoria Glendinning, »meiner ewigen Freundin«, bekannt sowie dem »jungen Mr. Shakespeare«, Nicholas, der bislang zwei Sachbücher geschrieben hatte. James Fox, der Autor von* Weißes Verhängnis, *gehörte ebenso dazu wie viele weitere, die Martha »meine Kumpels« nannte. Bei Partridges kaufte sie für die Abende Essen ein – sie war eine fürchterliche Köchin –, und bis tief in die Nacht erzählten sie Martha über mehreren Gläsern Famous-Grouse-Whisky ihre Lebensgeschichten.*

Als sich Bill Buford, der Herausgeber von Granta, *Martha als Agent, Lektor und Verleger andiente, fühlte sie sich geschmeichelt. Allerdings hatte sie mit dem Verlegtwerden immer Probleme, und Buford und sie waren sehr unterschiedliche Temperamente. So unsicher war sie ihrer eigenen schriftstellerischen Gaben, daß sie Verträge, redaktionelle Eingriffe und Covergestaltung zur Weißglut bringen konnten, und sie wurde wütend, wenn Briefe nicht postwendend beantwortet wurden.*

Etliche von Marthas älteren Freunden waren inzwischen gestorben – George Paloczi-Horvath, Felicia Bernstein, Lucy Moorehead –, und jene, mit denen sie noch in Kontakt war, waren von ihrer Ungeduld und der Umstandslosigkeit, mit der sie zuweilen abgeschoben wurden, konsterniert und gekränkt. Sybille Bedford wurde davon in Kenntnis gesetzt, sie sei sehr langweilig geworden, Leonard Bernstein wurde dafür gegeißelt, daß er seiner Krankheit nicht beherzter begegnete. Doch die Freundschaft zu Diana Cooper blieb eng und innig.

Der Sommer 1983 war der beste, den Martha seit vierzig Jahren in England erlebt hatte. Die Sonne schien zwei Monate lang, und Martha lebte in ihrem Garten in Wales im Badeanzug wie in einem Einfrauenkibbuz, wie sie einer Freundin erzählte.

An George Plimpton

2. August 1980
72 Cadogan Square
London SW1

Lieber Mr. Plimpton: Wo um alles in der Welt schikken Sie Ihre Briefe hin? Mexiko? Afrika? Plötzlich wurde mir klar, daß der zweite dem ersten ins Nirvana gefolgt ist und die Zeit knapp wird, wenn ich zum Ausdruck bringen will, daß Mr. Spender ein Idiot ist. Er war schon immer ein Idiot, aber ein netter, scheuer Idiot. Mit zunehmendem Alter ist er ein aufgeblasener Idiot, was bedauerlich ist. Alle Überzeugungstäter (welcher Überzeugung auch immer) sollten sich zum Kampf gegen die Aufgeblasenheit zusammenschließen …

Jemand könnte ein fesselndes Buch schreiben mit dem Titel Anthologie der Hemingway-Apokryphen, voller Ammenmärchen von großen Namen. Wenn Leute meinen, heller zu erstrahlen, indem sie Begegnungen mit Hemingway erfinden, ist das ihr Problem und geht mich nichts an. Aber ich möchte in diesen Unsinn nicht hineingezogen werden.

Also: 1) Ich habe nicht gewußt, daß Mr. Spender eine erste Frau hatte.

2) Ich war nie mit Mr. Spender und seiner unbekannten ersten Frau in Paris Mittag essen; Hemingway folglich auch nicht. Ich frage mich, ob Mr. Spender je

mit Hemingway irgendwo Mittag essen war; während einer kurzen Begegnung in Spanien wirkten sie nicht entfernt kompatibel. Das ist für keinen von beiden abwertend gemeint.

3) Ich wußte nicht, daß es in Madrid ein Leichenschauhaus gibt, aber wenn ich es mir recht überlege, muß es eins gegeben haben, da es in jeder größeren Stadt eins gibt. Das einzige Leichenschauhaus, das ich je betreten habe, war in Albany, NY, als Volontärin einer Hearst-Zeitung in meiner fernen Jugend. Ich hatte angenommen, daß in Madrid, wo natürlich viele eines unnatürlichen Kriegstods starben, irgend jemand die Toten begräbt.

4) Allein die Vorstellung, daß irgend jemand täglich vor dem Frühstück ein Leichenschauhaus besucht, zeigt, daß Mr. Spender eine komische, kauzige Phantasie hat.

... Es ist riskant, jemandem zu unterstellen, er sei ein Lügner, doch jemandem zu unterstellen, er sei ein alberner Einfaltspinsel, kann nicht schaden.

Mit freundlichen Grüßen

Martha Gellhorn

An George Plimpton

5. September 1980
1 Old Market Street/Usk
Gwent/Wales
vorübergehend

Lieber Mr. P.: Jetzt sind Ihre Briefe und die PR angekommen. Als Sie mir am Telefon von den frühmorgendlichen Besuchen im Madrider Leichenschauhaus erzählten, fand ich das bloß lustig. Dieser ganze Absatz macht mich allerdings erstaunlich ärgerlich. Ich habe die Lügner satt, diese ganze Horde, die sich an dem alten Aas gütlich tut. Ich möchte Ihnen eine bessere Antwort zukommen lassen als die flüchtigen Kommentare in meinem Brief, besser und ausführlicher. Und wie ich sehe, herrscht diesbezüglich keine Eile; man stelle sich vor, aus NYC anzurufen in einer Angelegenheit, die erst in zwei Monaten akut wird. Sie sind offensichtlich verrückt.

Seit wer weiß wie vielen Jahren – na, beinahe 30 sind wohl vergangen, seit Hemingway beschlossen hat, uns zu verlassen – stelle ich mich ohne besondere Überwindung taub. Ich ignoriere die Apokryphen und lese keines der Papa-Bücher. Doch plötzlich wird mir klar, daß ich nicht nur die letzte bin, die den Unterschied zwischen Wahrheit und Lüge kennt, sondern auch diejenige, der man, speziell was Spanien angeht, glauben sollte, weil ich Hemingway nachweislich wirklich gekannt habe. Im Gegensatz zu Spender beispielsweise.

Jetzt habe ich es auch noch mit Miss McCarthy zu tun (was für ein scheußlich strapaziöses Leben), die ich gar nicht persönlich kenne und mit der ich gewiß niemals ein Wochenende auf einer einsamen Insel würde verbringen wollen. Aber sie hat eine Behauptung über Miss Hellman aufgestellt, wird nun auf eine Million oder dergleichen verklagt und schrieb mir, ob ich bezüglich Miss H. in Spanien aussagen würde. Ich habe diese Apokryphen (dieses Wort, unmöglich zu buchstabieren, so leicht auszusprechen) von Miss H. mit Verachtung gelesen und dem Bewußtsein, daß Hemingway und Matthews und Sefton Delmer alle gestorben sind, bevor sie diesen Unsinn auszubreiten wagte und nur ich übrigblieb, eine Frau, die auffallend schweigsam und wohl kaum geneigt war, mit diesem Thema Zeit zu vergeuden. Doch offensichtlich muß ich Miss McC helfen, für eine recht zutreffende Beobachtung nicht eine Million zahlen zu müssen.

Jetzt bin ich also dabei, die Maulhelden, Mythomanen und Leichenfledderer festzunageln, und werde überaus zufrieden sein, wenn diese Beschäftigung mit der PR und Miss McCarthy ein Ende hat.

Ich bin zu dem Schluß gekommen, daß das einzige Sachbuch, dem man von Anfang bis Ende trauen kann, der Weltalmanach ist. Geschichte wird von unendlichen Versionen eines Mr. Spender und einer Miss H.

geschrieben. Deren verblüffende Worte bleiben offiziell erhalten und werden fortan als Tatsachen geglaubt; so wie wir die Geschichte glauben, die wir lesen. Für mich lieber die erfundenen Geschichten; die sind glaubwürdig, müssen sie sein, um Bestand zu haben.

Also. Sobald ich mich dazu durchringen kann, schreibe ich Ihnen einen kleinen Aufsatz, den Sie weit vor Ablauf der zwei Monate bekommen werden.

Ihre

Martha Gellhorn

Brief an *The Times*

23. Juni 1982
72 Cadogan Square
London SW1

Sehr geehrter Herr: Nach dem Sechstagekrieg behauptete Jordanien, Israel habe Krankenhäuser und Flüchtlingslager in der West Bank und in Gaza bombardiert, wobei 25.000 Soldaten und Zivilisten ums Leben gekommen seien. Die Zahl wurde später auf 15.000 nach unten korrigiert. Nach Ende dieses Krieges habe ich drei Wochen lang den Verlauf der Kampfhandlungen nachvollzogen und Beweise für diese schweren Anschuldigungen gesucht. Sämtliche Krankenhäuser und Flüchtlingslager waren unbeschädigt, unberührt; kein Flüchtling war irgendwo verletzt worden oder hatte vor einer Gefahr fliehen müssen. Nur in drei unbewohnten Gebieten der West Bank hatten Kämpfe stattgefunden sowie im Süden von Gaza-Stadt; Dörfer wurden nicht zerstört. Ich nahm arabische Berichte vor Ort, wo immer die israelische Armee durchgekommen war, als gegeben an, auch wenn sich diese Berichte nicht bestätigen ließen. Die Zahl der Toten belief sich am Ende auf 127 Araber und 23 Israelis. Ich schrieb damals, alle Toten seien zu beklagen, aber keiner dürfe zu Propagandazwecken mißbraucht werden. Jetzt behaupten die Medien, bis zu einer Million Menschen seien im Libanon obdachlos geworden, getötet oder verletzt worden. Im letzten Artikel, den ich in der Times gelesen habe, steht, »beinahe 10 000 Menschen« seien ums Leben gekommen. Wer hat die Quellen hierzu hinterfragt? Wer hat Beweise für diese bestürzende Opferzahl? Es ist nicht anzunehmen, daß sich die halbe Million oder die 10 000 Toten alle auf Beirut beziehen, wo eine Überprüfung unmöglich ist. So viele Menschen können nicht, tot oder lebendig, einfach verschwinden. Minutiöse Recherche ist für seriösen Journalismus unerläßlich. Ich würde sagen, daß Israel wieder einmal aufgrund kruder Propaganda am Pranger steht. Ich würde außerdem sagen, daß eine Staatsgrenze unbestritten souveränes Territorium markiert und kein Land fortgesetzte Angriffe über seine Grenzen hinweg dulden würde. Warum ist es angemessen für Großbritannien, aber niederträchtig und unangemessen für Israel, sein souveränes Staatsgebiet zu schützen?

Mit freundlichen Grüßen,
Martha Gellhorn

An Betsy Drake

17. Januar 1983
72 Cadogan Square
London SW1

Liebe Betsy; Du nimmst Deine Gefühle sehr ernst; Du gibst Dich Gefühlen hin, die ständig und sattsam mit Deiner Reaktion auf Menschen und Ereignisse zu tun haben. Du hast nicht die geringste Ahnung von den Gefühlen anderer – was Du bei ihnen auslöst. Du erfindest Schwierigkeiten, Du kritisierst ohne Grund oder aus banalem Anlaß, und Du analysierst Menschen, ohne sie wirklich zu kennen. Es kommt Dir gar nicht in den Sinn, daß dies für andere eine entsetzliche Belastung ist; nicht Freundschaft, sondern Gefühlstyrannei.

... Gefühlstyrannei, Betsy. Die Regel, Deine Regel, lautet: bitte Vorsicht, um Himmels willen, sonst werden meine Gefühle verletzt. Das ist unglaublich, blödsinnig, mühsam nervtötend. Deine Gefühle seien Dir gegönnt, nur die einzige Art, damit umzugehen, ist: die Menschen zu meiden, die Dir zu nahetreten, und den Rest der Welt so zu nehmen, wie er ist, wie die Welt ist, denn die Menschen haben schon genug echte Probleme, auch ohne die Probleme, die Du fabrizierst.

Du hast keine Ahnung, weshalb ich nicht mehr mit Dir reisen will. Weil Du Dich trotz aller Gefühligkeit nicht selbst erkennst: eine Frau, die schmollt, sobald etwas nicht nach Wunsch läuft, die unzählige zwingende Bedürfnisse hat, die gar nicht so elementar sind, aber für Dich zwingend, die bei Laune gehalten werden muß, weil sonst Himmel noch mal der Karren im Dreck steckt.

Freundschaft ist unterhaltsam und eine lockere Gesellschaft, bei der jeder jedem hilft. Nicht Seelenbeschau (Deiner Seele, wohlgemerkt), und so wütend wie jetzt war ich noch nie. Diesen Unsinn und diese Tyrannei lasse ich mir nicht bieten. Ich habe sie mir noch von niemandem bieten lassen und von Dir auch nicht. Werd endlich erwachsen.

Deine

M

An Gip Wells

26. April 1983
Catscradle
Gwent

Lieber Gip; Ihre Handschrift erinnert mich an die winzige, ordentliche Schrift Ihres Herrn Papa.

Also: Alle Frauen wissen, daß alle Männer albern und eitel sind, aber dieser Versuch von Wells schlägt dem Faß den Boden aus. Bedenken Sie: Ich war 26 oder 27, als ich ihn kennenlernte; er war so alt wie mein Vater und körperlich, da werden Sie mir recht geben, keine umwerfende Erscheinung. Ich hatte eine Fülle attraktiver junger Männer zur Hand und habe mich nie zu Männern hingezogen gefühlt, die kleiner sind als ich. Das muß daran liegen, daß ich einen großen Vater hatte, große Brüder und selbst groß bin. Ich überragte Wells. Er war amüsant, wenn er nicht gerade intellektuell aufdringlich war, und ich mochte ihn sehr, aber der Rest ist Quatsch. Er benutzte mich, um Moura [Budberg] zu ärgern, und ist dann vielleicht seiner eigenen Version aufgesessen. Moura, die eine lebenslange Freundin wurde, erzählte mir, Wells habe ihr gegenüber verkündet, daß »ich sie (also mich) nun nicht mehr nehme«. Denkwürdiger Satz, bei dem es mich geschüttelt hat vor Lachen. Aber das war der ganze Sinn und Zweck, Moura in Rage zu versetzen oder eifersüchtig zu machen oder zu bestrafen, ich weiß nicht genau.

Er lud sich selbst nach Connecticut ein und brachte mich fast um den Verstand, indem er mindestens 10 Stunden am Tag redete, während ich ein Buch zu schreiben versuchte. Schließlich schickte ich heimlich ein Telegramm an Charlie Chaplin, den ich natürlich gar nicht kannte, um ihm mitzuteilen, Wells sei in Conn. und würde wohl gern nach Hollywood kommen; und so wurde er meinem geliehenen Landhaus entwunden.

Wells war irgendwie ein bißchen in mich verliebt und hat mir einmal die Ehe angetragen. Ich glaube, er wäre entsetzt gewesen, hätte ich ihn nicht sanft und höflich darauf hingewiesen, daß es ziemlich komisch aussehen würde und keine so gute Idee sei. Ich möchte Ihnen sagen, ich hätte eher den Pazifik durchschwommen, als mich über bloße Freundschaft hinaus mit ihm einzulassen, und auch davon nicht zuviel. Er war sehr aufdringlich, sagte dauernd, ich solle Naturwissenschaften studieren, und dabei hatte ich gerade angefangen, mein Leben nach Bryn Mawr zu genießen.

Ich bin eine Fußnote der Geschichte, ein flüchtiger Hinweis in anderer Leute Bücher und Briefen; und jedes Mal ist es entweder faktisch falsch oder die reinste Mär. Das bin ich ziemlich leid, und ich will in dieser irrwitzigen Version nicht als Verrückte dastehen – und frage mich auch, ob Sie Wells mit der Veröffentlichung dieses Buches einen Gefallen tun –, jedenfalls, ganz und gar ohne meine Erwähnung. Das werde ich nicht hinnehmen. Hat Wells übrigens meine Briefe aufbewahrt? Dann würden Sie sehen, daß es keine Liebesbriefe sind; liebevolle Briefe vielleicht, aber mehr nicht. Wie eingebildet er klingt. Man stelle sich vor, daß er an Moura schreibt: »Entweder triffst Du Dich mit mir in Southampton als Zeichen Deiner vollständigen Unterwerfung ...« Erstaunlich, daß sie überhaupt noch mit ihm geredet hat. Er schreibt auch: »Moura nahm ihre Anwesenheit gleichmütig hin ...« Meine in London und auch nicht für drei Wochen. Natürlich tat Moura das; sie war ja nicht dumm, sie wußte ganz genau, daß Wells mit ihr spielte und zwischen uns nicht mehr als Freundschaft bestand. Es war lustig, denn jeden Abend ging ich fast die ganze Nacht mit jungen Männern aus meinem Bekanntenkreis tanzen und mußte im Morgengrauen aufstehen, weil Wells darauf bestand, mit mir zu frühstücken. Mühsam.

So ist es jedenfalls, Gip, und ich wünschte, ich hätte dies nicht gesehen, weil es mir Wells unsympathisch macht, ich hatte zarte Erinnerungen an ihn und traurige, an das Ende seines Lebens im Krieg.

Ich stelle mir vor, daß Sie netter sind als Ihr Vater. Ich hoffe, Sie sind glücklich. Meinen Sie, er war es?

Viele Grüße,

Martha

An Betsy Drake

13. September 1983
Catscradle
Gwent

Liebe Betsy; Erlaube mir, als einer, die selbige bereits durchlaufen hat, Dich vor den Sechzigern zu warnen. Es ist ein schwieriges Alter. Weder Fisch noch Fleisch. Ich vertrete die These, daß es sich um die zweite Pubertät handelt, die wie die erste je nach Temperament anhält. (Manche überwinden ihre erste Pubertät ja nie.) Die erste Pubertät ist ein Übergang zum Erwachsensein; die zweite zum Alter. Ich habe meine Sechziger mit destruktiver Ruhelosigkeit vergeudet, mit dem Bemühen, mich irgendwie in meinem Leben und meiner Haut einzurichten. Sehr dumm. Ich hoffe, Du vermeidest das.

Ich möchte mit meinem Garten prahlen. Ich habe viel zu viele Tomaten, habe noch immer zwei riesige Gurken an Ranken (12 an einer Pflanze), drei reifende, entzückende kleine Melonen und noch eine vierte, wenn es nicht zu kalt wird; Petersilie und Dill; zu viel Salat; gerade den letzten Spinat geerntet (und eingefroren); außerdem Karotten und Zucchini noch im Werden. Der Sturm, der den Sommer in nur einem Tag beendet hat, hat meine spektakuläre Maisausbeute weggeblasen, die nun, hochgebunden, vielleicht noch überlebt; aber 4 Kolben pro Strunk ist phantastisch, und ich habe schon welche gegessen, sie sind köstlich. Erdbeerbeet wird nächstes Jahr noch größer, und bis dahin ist auch der Spargel soweit. Ist das nicht großartig?

Nein, ich werde Dir dieses schreckliche Hemingway-Frauen-Buch nicht schicken, es ist zu dick für einen Umschlag, und Papier und Bindfaden zu kaufen und ein Päckchen zu schnüren ist mir zu umständlich. Es ist sowieso grausig, aber wenn ich so über die anderen Frauen lese, ist mir schleierhaft, wieso nicht eine von uns, besonders Mary, diesen Dreckskerl erschossen hat. Solltest Du jemals auf den Gedanken kommen, den schlimmsten Schweinehund der Welt geheiratet zu haben, irrst Du Dich. Das war ich. Aber wenn Kert richtig und gründlich recherchiert hat, hat E. H. insgesamt mit 4 Frauen geschlafen, seinen Ehefrauen, und während Paulines Herrschaft vielleicht noch einer 5ten. Wenn es noch andere gegeben hat, waren es Huren, was er vehement abgestritten hätte. Ich glaube, daß es stimmt und erklärt, wieso er ein so miserabler Liebhaber war – *Wham bam thank you maam*, oder vielleicht auch nur *Wham bam*. Keine Erfahrung. Zwei jungfräuliche Ehefrauen vor mir, und ich habe mich nicht beschwert, weil ich dachte, es wäre meine Schuld, daß ich nirgendwo hinkomme. Der große Sexredner und -schreiber muß genaugenommen eine Heidenangst vor Frauen gehabt haben. Interessant. Ich hoffe, ich höre nie wieder etwas über ihn; dies ist das erste und letzte Buch, das ich je über ihn lesen werde. Ich will mit alledem nichts zu tun haben.

... Betsy, wenn die Welt durchhält, wirst du irgendwann so alt sein wie ich. Ich will Dir sagen, es ist in Ordnung. Das ist nicht das Pfeifen im dunklen Wald. Ich war noch nie zufriedener und dankbarer für alles. Vergeude also nicht Deine Zeit damit, Dir die Sechziger schwerzumachen; lebe sie einfach so vernünftig wie möglich. Sie sind nicht Deine letzte Chance.

Deine

M

PS Sybille kränkelt, seit ich sie kenne, 35 Jahre sind es wohl. Sie wird mich bestimmt überleben. Bitte bemühe Dich nicht und vermittle nicht zwischen uns. Sybille braucht mich nicht; ich war ihr von immensem Nutzen, als sie mich brauchte, und habe mein Soll erfüllt.

An Robert Presnell

23. Mai 1986
[Catscradle
Gwent]

Mein liebster P: Ich habe gerade meine Pflichtbriefe hinter mich gebracht: 1) an einen Mann, der etwas über Otto Katz in der Zeit des Spanischen Bürgerkriegs wissen will, einen treuen Kommunisten, der nach dem Prager Prozeß wegen Hochverrats hingerichtet wurde. (Der Stalinismus war kannibalisch.) 2) Ein Mann, der etwas über Lillian Hellman wissen will. Ich glaube, ich bekomme so viele Anfragen dieser Art, weil ich praktisch als einzige noch übrig bin. Eine sehr merkwürdige Position. Es ist ein Jammer, daß ich nie ein Gedächtnis hatte und sowohl gelangweilt als auch unfähig bin, ich kann diesen schlafmützig klingenden Suchern nach der historischen Wahrheit nicht helfen.

25. Mai; die Zeit schreitet voran ... Ich habe mir im Fernsehen die Berichte über den letzten Tag der Sport-Aid-Woche angesehen, Laufen gegen die Zeit, rund um den Globus. Bob Geldof ist mein Held, und meine Bewunderung für ihn gefällt mir deswegen so besonders, weil er ein neuer Typ Held ist. Zunächst brachten ein BBC-Reporter und ein Kameramann den Bericht von der Hungerkatastrophe in Äthiopien. Das hat kaum jemanden interessiert. Wie denn auch? Denk

doch mal, was wir die ganze Zeit zu sehen bekommen. Ich habe noch kaum die Schädel und Knochen von Kambodscha verkraftet, die Herrschaft von Pol Pot. Aber der junge Mr. Geldof, der sich nie die Haare wäscht, war entsetzt ... Ich liebe diesen jungen Mann. Er spricht mit irischem Arbeiterakzent, und folgendes hat er gesagt: »Ich finde, so was sollte man nicht einem Popmusiker überlassen, warum machen die Politiker nichts?« Mrs. Thatcher empfing ihn mit ihrem üblichen herablassenden Gurren (ich bin wirklich ein Snob, ich kann diese Ladenschwengelfrau nicht ausstehen) und sagte, das sei ja wirklich alles entsetzlich, aber die Regierung könne da nichts machen, und Bob Geldof fragte sie schlicht und ergreifend in die Kamera hinein: »Warum nicht?« Folglich wurde er hier nicht geehrt, dafür haben sie einen kriecherischen TV-Moderator zum Ritter geschlagen. Heute hat er zu rund 200 000 Menschen gesprochen, die im Hyde Park auf ihren Lauf warteten, und zum Schluß sagte er: »Ihr *könnt* die Welt, in der ihr lebt, beeinflussen.« Ach, P. Gelobt seien er und alle, die ihn bewundern und ihm nacheifern ... das einzige Problem ist: Alle, die uns regieren, sind hoffnungslos und scheren sich nicht um uns, und wir finden keine Guten, die wir wählen könnten.

Ich hänge ziemlich durch und weiß nicht genau, weshalb. Nicht körperlich. Nicht beruflich, denn ich bin zu alt, um mich zu grämen, obwohl es peinlich wäre, wenn nichts von dem, was ich in letzter Zeit geschrieben habe –, eine Geschichte über die Seychellen und 3 kleine Kurzgeschichten –, einen Käufer findet. Ich weiß nicht, was es ist. Freudlos. Mein Haus ist bezaubernd. Ich habe keine finanziellen Sorgen. Natürlich habe ich die übliche, unvermeidliche Langeweile der Alltagsbewältigung, diese Aufgaben, die einem keiner abnimmt und die ermüdend sind, zeitaufwendig und sich ständig wiederholen. Aber wer hat die nicht? Also, was ist es?

Die Welt hat einen Zustand derartiger Wahnwitzigkeit und Dummheit erreicht, daß ich mich darauf gar nicht konzentrieren kann. Ich glaube nicht, daß Mrs. Thatcher uns noch einmal beehren wird, aber sie hinterläßt nur Trümmer; ich meine, das Land befindet sich im Siechtum. Bald zieht es ungefähr mit Portugal gleich.

Deine

M

PS: Ich habe mich mit Lenny getroffen; er war eine Woche hier zum sogenannten Bernstein-Festival. Ich habe ihm einen Brief geschrieben, der unsere langjährige Beziehung beenden wird. Ich habe ihm gesagt, er sei stets ein amüsanter Unterhalter, aber kein Freund, kein Vertrauter, weil er nie zuhöre, es gebe keinen Dialog.

An Victoria Glendinning

30. September 1987
Catscradle
Gwent

Liebe Victoria; Es ist 20.10, und ich habe entweder alles getan, um diese Bleibe für zwei Monate winterfest zu machen, oder auch nicht, auf jeden Fall erledigt. Zeit zum Plaudern. Der beste Grund für Briefe; wie ich das Telefon hasse. Und ich habe seit Januar so gut wie keine Briefe geschrieben, also ist das Briefeschreiben jetzt besonders köstlich, wie ein Marsriegel.

Weitere Gedanken: *flâner* ist das beste französische Verb. Es ist ein Bedürfnis nach Beschäftigung, im Sitzen oder in Bewegung. Früher habe ich mich entsetzlich darum gesorgt, Zeit zu vergeuden, weil ich mich unterm Strich als faul empfand (was ich auch bin) und meine Zeitvergeudung außerdem als Beweis eines zweitklassigen Gehirns (das ich auch habe). Vielleicht fand ich es auch sündhaft, weil so genußreich. Heute halte ich es für so notwendig wie die Einsamkeit; so wächst der Komposthaufen der Gedanken. Jedenfalls gedenke ich den Rest meines Lebens mit Zeitvergeudung zuzubringen.

Du verblüffst mich: daß Du nie allein gewesen bist. Doch die Stunden des Schreibens waren allein, vielleicht hat das ausgereicht. Meine Mutter hat einmal, als ich etwa 40 war, beiläufig gesagt, man solle in jungen Jahren gut auf seinen Charakter achtgeben, denn der präge sich im Alter nur noch stärker aus. Ich antwortete verbittert, das hätte sie mir früher sagen sollen; aber ich weiß, daß sie recht hat. Von einem ungeselligen Kind zu einer Frau, die die meiste Zeit allein sein muß. Mein Problem ist schon immer gewesen, daß ich alles höre, was die Menschen sagen, und das meiste mich rasend macht. Eine Freundin, die in Londons Grandenzirkeln als vorzügliche Gesprächspartnerin gilt, hat überhaupt nie zugehört und auch selten gesprochen; sie lauschte mit aufmerksamen braunen Augen, derweil sie an Tapeten, Kleidung und ihre nächste Dinnerparty, Rechnungen und dergleichen dachte. Wirklich zünftig Zeit verschwenden kann man wohl nur allein?

Leidenschaftliche Ordnung: Ich bin immer überaus ordentlich gewesen und weiß auch, warum. Die Unordnung in meinem Kopf ist so groß, daß ich bei zusätzlicher äußerer Unordnung an die Decke gehe. Wenn man bedenkt, wieviel Zeit ich in Kriegen zugebracht habe, die auch sehr unordentlich sind, ist auch das seltsam. Ich kann nicht die Übersicht über Papiere oder wertvollen Besitz behalten, vielleicht weil ich beides verabscheue, doch eben gerade, zur Feier der abgeschlossenen Arbeit, habe ich diesen Schreibtisch aufgeräumt: 4 Papierkörbe voll weggeschmissen und ein wunderbares Gefühl von Leichtigkeit und Ordnung. Aus der Verwechslung dieses Gefühls mit der *res publica* entstehen, glaube ich, Reaktionäre. Was Rebecca betrifft, ist das wichtigste: Sie war eine wunderbare Schriftstellerin. Meiner Meinung nach (das ist nicht freundlich gegenüber Deinem Metier) werden Schriftsteller herabgesetzt, wenn man ihr Leben öffentlich macht: Sie sollten nur durch ihr Werk bekannt sein … Und ich habe nichts Wichtiges zu sagen, nur Plauderei mit Kumpanen, wenn mir der Sinn danach steht. Dieses letzte Buch, an dem ich gearbeitet habe, 50 Jahre Artikel aus Friedenszeiten mit Kommentaren zu jedem Jahrzehnt, sowie meine Kriegsberichterstattungen und meine Geschichten, das ist das einzig Wichtige, was ich zu sagen habe. Mein Selbstzeugnis sozusagen; nicht, daß ich meine, die Welt hinge davon ab …

Dieser Gip Wells. Er hat mir gezeigt, was Wells geschrieben hat, und anscheinend hat Wells meine Briefe aufgehoben. Ich kenne meine Liebesbriefe. Ich habe Gip auch gesagt, sein Papa habe sein Andenken für mich zerstört, indem er mich als Geliebte vereinnahmte. Weshalb zum Teufel sollte ich mit einem kleinen alten Mann schlafen, wenn ich jede Menge große, schöne junge Männer haben konnte? Meine Briefe, die Gip mir geschickt hat, sind gut, amüsant – ich habe Briefe geschrieben, statt mich zu verabreden, wie jetzt auch; und vor allem während der Ehe, weil ich da am einsamsten war. Gip mußte zugeben, daß es keine Liebesbriefe waren. Ich fand es widerlich, daß Wells meinte, mich als Trophäe hinzufügen zu müssen, und habe nicht mitgespielt. Warum sollte ich, die ich nie irgend jemandes Schattengeliebte war – diese Anmaßung macht mich gallig. Gip hat von irgendeiner US-Universität Geld bekommen, und Wells ist für mich zu einem schmierigen Knochen geworden, weil er das alles gedruckt sehen wollte. Zuvor hatte ich ihn eher für einen Langweiler gehalten, aber aufrichtig; und ich konnte ihm über meine endlose Beschäftigung mit der Geschichte unserer Zeit schreiben. Heutzutage, da fast alle tot sind, finde ich kaum mehr jemanden, dem ich schreiben kann, wenn die Nachrichten mich vor Wut, Kummer oder beidem zu ersticken drohen.

Zeit für die 9-Uhr-Nachrichten. Keine Sorge, Du wirst nicht mit Briefen überschwemmt werden. Es ist einfach nur alles so ordentlich und fertig, daß ich nun üppig Zeit zur Verfügung habe, Plauderzeit. Ich habe schon jetzt Heimweh nach meinen Katzen.

Ich werde bis zum 7. Okt. in London sein, dann noch einmal vom 21. Okt. bis zum 19. Nov., das ist meine Zeit (London), zur menschlichen Spezies aufzuschließen. Ruf an, ich stehe im Telefonbuch, komm jederzeit, um mit mir zu rauchen und zu trinken. Ich habe jetzt reichlich Zeit.

Deine wortreiche neue Freundin
Martha

An Nicholas Shakespeare

17. November 1987
72 Cadogan Square
London SW1

Süßer Shakespeare; Das war reizend von Dir und eine große Mühe, und es hat mich zutiefst beeindruckt, wie Du so ein köstliches, feudales Mahl aus dem Hut gezaubert hast. Mich hätte die Organisation eine Woche und einen Nervenzusammenbruch gekostet. Ich finde, Männer machen sich enorm, und ich ärgere mich, daß ich die unfähige Chauvinistenschwein-Generation abgekriegt habe (auch wenn weder wir noch die sie so hätten benennen können). Die jungen Frauen heutzutage haben keinen Vergleich und wissen deshalb gar nicht, wie gut sie es haben.

Es war ein wunderschöner Abend, ich danke Dir dafür.

Jetzt weiß ich, wieso Vargas Llosa nicht so ist, wie ich erwartet hatte, die ganze Nacht und den Morgen habe ich gebraucht, um dahinterzukommen. Ich hatte einen Hitzkopf erwartet; Anzeichen von Hitzigkeit. Vage? Das kommt von seinem Buch, das, wie gesagt, so gewaltig und heftig und bewegend und gut ist wie Dostojewskij. Vor Dostojewskij würde man wahrscheinlich Reißaus nehmen; er muß, wenn er nicht gerade Geld schnorrte, einen starken Geruch nach Wahnsinn verströmt haben. Doch V. L. ist/scheint ein ganz und gar kontrollierter höflicher kultivierter Mann und könnte als praktisch alles durchgehen außer als Schriftsteller. Andererseits, wie sind denn Schriftsteller? Ich kenne nur wenige, vielleicht gar keinen.

Ich gehe jetzt Knoblauch kaufen. Ich fühle mich ganz furchtbar, nun schon seit anderthalb Monaten. Die Ärzteschaft hat ihr Bestes getan, vergeblich: jetzt Knoblauch.

Komm und trink ein Glas mit mir und iß ein Spiegelei, wenn ich aus den verschneiten USA zurück bin.

Grüße,

Martha

1988 wurde Martha achtzig. Obwohl sie eisern entschlossen war, fit und aktiv zu bleiben, sich zu Sport und Diäten zwang, um das Gewicht zu halten, das sie in ihren Zwanzigern gehabt hatte, verschlechterte sich ihr Gesundheitszustand. Ein Fleck auf ihrer Nase stellte sich als Krebs heraus, und sie mußte sich einer schmerzhaften Behandlung unterziehen. Rücken- und Nackenschmerzen hielt sie durch tägliches Laufen und Schwimmen in ihrem Swimmingpool in Catscradle in Schach. Sie klagte selten. Dieses Prinzip der Tapferkeit, das ihr Leben bestimmt hatte, bewahrte sie auch davor, sich von einer Gewalttat, die ihr im Haus ihrer Freunde Ruth und Sol Rabb in Nyali im Frühjahr 1988 widerfuhr, überwältigen zu lassen.

Der Tod von Moshe Pearlman, Robert Presnell und Diana Cooper machte ihr außerdem schwer zu schaffen. »Ich fühle mich wie eine Überlebende auf einem Floß«, schrieb sie an Sandy Matthews. »Furchtbar, wie ein einsames antikes Monument, ein kleines menschliches Stonehenge.«

Die Politik, die das Menschsein »verhängnisvoll, erbarmungslos« prägte, trieb sie noch immer um, und sie blickte pessimistisch in die Zukunft, fürchtete wie Santayana, daß die Spezies, unfähig, von der Geschichte zu lernen, dazu verdammt war, dieselben Fehler zu wiederholen. »Nichts erscheint mir hier rational.« Selbst mit Achtzig empfand sie es als ihre Pflicht, »Gerechtigkeit und Ungerechtigkeit im Auge zu behalten«. Helden – Gorbatschow, Mandela – und Bösewichte – Kissinger, Reagan, Mrs. Thatcher – beschäftigten sie.

An Ruth und Sol Rabb

7. März 1988
Nyali
Mombasa

Ihr Lieben: Hört gut zu; es ist wichtig. Mein großes Glück hier, unser himmlischer gemeinsamer Urlaub, dieser wunderschöne Ort dürfen nicht – in keiner Weise, nicht eine Minute – von dem häßlichen Ereignis auf der Treppe besudelt und verdorben werden. Frauen werden seit Anbeginn der Welt, überall auf der Erde vergewaltigt. Letztes Jahr, erinnere ich mich, habe ich von zwei alten Schwestern gelesen, viel älter als ich, und zwei kleinen Mädchen im Alter von acht und neun, die vergewaltigt und ermordet wurden. Daß ich in diesen Fall verwickelt bin, hebt ihn nicht heraus. Ich bin sogar noch glimpflich davongekommen. Zwei Mal war mir angst, aber Sprengstoff finde ich weitaus beängstigender. Angst richtet nur Schaden an, wenn man sich davon verbiegen und einschränken läßt, was ich gewiß nicht vorhabe.

Dr. Mohammed hat mir heute eine Tetanusspritze gegeben (und gestern Antibiotika, die ich vorsorglich 4mal am Tag nehmen soll). Meine diversen Schrammen und Schnitte, von einer neuen Ladung Jod durchtränkt, werden in ein paar Tagen heilen. Ich hatte mir bei Deacons einen fiesen kleinen, dunkelblauen Bikini gekauft, der Kühle wegen. Ich hoffe, davon dreht sich

Alex nicht der Magen um; mir wölbt er sich darüber. Aber nun ist er ganz praktisch, weil er das ganze Potpourri an überflüssigen Verletzungen frei läßt, so daß man sie leicht sehen, mit Jod bedecken und der Luft aussetzen kann. Morgen erfahre ich, ob ein appetitlicher Tripper dabei rausgekommen ist; und in 2–3 Wochen (anscheinend geht's nicht früher) eine Blutuntersuchung in London. Dr. Mohammed, der Hotelarzt, ist nett, aber grausam ungeschickt. Schwarze Komödie (stets präsent), er hat mir mehr weh getan als alles andere, bei seiner Untersuchung gestern nacht und dem Abstrich heute; so heftig, daß ich ohne große Hoffnung Schmerztabletten schlucke, um mich von Dr. Mohammed zu erholen.

Soviel dazu.

Die Vorstellung (von der mir Ruth gestern am Telefon erzählte), Ihr wärt »irgendwie dafür verantwortlich«, ist komplett irrsinnig, und ich verlange, daß Ihr Euch diesen Unsinn kleingehackt an den Hut steckt. Ist das klar?

Ich habe vor, das Kapitel über Mrs. Farnham zu beenden. Ich möchte mich jede Minute meiner wenigen verbliebenen Tage der Sonne, der Hitze, dem Mond und den Sternen, dem Blick, der Entspannung und den Freuden des Lebens widmen. Ihr könnt Euch gar nicht vorstellen, wie sehr mir vor London graut: dem Wetter, der vielen Kleidung, all den Pflichten. Am schlimmsten vielleicht letzterem. Die Fron meines Lebens ist mir zu anstrengend geworden; der ganze Papierkram allein macht mich schon wahnsinnig, von den täglichen Verrichtungen ganz zu schweigen. Und ich weiß, daß ich keine weiteren 5 Jahre in diesem Klima überleben werden, aber mir wird ganz flau bei der Aussicht auf Haussuche in Spanien.

Ich habe nur noch einen Thriller übrig; der Rest sind ernste Bücher, und es ist verdammt noch mal einer, den ich schon gelesen habe und der so gut ist, daß ich mich an ihn erinnere; werde ihn trotzdem lesen. Geistige Entspannung. Der Mond ist sehr schön, ich werde kräftig trinken und dann schwimmen; dann essen, kein Hunger, dann lesen; und die Tage verfliegen zu meinem Bedauern, und es dräut das richtige Leben.

Immer Eure

Martha

An Betsy Drake

25. April 1988
72 Cadogan Square
London SW1

Liebste Betsy; Vielen Dank für den Primo Levi. Ich habe ihn unter Tränen gelesen. Wir alle haben diesen guten, bedeutenden Mann im Stich gelassen. Wir hätten ihm täglich schreiben müssen, daß seine Stimme schön und wichtig ist und gehört wird. Ich bin überzeugt, daß er sich vor Verzweiflung das Leben nahm; alles ist genauso grausam und blind wie immer, keiner lernt, nichts ändert sich. Ich mag gar nicht an sein Gefühl des Scheiterns und an seine Einsamkeit denken. Er schreibt wie ein Engel, es kann keine größere Klarheit und Gerechtigkeit geben als in seinem Denken und Schreiben. Ich empfinde Schuld ihm gegenüber, gepaart mit einer unbezahlbaren Dankbarkeit.

Ein leuchtender Geist. Das war er.

Deine

M

An Leonard Bernstein

13. Oktober 1989
[Catscradle
Gwent]

Liebster Lennypot; Zuallererst mußt Du von diesen Krebsschmerzmitteln runter. Ich kenne mich aus mit denen, mir wurden sie in Perth, Australien, verordnet, wo ich mir eine mörderische Ohrentzündung geholt hatte, ein Geschwür im Kanal meines kaputten rechten Ohrs. Ich wollte nicht ins Krankenhaus, wo man mir Morphium gegeben hätte, also nahm ich diese Tabletten. Eine Weile mußte es sein, weil sich mir eine schartige Klinge in den Schädel bohrte, Ohrenschmerzen sind sehr speziell; doch bald mußte ich feststellen, daß ich nicht mehr laufen konnte, nur noch ein bißchen schlurfen, nicht denken und nur im Dämmer herumliegen und gelegentlich eine Seite von einem Thriller lesen konnte. Derselbe Zustand, in dem Du Dich befindest. Ich kann es nicht haben, wenn man aufgibt, jedenfalls nicht, solange es noch etwas zu tun gibt, also ließ ich mir Mengen Vitamin B spritzen und Elektrophysiotherapie verabreichen, wo einem Strom durch die Beine gejagt wird und die beinahe toten Muskeln herumhüpfen wie Kugellager. Binnen zwei Wochen war ich einsatzfähig. Also hör zu, erstens hast Du keine Dauerschmerzen, daher solltest Du die Tabletten umgehend absetzen. Zweitens, bei einer wirklich heftigen Schmerzattacke nimmst Du ein VIEL schwächeres Schmerzmittel oder läßt Dir Morphium spritzen. Aber nimm diese Tabletten NICHT weiter. Ich halte sie für mehr als körperschädigend; sie schädigen möglicherweise auch das Gehirn. Also fang jetzt mit Vitaminspritzen und Elektrophysiotherapie an. Du mußt laufen, und Du mußt lesen. Du kannst nicht herumliegen wie trauriges Gemüse. Und Du stirbst jetzt auch nicht, und Du kannst Dich auch nicht aus dem Staub machen, bevor ich zurückkomme und wir das Für und Wider sorgfältig durchgesprochen haben. Doch erst mal mußt Du Dich selbst am Riemen reißen; und in eine halbwegs menschliche Gestalt zurückfinden.

Es erscheint mir mehr als wahrscheinlich, daß die Ärzteschaft Dir stärker zugesetzt hat, als es ohne sie der Fall gewesen wäre. Aber das ist Schnee von gestern. Du kannst ohne weiteres mit einer Lunge leben. Einer Freundin von mir wurde mit 22 (wegen Tbc) eine Lunge entfernt; sie ist jetzt Mitte Siebzig und ist ihr Leben lang Ski gefahren, geschwommen und mit Mordsenergie durch die Welt gereist. Na gut, Du hast Raubbau getrieben mit Deiner Gesundheit, und die Rechnung war irgendwann fällig. Ich will, daß Du aufhörst, Dich selbst zu bemitleiden, das ist unwürdig und blamabel, raff Dich auf, ein paar Schmerzen auf Dich zu nehmen (komm schon, das tun andere auch, Du hast schon Schlimmeres gesehen als Deine Krankheit) und wieder vernünftig in Bewegung zu kommen. Wenn Du dann meinst, Du kannst nicht leben ohne den Applaus von Millionen, meinetwegen – aber das müssen wir besprechen, wenn Du möglichst gut in Form bist.

Ich kenne mich aus mit Schmerzen, Lennypot, ich weiß, daß sie schlecht sind für den Menschen und einem die Lebensgeister rauben, aber was ist mit Tapferkeit, wozu ist die da, wenn nicht für Notfälle?

Ich will Dich anders vorfinden, wenn ich zurückkomme; jetzt ist der Wille gefragt und der Stolz. Nicht die Eitelkeit, davon hast Du schon viel zuviel; das hier ist etwas anderes, Stolz. Und halte Dir all diese wohlmeinenden Menschen vom Leib, Du brauchst kein Mitgefühl, Du brauchst jemanden, der Dir sagt, daß Du Dich zusammenreißen sollst, denn seit wann bist Du das erbärmlichste Wesen auf Gottes Erde. Das bist Du nicht. Ich glaube sowieso nicht, daß Du Krebs hast. Ich glaube, Du hattest Ärzte. Deine

Marty

PS Hier ist es wunderschön.

An James Fox

27. Oktober 1989
Catscradle
Gwent

Liebster alles Jamese;

… Ich habe Dir wohl erzählt, mein Geburtstag sei der 7. Nov. – hochinteressant, das ist der Geburtstag meines Vaters; meiner ist der 8te. Der 7te ist der Tag der Russischen Revolution, der 11te ist Waffenstillstandstag; wir Skorpione gehören in eine turbulente Zeit. Ich fühle mich gerade selbst wie eine zertretene Raupe. Tieftrüb. Ich bin dabei, die London Review of Books zu abonnieren, weil sie eine Aufforderung geschickt haben und Du sie doch gelobt hast; aber warum rezensieren sie mein Buch nicht? Warum ist dieses Buch einfach untergegangen? Warum passiert das mit all meinen Büchern? Woran liegt das? Ich glaube, ich war nie Literatin genug. Gestern abend habe ich die sechs Finalisten für den Booker Prize über ihre nominierten Bücher reden hören; das hätte ich nicht gekonnt, nicht für Geld, nicht für Ruhm. Ich beherrsche das Vokabular nicht. Macht das meine Bücher bedeutungslos?

Hast Du meinen Kriegsroman, den ich Dir gegeben habe, gelesen oder reingeguckt? Deine Meinung wäre mir so wichtig. Vielleicht sind meine Geschichten unbekannt, weil zu düster, aber das sind sie gar nicht, nicht alle. Ich habe zwei wirklich komische Bücher geschrieben, und was ist mit den Kurzgeschichten. Es scheint, als würde ich in Deutschland groß rauskommen, ausgerechnet in dem Land, das ich am meisten verabscheue. Ich fühle mich verloren, die ganze Arbeit mißachtet, als wäre sie wertlos.

Hier ist es wunderbar, wenn man sich von der Vorstellung verabschiedet, sich draußen aufzuhalten, und mir macht das nicht mehr viel aus. Das Haus ist sehr warm (stickig nach hiesigen Maßstäben) und natürlich herrlich bequem, da es für mich und die Katzen ausgelegt ist. Ich genieße die freie Zeit, wobei es immer viele lästige Pflichten in Form von Papierkram zu erledigen gibt. Die Augiasställe waren nicht mit Mist gefüllt, sondern mit Papieren. Und ich fühle mich allmählich besser, wenn auch leblos, ohne Energie. Doch so trübe, so tieftrübe.

Zum ersten Mal in diesem Jahr wird mir klar, daß ich sehr alt bin, teils dank schlechter Gesundheit, teils dank Jane Bowns Foto, auf dem eine so alte Frau zu sehen ist. Man sieht sich selbst nicht so, wie einen andere (und Kameras) sehen. Normalerweise sehe ich mich selbst überhaupt nicht. Jetzt sehe ich mich selbst als vergangene, sinnlose Erscheinung.

Alles alles alles Liebe

M

An Milton Wolff

11. Januar 1991
Catscradle
Gwent

Liebster Milt; Ich übe mich im Briefediktieren. Ich habe es noch nicht raus, gedenke jedoch, wie Henry James zu werden, der alle seine Romane diktiert hat. Das ist meine neue Technik zur Postbewältigung, damit ich Zeit zum Schreiben habe. Ich habe halbherzig und heikel mit einer Autobiographie begonnen und bezweifle, daß sie je fertig wird. Rollyson hat mich dazu getrieben sowie all die apokryphen Geschichten, die ich hier und da in anderen Zeugnissen finde. Notwehr, nicht das nobelste Motiv.

Ich habe meinen Verleger gebeten, Dir ein Exemplar des *Gellhorn Compendium* zu schicken, 4 Bücher in einem 700-Seiten-Band. Was ich zusehends als Fehler betrachte. Achte bitte nicht auf das Foto, das man hinten auf den Schutzumschlag geklatscht hat, ohne mich zu konsultieren oder um Erlaubnis zu fragen. Ich sehe nicht aus wie jedermanns Lieblingsomi in Ohio oder wie Helen Hayes in ihrer widerwärtigsten Goldigkeit. Man muß das Buch, falls Du es lesen willst, häppchenweise lesen, ein paar Novellen am Stück. Von den ersten 4 abgesehen sind sie nicht chronologisch geschrieben, sondern einfach so geschrieben worden, zu lang für jede Zeitschrift, und in die Schublade gesteckt, bis ein Buch aus ihnen wurde. Zu meiner Überraschung paßten 4 Geschichten über die Ehe zu den 4 Ehegelöbnissen. Zu meiner noch größeren Überraschung wurde mir erst neulich bewußt, daß die nächsten 3 alle von Betrug handeln, auch wenn das nicht im Titel auftaucht. Die letzten 3 sollen von Rassismus handeln, wobei das überhaupt nicht meiner Absicht entspricht, ich habe einfach über Weiße in Afrika geschrieben, wo sie meiner Meinung nach nicht hingehören. Dieser Band hätte eine Warnung auf dem Umschlag tragen sollen: in kleinen Dosen genießen.

Du siehst zu dünn aus. Ißt Du auch ordentlich?

Deine

Martha

An James Fox

22. Dezember 1991
Catscradle
Gwent

Meine Ewige Liebe; Ich bin zu Schubert geschwommen, da Du mir erklärt hast, wie man die Kompaktanlage öffnet. Jetzt mußt Du mir noch erklären, wie man die Kassette zurücksteckt und die Anlage schließt. Ich kriege den Mahler nicht wieder rein. Ich bin bester Stimmung. Bei Sturmstärke 7 habe ich Laub von der Pooltür und der Verandatür gerecht und gefegt und alles in den Müll gesteckt. Gegen vier Uhr nachmittags strömten von Westen schwarze Wolken herein, und ein rosa Himmel blinzelte durch wie von einem fernen Feuer. Da befand ich, daß ich so viel Glück habe wie keine Frau sonst und der Winter in Wales gut wird.

Wenn ich an Dich und Dein Sex-Liebesleben denke, komme ich zu dem Schluß, daß Du es nicht kapierst. Du »stehst nicht mehr« auf eine Frau und meinst, das hätte mit Deinem Penis zu tun, dabei ist es bestimmt Dein Hirn. Du hast Dich von Frau Doktor abgewandt, weil sie so komisch über Sex redet, überhaupt komisch redet, und wegen ihrer Eifersucht. Du hast Dich von ihrem Charakter abgewandt, nicht von ihrem Körper. Nichts ist lusttötender als Langeweile/ Verärgerung. Nun sprichst Du dauernd von der »bezaubernden« Lehrerin. Gegen »bezaubernd« ist nichts einzuwenden, außer daß es langweilen kann, anwidern und betäuben. Wiederum ist es Dein Hirn, das jene Signale aussendet, die Du Deinen Genitalien zuschreibt.

Meine Theorie besagt, daß Männer sich nicht für Frauen interessieren, sie nicht als Menschen kennenlernen, ihnen als eigenständigen Wesen lauschen wollen. Achte mal darauf, wieviel Du prozentual über Deine Angelegenheiten redest und wieviel Du ihr (welcher Frau auch immer) zuhörst, besagte Frauen als sie selbst, nicht als Anhängsel agieren zu lassen versuchst. Frauen haben Angst zu reden, weil ihnen die Selbstbezogenheit der Männer wohlbewußt ist und sie fürchten, deren Aufmerksamkeit zu verlieren, wenn sie es wagen, ihr Leben als eigenständig und wichtig darzustellen. Frauen können sehr interessant sein, wenn sie miteinander reden. Das verbergen oder unterdrücken sie in Anwesenheit von Männern, weil lange (vielleicht tausendjährige) Erfahrung sie gelehrt hat, daß es Männer nicht kümmert, daß sie es nicht wissen wollen; Männer wollen umschmeichelt werden, besänftigt, ermutigt, unterstützt und gehört. Nicht umgekehrt.

Derweil wird die Frau – die ihr wahres Selbst, ihre Hoffnungen, Ängste, Gedanken sorgfältig verbirgt – zur Langweilerin.

… Ich mag Männer, was ungewöhnlich ist; ich meine, ich mag sie als Menschen. Ich finde sie alles in allem rührend und lustig. Von männlichen Freunden abgesehen, was immer funktionierte, begehrten mich die Männer in meinem Leben und wurden wütend, wenn sie entdeckten, daß ich eine eigenständige Person war und darauf auch bestand, unabhängig von ihnen, mit eigenen Gedanken, Bedürfnissen, Plänen und Taten. Es ist ein Jammer, daß die beiden Geschlechter außerhalb der Betten einander nicht als Ebenbürtige, als gleichgeschlechtlich oder gar nicht geschlechtlich behandeln können: Sie würden sich so viel besser verstehen. Aber immerhin kannst Du einen Anfang machen, indem Du auf eine Frau um ihrer selbst willen so sehr wie um ihres Körpers willen »stehst«. Andererseits bezweifle ich stark, daß Du die ideale Frau fürs Bett und für den Alltag findest. Ich habe in meinem gesamten Leben 3 Paare kennengelernt, die das geschafft haben. Und natürlich muß man suchen, aber man kann mit etwas mehr Aufgeklärtheit suchen.

Das ist vorerst genug Weisheit aus Wales, vielleicht für immer.

Innigst,

Martha

An Victoria Glendinning

2. Februar 1992
Catscradle
Gwent

Liebste Victoria; Ich hätte Dir schon vor Tagen schreiben sollen, aber die Kälte hat mich körperlich und geistig lahmgelegt. Zunächst hatte ich mir eingeredet, diese Erstarrung sei ganz gemütlich und ich befinde mich im Winterschlaf. Aber die Phase ist vorbei; endloser frostiger Nebel, drei Meter weit sichtbare graue Welt, eisige Klaustrophobie.

... Ich habe 2 Geschichten geschrieben, beide nicht gut, aber ich bin erstaunt, überhaupt schreiben zu können. Eine, über eine Kindheitserinnerung auf dem Land, ist 800 Wörter für 2500 $. Wie ich mich vor einiger Zeit danach gesehnt hätte. Jetzt hält das bloß den Pool instand. Ich schwimme zu klassischer Musik aus einem großen Kassettenrekorder, habe ich Dir bestimmt erzählt, und dabei kann man gut über Sätze nachdenken. Ich versuche, über meine »Memoiren« nachzudenken, aber das ist mir nahezu unmöglich. Zurückblicken ist ein Elend. Ich weiß nicht mehr, was Spaß gemacht hat und was spaßig war; ich erinnere mich an die Dinge, die ich gern vergessen würde, die schlimmen traurigen schmerzlichen Dinge, und ich bin so froh, daß ich unter normalen Umständen die geniale Gabe besitze, zu vergessen, Gutes wie Schlechtes, Zeichen eines mittelmäßigen Geistes, aber es macht das Leben leichter. Wie also weiter. Ich habe aus meinem ganzen Leben 10 Tagebücher, diese billigen roten Büchlein mit einem Tag pro Seite, und die nicht einmal voll. Eine Seite war zu mühsam. Aber ich habe zwei aus den Siebzigern gelesen und war dem Selbstmord nahe. Das sind nutzlose Bücher; die sagen mir nicht, wo ich war oder was ich getan habe, da ich das ja wußte; das sind alles nur Gefühle, und die Gefühle sind rabenschwarz. Ich habe aufgehört, weil ich einfach nicht weiter zurückblicken konnte, und habe nicht den Schneid aufbringen können, weiterzumachen. Ich weiß einfach nicht, was ich tun soll. Noch so ein Unbekannter ist offenbar dabei, noch so eine unautorisierte Arbeit anzufertigen, und diverse nette, aber untalentierte Amerikanerinnen schreiben Bücher über mein Werk.

Ich bin häßlich geworden. Es mag Dich überraschen, daß mich das in meinem Alter entsetzt und erschreckt. Zu den Nachteilen des Alters gehörte in meiner Vorstellung genau das; häßlich zu werden. Ich hatte überhaupt nicht an den unvermeidlichen körperlichen Verfall gedacht und was das bedeuten könnte, ich dachte nur an mein Gesicht. Jetzt ist es einfach scheußlich. Das linke, operierte Auge, an dem sie ganz und gar kein Wunder vollbracht haben, ist so viel kleiner, daß ich jetzt den Picasso-Touch habe, und um die Augen herum ist alles feucht und eklig. Ich muß eine getönte Brille tragen, um meine Gefühle zu schonen. Der Rest ist auch nicht gerade ansehnlich. Ich bin davon überzeugt, daß weder Männer noch Frauen je ihre (körperliche) Eitelkeit verlieren; nur fühlt man sich irgendwann unannehmbar, weil nichts übrig ist, das Eitelkeit verdient.

Es reicht. Ich friere zu sehr, um überhaupt daran zu denken, mich möglicherweise selbst zu retten. Februar ist ein Katastrophenmonat, dann katastrophiere ich eben hier draußen. Victoria, mein Liebes, ich hoffe, T. geht es inzwischen viel besser und Du hast ein wenig Ruhe zum Durchatmen. Ich denke an Euch beide und mit besonders viel Liebe an Dich.

Martha

An Victoria Glendinning

15. Juli 1992
Catscradle
Gwent

Victoria, meine Schätzchen: *Trollope* ist angekommen. Also, das nenne ich mal ein Buch ... Du mußt stolz sein, wenn Du Dir den Umfang ansiehst, zu wissen, daß Du diesen Berg erklommen hast.

... Ich mache mich gerade verrückt damit, einen Schluß (den fünften und endgültig letzten) zu *Das Gesicht des Krieges* zu schreiben. Keiner wird ihn lesen, aber ich wälze seit Wochen Statistiken über den Krieg, und meine Erkenntnisse tun mir in der Seele weh. Das einzig Gute an dieser schrecklichen Arbeit – es ist nicht meine Art Literatur und daher eine doppelte Qual – ist die Möglichkeit, Michail Gorbatschow, den ich als Wunder betrachte, zu preisen und zu danken. Wer an Gott glaubt, kann ihm danken, daß er den Genossen G. gesandt hat. Als Ungläubige setze ich eher auf Wunder. Ansonsten aber ist es ein abscheuliches Thema, und ich will es nie wieder anrühren. Dieser bosnische Irrsinn ist abstoßend, und ich glaube, alle sind schuld. Wie die Deutschen den starken Mann markieren, finde ich auch schrecklich, und ich glaube, ihre einseitige Anerkennung von Kroatien hat das ganze mit angestoßen.

Ich komme am 21sten runter, aber Du verschwindest am 23sten, und ich bin auf dem Weg ins Gatwick

Park Hospital, um einen winzigen Knoten unter meiner Nase entfernen zu lassen, also warten wir, bis wir beide zugegen sind. Ich habe viele Termine beim Augenarzt, will aber vor allem viel ins Kino gehen und Lebensnotwendiges wie Klopapier besorgen, bevor es nach St. Petersburg geht. Vielleicht habe ich mir da zu viel vorgenommen, und ich freue mich schon jetzt darauf, durch Portugal zu reisen. Eine große Sehnsucht nach Reisen, eine große Sehnsucht, darüber kein Wort zu schreiben. Selbst die hirnlose Florida-Geschichte hat mich drei 8-Stunden-Tage gekostet.

… Rebecca [West] vertraute mir kurz vor ihrem Tod an, sie bedauere, nicht mehr Bücher geschrieben zu haben. Ich bedauere, keine Disziplin gehabt zu haben, weshalb ich nur geschrieben habe, wenn mir danach war; und davon werden die Hirnmuskeln schlaff, in einem ohnehin nicht herausragenden Gehirn. Andererseits, was soll's?

Ich bin besonders froh, daß Terrence keine Schmerzen hat; ich glaube, nur das ist unerträglich. Ansonsten muß man akzeptieren, daß die Kräfte nachlassen und man auseinanderfällt, bzw. so gut wie möglich versuchen (würde ich sagen), sich diesen Prozeß vom Leib zu halten und sich dessen gleichzeitig bewußt zu sein. Ernest hat mir einmal gesagt oder geschrieben, ich weiß nicht mehr, was: »Sterben ist gar nichts. Nicht zu leben ist schlimm.«

Als ich mein altes Leben in Afrika lebte, tagträumte ich immer von meinem Beau, aber bestimmt nur, weil ich sonst wenig zu tun hatte und gern tagträumte. Diese Kunst ist mir völlig abhanden gekommen. Außerdem habe ich das früher als Zeitverschwendung empfunden, erst jetzt wird mir klar, was für eine Gabe das war; ich konnte praktisch ohne Bücher reisen und ohne Bücherangst (die jetzt riesig ist, die Angst, keine zu haben), weil ich mir endlos Geschichten erzählen, Geschichten erträumen konnte. Vorbei. Ohne Bücher würde ich rasend bekloppt.

Von meinem Platz aus kann ich den Mond sehen, er kommt immer wieder hinter den Wolken hervor, im Moment hängt ihm eine Wolkensträhne quer herüber: selbst bei Mistwetter würde ich immer lieber auf dem Land leben. Wobei ich mich besser organisieren muß, damit ich mehr Zeit habe, weniger Pflichten, Verrichtungen, Aufgaben, Arbeit – die blödsinnige Arbeit mit Rechnungen und einem täglichen Postberg, der mich verfolgt. Ich bekomme keine Briefe, außer von Dir, die lesenswert sind.

Immer Deine

Martha

An Bill Buford

14. März 1993
Catscradle
Gwent

Lieber Bill; *Krauts* ist eine sehr gute Ausgabe. In Deutschland wird man uns steinigen. Ich habe sie ganz gelesen. Als ich zu meinem Beitrag kam, war ich außer mir vor Wut. Ein paar Tage sind vergangen, und nun bin ich bei mir vor Wut. Zum zweiten Mal hast Du das nun getan: Dir mein veröffentlichtes Werk angeeignet, als läge das Urheberrecht bei Dir und nicht bei mir, und dieses gestohlene Gut so benutzt, wie es Dir paßt. Beim ersten Mal hast Du zwei Artikel, Texte der Urheberin, zwei Artikel, die nichts miteinander zu tun haben, ohne Sinn und Verstand zusammengestoppelt und als ein Stück unter meinem Namen in Deiner *Home*-Ausgabe veröffentlicht. Der Text ergab keinen Sinn und ließ mich wie eine Idiotin aussehen. Ich hatte es Dir verziehen. Diesmal verzeihe ich Dir nicht. Du hast mich nicht um Erlaubnis gebeten, meinen Beitrag zu unterteilen und nach Gutdünken einzufügen, weil Du wußtest, daß ich es nicht zulassen würde. Vom editorischen Gesichtspunkt gesellen sich da zu gleichen Teilen Anmaßung und Unehrlichkeit zueinander. In meinen Augen bist Du tatsächlich eine ganz zwielichtige Gestalt geworden, halbseiden. Ich verachte Deine Methode, eine Vierteljahresschrift herauszubringen, als wärst Du eine Figur in Ben Hechts Theaterstück. Auf der Straße werde ich Dich nicht schneiden, aber ich werde nie wieder etwas mit Dir als Redakteur oder Herausgeber zu tun haben. Du wirst es sehr wahrscheinlich überleben.

Gruß,

Martha

Am 8. November 1993 veranstaltete Martha zu ihrem fünfundachtzigsten Geburtstag eine Party im Groucho Club in Soho. Freunde besorgten eine Torte in Form von James Fox' Olivetti-Reiseschreibmaschine mit einer in Marzipan gedruckten Grußbotschaft.

Nach Jahren der Entfremdung stand sich Martha mit ihrem Adoptivsohn Sandy gut, und ihrem Stiefsohn, dem anderen Sandy, und dessen Frau Shirlee war sie sehr nah.

Der weitgehende Verlust ihres Augenlichts machte Martha schwer zu schaffen, doch sie klagte selten, mokierte sich lieber darüber in Briefen an ihre Freunde. Sie habe es satt, sagte sie, auf Reisen Fremde zu fragen: »Ist das da drüben ein Berg oder eine Wolke?« In ihren letzten zehn Lebensjahren war sie so gut wie nie schmerzfrei.

An Milton Wolff

14. Oktober 1994
72 Cadogan Square
London SW1

Lieber Milt: Dein Foto sieht beeindruckend aus, geradezu staatsmännisch. Postwendend sende ich Dir eine achtzigjährige Badeschönheit. Es sieht aus, als hätte ich eine riesige rechte Brust, die mir beinahe bis zu den Knien hängt, und links gar nichts. Die Kamera lügt. Ich habe zwei perfekt ausgewogene Hängebrüste von angemessener Größe. Schrecklich, was das Alter mit dem Körper anstellt. Du scheinst Dich gut zu amüsieren, ich bekomme ja Nachrichten von Dir aus verschiedenen Teilen des glorreichen Westens. Ich hatte einen schönen Sommer und war in drei Meeren schwimmen – dem Mittelmeer, der Ägäis, dem Roten Meer. Jetzt lungere ich herum und weiß nicht recht, was ich mit meinem walisischen Cottage machen soll, das ich zum Verkauf angeboten habe, nur keiner will es haben. Ich muß meine Katzen umsiedeln, und das macht mir große Sorgen. Ansonsten plane ich, den Winter in Südafrika zu verbringen, und wie immer habe ich alle Hände voll zu tun. Hätte ich doch Deine Energie – oder könnte genug sehen, um ein Buch zu schreiben. Du hast recht, damit läßt sich am besten die Zeit totschlagen.

Ich habe einen Brief von George Grunewald bekommen, der davon überzeugt ist, daß wir uns aus dem 2. Weltkrieg kennen. Sag ihm bitte vielen Dank für den New-Yorker-Artikel über die Roosevelts. Es ist zu mühsam für mich, ihr Druckbild zu entziffern, doch wie immer glaubt man es einfach nicht, wenn man über jemanden oder etwas liest, den man kennt. Liest Du über den Spanischen Bürgerkrieg? Das wenige, das ich gelesen habe, scheint mir von etwas zu handeln, das wir nie gesehen haben.

Matt, aber herzlich.

Deine

Martha

An Howard Gotlieb

28. Dezember 1994
72 Cadogan Square
London SW1

Howard, mein Schatz; Was bist Du doch für ein Grande. Der opulente Räucherlachs, der köstliche Wodka, alles von Fortnum's, einem derart vornehmen Laden, daß ich seit Jahren keinen Fuß mehr über deren Schwelle gesetzt habe. Ich werde voller Zuneigung an Dich denken, wenn ich mir den Bauch mit Lachs vollschlage und mich nach Kräften am Wodka betrinke. Und zur Krönung hast Du auch noch die hübscheste Weihnachtskarte von allen geschrieben. Danke danke.

Ich fürchte um die USA (und den Rest der Welt, da wir zuviel Einfluß haben). Auf mich wirkt es leider so, als beugte sich ein verzweifelter Clinton all seinen bösen Feinden. Ich nehme es ihm nicht übel, ich trauere. Mein Bild der zukünftigen USA ist ein Nazistaat namens Christliches Amerika. Die Menschen (die Mehrheit), die nicht wählen gehen, werden bald gar nichts mehr zu wählen haben.

Ich entziffere jeden Buchstaben mit Mühe, da ich inzwischen praktisch blind bin. Ich kann gar nichts lesen, wenn nicht zwischen den Zeilen viel Weiß ist. Wenige Bücher und keine Zeitungen oder Zeitschriften sind so gedruckt. Nicht zu lesen ist eine Tortur, ich habe auch gerade eine Zeit in der Hölle überlebt; mein Körper verursacht nur noch Katastrophen. Ich habe Bestrahlungen bekommen für einen seltenen Krebs in der Nase und kann von Glück sagen, überhaupt noch eine Nase zu haben, auch wenn sie etwas verändert aussieht. Außerdem hatte ich Eiter in der Lunge von einer (wie ich anfangs dachte) schweren Erkältung im vergangenen Februar.

Tatsache ist: Ich bin zu alt, der Körper verschleißt, und der Geist schleppt sich auch schon ziemlich.

Martha

An James Fox

3. Oktober [1995?]
72 Cadogan Square
London

Liebster James; Vielen Dank, daß Du mich mit Bloody Marys getröstet, Wein gekostet, Essen gewählt, mit mir zu Mittag gegessen, mir Gesellschaft geleistet hast und mir in der Not ein lieber Freund bist.

Deine

Martha

An Milton Wolff

[November 1995]
72 Cadogan Square
London SW1

Liebster Milt: Ich will mich bemühen, zuckend wie ein Hühnchen, Dir persönlich zu antworten. So ein guter Brief. Ich glaube, die Geschichte basiert nun mal auf Zufällen und Unfällen. Wäre Hitler als Künstler anerkannt worden, hätte er sich nicht darauf verlegt, die Welt zu zerstören. Es scheint ein Gesetz zu geben, nach dem mehr gute Oberhäupter ermordet werden als schlechte, zweifellos, weil die Schlechten auf ihre Ermordung gefaßt sind und Vorkehrungen treffen. Mein ältester israelischer Freund in Jerusalem sagt, der Mord an Rabin habe eine zutiefst traumatische Wirkung: Keiner von ihnen (d.h. gebildeten säkularen Juden) hätte sich vorgestellt, daß es so viele religiöse Fanatiker gibt, wie sie es inzwischen glauben.

Die Juden haben Gott erfunden, ein schrecklicher Fehler und eine zu große Verantwortung. Es war in Ordnung, als jeder eine Menge verrückter Götter hatte und keiner darauf zu bestehen schien, daß andere ihre Götter annehmen. Aber diese furchtbare Vorstellung eines einzigen unsichtbaren allmächtigen Gottes haben die Juden der Welt gegeben, und nichts Gutes ist daraus erwachsen. Ich bin davon überzeugt, daß Religion grundsätzlich schlecht ist für den Menschen, und ich verstehe nicht, weshalb die meisten Menschen überall sie zu brauchen scheinen. Sie hat mehr Schaden angerichtet als jede politische Ideologie. Ich muß da an Irland denken, wo Clinton groß eingeschlagen hat. Der Gedanke, daß weiße Iren auf einen Blick zwischen Protestanten und Katholiken unterscheiden können und unmittelbare Reaktionen zeigen – Angst, Argwohn, Befremden, was auch immer –, verblüfft mich. Doch da sollte es uns nicht verwundern, daß arabische Muslime und Juden nicht zueinanderfinden. Ich glaube auch nicht, daß dies je geschehen wird, aber vielleicht werden sie in 40 Jahren den Zustand gegenseitiger Duldung erreicht haben, den Franzosen und Deutsche pflegen. Ich habe noch keinen Franzosen kennengelernt, der mit Deutschen eine warme Mahlzeit würde einnehmen wollen, das hat vor allem mit Langeweile zu tun. Der Unterschied zwischen Palästinensern und Juden scheint mir vergleichbar mit dem zwischen weißen und schwarzen Amerikanern.

Ich weiß jetzt, daß ich alt bin, denn leidenschaftlicher Zorn hat sich zu müdem Ekel verwandelt: Nichts überrascht mich mehr. Die Dummheit regiert. Das Auseinanderbrechen der Sowjetunion ist potentiell weitaus gefährlicher als das abscheuliche Familienmassaker in Bosnien. Doch glaube ich, daß die Welt so weiterläuft wie bisher, die eigentliche Bedrohung war der Atomkrieg, und ich glaube aufrichtig, daß die gebannt ist. Bloß ein langes, ungerechtes, unnützes Durcheinander, für das die Unschuldigen bezahlen.

Von Herzen. Verzeih das Geschwafel.

Martha

An Milton Wolff

24. Januar 1996
72 Cadogan Square
London SW1

Liebster Milt; Ich freue mich, daß Dir die Bara-Geschichte gefällt. Ich glaube, es ist meine Lieblingsnovelle. Ich weiß nichts über Capas Frau (sie war bereits tot, als ich nach Madrid kam) oder sein Leben mit ihr oder sein späteres Liebesleben. Ich glaube, er hat nie von seiner Frau gesprochen, und sein einziger enger Freund, Shim, auch nicht. Ich meine, ich habe aus Capas Persönlichkeit eine echte Figur geschaffen und eine erfundene Geschichte. Ich habe oft an Capa gedacht und habe zwei Fotos von ihm, eins mit Shim, das Ingrid Bergman mir gegeben hat. Eine nette Frau. Sie hat sich unsterblich in ihn verliebt, als er nach dem Krieg nach Hollywood ging, und wollte ihn natürlich heiraten, und natürlich wollte Capa überhaupt niemanden heiraten und lief davon. Sie erzählte mir, nie zuvor habe sie »einen freien Menschen« kennengelernt. Ich habe ihn geliebt, aber nicht auf diese Weise; er war mein Blutsbruder. Ich glaube, er hat mich auch geliebt, obwohl wir unaufhörlich gestritten haben. Eine phantastische Szene in Israel 1948, bei der Rückkehr mit einem weiteren geliebten, inzwischen verstorbenen Freund, Moishe Pearlman, aus dem Negev, wo wir erstmals General Dayan getroffen hatten. Am

Ende liefen wir von dort, wo man uns abgesetzt hatte, bis zum Hotel auf gegenüberliegenden Straßenseiten und brüllten einander an, den Mund zu halten. Ich vermisse ihn nun seit etwas über vierzig Jahren. Ich glaube allerdings, er wäre gar nicht gerne alt geworden, aber so jung hätte er nun wirklich nicht sterben müssen. Du weißt, er ist im Französischen Indochinakrieg auf eine Mine getreten, und nach allem, was ich gehört habe, bin ich mir sicher, daß er wegen Langeweile gestorben ist. Er konnte diesen neuen Kriegskorrespondenten, die über Kriegsstrategie usw. schwadronierten, nicht zuhören, sagte ihnen, er werde ein bißchen ausschwärmen, nicht auf der Straße, und man sehe sich später.

... Wie geht es Dir? Ich kann langsam tippen, aber nicht lesen, was ich schreibe, auch keine Bücher oder Zeitungen; die reinste Hölle. Nächste Woche geht es den Winter über nach Brasilien.

Von Herzen,

Martha

An Nicholas Shakespeare

[Januar? 1996]
72 Cadogan Square
London SW1

WO BIST DU? ICH BIN VERZWEIFELT. NOCH IMMER NICHTS VON DEINEM TELEFON, NICHT MAL EIN FAXPIEPEN. JEDE NUMMER VON AMANDA, DIE DU MIR GEGEBEN HAST, IST FALSCH. ICH HABE ZEIT UND GELD VERGEUDET, UM EINE DUMPFE MÄNNERSTIMME HALLO HALLO HALLO SAGEN ZU HÖREN, MEHR NICHT. AM VIERTEN FEB FLIEGE ICH NACH ANGRA. ICH HABE KEINEN ANDEREN KONTAKT IN BRASILIEN ALS AMANDA. ERBARME DICH. REGELE DAS FÜR MICH.

DASS DICH DAS SCHICKSAL GEKÜSST HAT, HEISST NOCH LANGE NICHT, DASS ES FÜR ALLE ANDEREN AUCH WIE AM SCHNÜRCHEN LÄUFT, DU OCHSE. WAHRSCHEINLICH BIST DU SCHON WEG. HERRGOTT. WAS SOLL ICH TUN?

VERZWEIFELT UND AUCH SEHR GEREIZT

Martha

An Victoria Glendinning

8. Juni 1996
72 Cadogan Square
London SW1

Liebste Victoria; Ich habe mir Dein Leben von E. [Elizabeth] Bowen auf Kassette der Royal Blinds angehört. Es wird von einem Mann mit nervtötender Stimme gelesen, aber ich bekomme Übung und kann Wörter von Stimmen unterscheiden. Deine Prosa ist schön, elegant, aber leicht, wie gesprochen, so wie man es sich erträumen würde. Ich glaube, der einzige Sinn des Schreibens über Schriftsteller liegt darin, die Leser auf das Original neugierig zu machen, und das gelingt Dir hervorragend mit all dem, was Du in E. B.s Bücher hineinliest und -legst. Ich glaube nicht, daß ich sie gemocht hätte, und bedauere nicht, sie nie kennengelernt zu haben, aber das überrascht nicht. Daß sie morgens schreiben konnte (Romane) und den Rest des Tages und den Abend als Gastgeberin fungieren, verblüfft mich. Um Längen besser darin als Edith Wharton. Vor einigen Wochen habe ich mir *In der Hitze des Tages* angehört, denn ich weiß nie, was im Pappkarton von Calibre oder dem Plastikumschlag der Royal Blinds steckt, und lese, was kommt. Ich habe ihr dieses Buch nicht abgenommen. Ich hatte das Gefühl, daß E. B. nicht die geringste Ahnung hatte, wie das Leben eines Spions oder seine Arbeit aussehen könnte (und für wen spionierte der Held, die Nazis oder die Russen, das ist ein Unterschied). Den Sprung vom Dach, wo er wie eine geplatzte Tomate vor der Wohnung seiner Geliebten landet, habe ich auch nicht geglaubt. Du hast recht, daß E. B. Inneneinrichtungen perfekt beschreiben kann, nicht so bezwingend wie Sybilles minutiöse Beschreibungen von Essen in ihren Büchern. *Die Fahrt in den Norden* ist ein viel besseres Buch, glaubhaft, bis auf das allerletzte Ende vielleicht ... Bei einem echten Unfall bleibt keine Zeit für Worte oder die Gedanken, die Worte erfordern würden. Da ist ein Augenblick, bloß ein Augenblick, entsetzlichen Schocks, ein Augenblick, da man weiß, es passiert, und das ist alles.

Als ich noch lesen konnte, habe ich Deine *Vita* gelesen, und ich fand sie so furchtbar und so langweilig, daß ich das Buch nicht mögen konnte. Vielleicht lag es am Thema, daß mir dieses Buch an Leben zu fehlen schien, wie Vitaminmangel. Nicht so bei diesem Buch, denn hier identifizierst Du Dich mit Deinem Thema.

Ich höre auch *Phineas Finn* und finde es herrlich. Ich liebe Trollope. Wie er seine Geschichte so schnörkellos vorantreibt und man seinen Figuren durchweg glaubt. Ich sehe ihre Kleider nicht genau vor mir, nur atmosphärisch, aber ich sehe sie. Und er hatte die wahre Gabe, nämlich des Geschichtenerzählens, daß man immer weiter muß, was passiert als nächstes. Höre außerdem, hebe mir aber dies und *P. Finn* zum Mitnehmen auf (es gibt sie auf Kassette bei Calibre) Graham Greenes *Fluchtwege*, offensichtlich Nr. 2 seiner Autobiographie. Ihn hätte ich gern kennengelernt, nur bei ihm bedauere ich das Versäumnis. Er und E. B. besitzen beide, Greene allerdings noch mehr, eine detailgenaue Kenntnis ihres eigenen Schreibens und eine Art, über ihre Figuren zu reden, als handelte es sich um lebende Personen außerhalb ihrer selbst. Schlecht ausgedrückt. Die Sorgfalt ihrer Arbeit beeindruckt mich, und ich frage mich, ob es ein schlechtes Zeichen ist, sie nicht zu besitzen. Ich habe darüber nachgedacht und meine eigene Unkenntnis und Zerstreutheit auf meine Kindheit mit meinen Brüdern zurückgeführt, in der die größte Sünde das Prahlen und Angeben war. Jemanden zu verpetzen war zu undenkbar, um überhaupt als Sünde zu gelten, aber Angeberei war verachtenswert. Folglich habe ich nie gewußt, was mein älterer Bruder, der gerade erst gestorben ist, gemacht hat – die Reichweite und Bedeutung, national wie international, seiner juristischen Tätigkeit, bis ich nach seinem Tod darüber las. Ich werde nie von Alfreds Pionierleistungen auf dem Gebiet der Medizin erfahren, über seine Reformen und Lehrtätigkeit, weil ich vor ihm sterben werde, und obwohl die Medizingranden vor nicht allzu langer Zeit zusammengekommen sind, um ihn zu preisen und irgendwie zu feiern, bekam ich von ihm keine Abschriften ihrer Reden, ich glaube, er hat keine. Es wurde nicht geprahlt. Zu schade.

Du weißt, ich kann nicht sehen, was ich schreibe, hoffe also, daß dieser Brief verständlich ist.

Ich habe gerade einen 42seitigen Artikel beendet,

meinen letzten und schlechtesten. Er hat mich zur Erschöpfung und Verzweiflung getrieben. Tippen und nicht sehen, zu erinnern versuchen, was ich bereits geschrieben habe, und einen Haufen Informationen hineinstecken, obwohl ich meine handschriftlichen Notizen aus Brasilien auch nicht lesen konnte. Dann hat meine Leserin es mir immer wieder vorgelesen, sechsmal, glaube ich, vier und fünf Stunden am Stück, und ich habe versucht, es mündlich zu korrigieren. Nicht ein einziger Satz ist literarisch wertvoll. Es ist flach und banal, der traurige Abschluß eines Schriftstellerlebens. Ich bin mir nicht sicher, ob Ian Jack ihn nimmt, das Thema geht im drögen Stil unter. Ich werde nie wieder einen Versuch unternehmen, kein Sinn, so zu leiden für ein derart beschämendes Ergebnis. Jedenfalls weiß ich, daß ich die Schreibmaschine nicht mehr werde benutzen können, wenn das Sehvermögen in meinem brauchbaren Auge noch schneller schwindet oder so schnell wie jetzt.

Am Dienstag, heute ist Sonntag, fahre ich in die Schweiz zur Kur. Die Schweiz ist das entspannendste Land, das ich kenne. Atemberaubende Landschaft und reizende Spielzeugarchitektur. Ich fahre mit dem Zug, das gönne ich mir, und werde feststellen, ob mein Feldstecher im Fahren funktioniert. Ich nehme ihn jetzt überallhin mit, um die Außenwelt zu erkennen. Er wiegt eine Tonne und ist sehr stabil, dazu nehme ich meinen Kassettenrekorder mit und einen Vorrat an Batterien und Kassetten.

Zwischen 70 und 80 war ich erstaunt, wie schön das Leben geworden war, eine unverhoffte goldene Hochebene, und machte mich auf ein pfundiges Alter gefaßt, pflichtvergessen und zügellos.

Doch vor genau vier Jahren ist dieser Plan für immer durchkreuzt worden. Die meisten Menschen leben nicht so lange wie ich und gewiß nicht ohne schwerwiegende gesundheitliche Probleme und ohne Geldsorgen, also sollte ich wohl dankbar sein, aber statt dessen fühle ich mich gefangen, beschränkt und abgestoßen und hoffe nur, daß das Reisen, selbst so beschränkt wie jetzt, mich nicht enttäuschen wird, mich beleben wird, weil es eine Abwechslung ist, weil etwas Neues auf mich warten könnte.

Mir war heute nach Reden und nach Reden über Bücher. Jetzt werde ich sehen, was ich an alten Kleidern für die Reise finden kann, und nehme dann die U-Bahn zu St. James's Park, um einen sonnigen Spaziergang zu machen, danach zurück zu Dir und E. Bowen.

Ich freue mich, daß Du glücklich bist, denn das steht Dir zu. Aber heirate nicht, bis ich zurück bin aus der Schweiz.

Wie immer sehr Deine

Martha

Am Samstag, den 16. Februar 1998, nahm Martha, neunundachtzigjährig, eine Tablette, die sie seit einigen Jahren für diese spezielle Gelegenheit verwahrte, und starb. Sie lebte noch immer allein, und sie hatte eine Menge guter Freunde, doch dieses zunehmend mühevolle Leben wollte sie nicht führen. Sie konnte nicht mehr lesen und schreiben und reisen, sie hatte Eierstockkrebs und Leberkrebs. Sie hatte ihrer Mutter nicht zu einem schnellen Tod verhelfen können, doch für sich hatte sie vor Jahren geplant, selbst zu bestimmen, zu welcher Zeit und an welchem Ort sie aus dem Leben scheiden würde.

In den Wochen vor ihrem Tod hatte sie mehrere innige Gespräche mit all ihren engen Freunden und mit Alfred geführt. Mary Blume und Ward Just, die sie aus Vietnam kannte, kamen tagsüber aus Paris und führten sie zum Mittagessen aus: Sie wirkte fröhlich auf sie. Sie hinterließ größte Ordnung, die äußere Ordnung, die sie einst für wichtig befunden hatte, um ihrem inneren Wirrwarr und Aufruhr entgegenzuwirken. Ihre Angelegenheiten waren geregelt, ihr Testament klar und präzise, ihre Wohnung tiptop aufgeräumt. Auf dem Vertiko in ihrem Schlafzimmer, unter Fotografien von ihrer Mutter, den beiden Sandys, Capa und Bernard Perlin, Leonard und Felicia Bernstein, stand eine Vase mit weißen Tulpen. »Der Tod«, hatte sie viele Jahre zuvor zu Betsy Drake gesagt, »ist gar nichts. Fürchten muß man nur die Art des Sterbens.«

Der Juckreiz der Rastlosigkeit

Martha Gellhorns monumentale Korrespondenz: Das bleibende Werk einer Getriebenen

Martha Gellhorn war eine paradoxe Person, zusammengesetzt aus nichts als ihren Widersprüchen – und dieser Widersprüche war sie sich keineswegs immer bewusst. Es sind einzig ihre offenherzigen, unverblümten Briefe, die in aller Unschuld und allem Freimut Martha Gellhorns chaotisch-turbulentes Innenleben verraten und diese Journalistin, Schriftstellerin und Zeitbeobachterin in all ihren paradoxen Widersprüchen und unaufgeklärten Gefühlskonflikten den Lesern offenbaren. Sie war eine Kriegsreporterin, die den Krieg hasste und Gewalt verabscheute – und doch war sie ihr Berufsleben lang von Kriegen fasziniert und wollte nichts als dabeisein – vom Spanischen Bürgerkrieg über den Zweiten Weltkrieg und den Sechstagekrieg bis zum Vietnamkrieg, ganz zu schweigen von den Kriegen in Finnland, China, Java, El Salvador oder Nicaragua. Der verhasste Krieg blieb ihre wirksamste Droge zur Selbstintensivierung.

Als Journalistin und Schriftstellerin hielt sie sich viel darauf zugute, eine Außenseiterin zu sein und weder dem Zeitungsmilieu noch der literarischen Szene in den USA oder in England zuzugehören. Selbstbewusst sagte sie von sich: »Outsider ist mein erwählter und geschützter Status.« Und doch war sie mit den Berühmtheiten ihrer Epoche aus Literatur, Medien, Politik und Gesellschaft bestens bekannt und vernetzt, verkehrte intim mit Leuten klingenden Namens, verfügte über einen riesigen und illustren Kreis von Freunden und Briefpartnern in aller Welt und hatte wie selbstverständlich Zugang zu exklusiven Zirkeln, bis hin zur Dinner-Einladung bei den Kennedys im Weißen Haus. Und bei allem Pochen auf ihren Außenseiterstatus kolportierte sie doch stolz einen Satz ihres zweiten Ehemannes, des Publizisten und TIME-Chefredakteurs Tom Matthews, der ihr einmal »zornig und neidisch« vorgeworfen habe: »Du kennst nur Schlagzeilen-Menschen.«

Martha Gellhorn durchreiste und durchraste die Welt, nicht nur, um darüber zu berichten und ihren Freunden brieflich davon zu erzählen, sondern auch, um die Schönheiten der Welt zu verschlingen. Und wo es am schönsten war, wollte sie sich immer sofort niederlassen und womöglich gleich ein Haus bauen – in Kuba, in Mexiko, im römischen Hinterland, in Andalusien, in Kenia, in Wales. Doch kaum hatte sie sich irgendwo häuslich eingerichtet und alles nach ihren augenblicklichen Bedürfnissen perfekt geordnet, am liebsten an völlig entlegenen, schwer zugänglichen, aber spektakulären Orten –, kaum hatte sie sich deren Schönheit einverleibt, hatte sie ihren Wohnsitz auch schon satt, litt unter Überdruss und unter der Einsamkeit, die sie doch gesucht hatte, und wollte nur noch fort, getrieben vom Juckreiz der Rastlosigkeit. »Meine Lebensgeschichte ist ein einziger endloser Rekord im Nestbauen und Nestverlassen«, schrieb die Sechzigjährige 1968 an ihre englische Herzensfreundin Lady Diana Cooper. Und einem ungarischen Brieffreund bekannte sie: »Mein ganzes Talent scheint darin zu bestehen, Nester zu bauen, die ich dann nicht aushalte.« Und sie klagte: »Auf der ganzen Erde finde ich kein bequemes Bett für mich.«

Als liberale Amerikanerin war sie der Meinung, Weiße hätten in Afrika nichts verloren, aber das hinderte sie nicht daran, sich im Great Rift Valley, mitten in menschenleerer, unberührter Wildnis mit weitem Blick in alle Himmelsrichtungen, quasi in Kolonialherren-Manier ein Haus zu bauen. Sie war unduldsam gegenüber ihrem schwarzen Hauspersonal, und in Briefen rutschte ihr schon mal eine Beschimpfung (»Schimpansen«) heraus. Nachbarschaft in ihrem exklusiven afrikanischen Paradies empfand sie als Störung und nahm es übel, wenn sie nachts von ihrer Terrasse aus in großer Ferne die Lichter anderer Häuser erblicken musste – da sie doch das Paradies für sich allein beanspruchte. Stets erachtete sie die Welt als etwas, das ihr selbstverständlich zustand – und offenstand.

Als schöne, kühne und unerschrockene Frau wurde sie von vielen Männern begehrt und hatte zahlreiche

Liebhaber, darunter auch prominente wie Bertrand de Jouvenel, David Gurewitsch, den Leibarzt Eleanor Roosevelts, und Laurence Rockefeller, aber eigentlich mochte sie keinen Sex, war dafür auch nicht begabt, blieb erotisch unerweckt und gestand ihrer Freundin Betsy Drake, der dritten Ehefrau von Cary Grant, in vorgerücktem Alter: »Ich war, wenn ich so sagen darf, die schlechteste Bettgefährtin aller fünf Kontinente.«

Trotz ihrer vielen Affären, allesamt mit attraktiven, hochgewachsenen, erfolgreichen Alpha-Männern, wie sie des öfteren in Briefen stolz betonte, sah sie sich selbst nicht in der Frauenrolle. Vielmehr wollte sie wie ein Mann mit den Männern konkurrieren und von ihnen anerkannt sein. »Ich fühle mich wie ein Mann allein, mit dem schamlosen Zusatz: ein starker Mann allein«, schrieb sie an ihren Adoptivsohn Sandy Gellhorn, von dem sie tief enttäuscht war und dem sie Unmännlichkeit, Fettleibigkeit und Willensschwäche vorwarf.

Ihr Traum von Lebensglück war es, als Kumpel anerkannt zu sein und in raubeiniger Männerrunde die Nächte durch hart zu trinken und dröhnend zu lachen, am besten in Gesellschaft von großen Kämpfern und berühmten Kriegsreportern nahe einer interessanten Front. In der exklusivsten Männerdomäne der Zeitungsbranche, in der, mehr noch als bei Sportreportern, nur ganze Kerle ganz für voll genommen werden, hat sich Martha Gellhorn als Kriegsberichterstatterin einen Namen gemacht und gezeigt, dass sie es an Kerligkeit mit jedem Mannsbild aufnehmen konnte.

Ihr Leben lang sollte sie von der heroischen Kumpanei im Spanischen Bürgerkrieg schwärmen, in dem sie so manchen lebenslangen Freund gewann, wie etwa den Kriegsfotografen Robert Capa – ganz zu schweigen von der Eroberung ihres ersten Ehemannes, Ernest Hemingway. Der Spanische Bürgerkrieg war Martha Gellhorns Lieblingskrieg und blieb ihr Idealkrieg, ein unvergleichliches Selbstintensivierungsprogramm aus Lebensgefahr, Liebe, linker Solidarität und Gelächter. Damals genoss sie den Krieg wie eine Aufputschdroge und war als Schlachtenbummlerin ins Leben heiß verliebt bei permanenter Todesnähe – ganz im Vollgefühl, politisch auf der richtigen Seite zu stehen, für eine gute Sache zu kämpfen und Geschichte aus nächster Nähe mitzuerleben.

Die Startchancen im Leben waren glänzend für die einzige Tochter eines angesehenen Mediziners aus St. Louis, Missouri, und Absolventin des noblen Frauen-College von Bryn Mawr. Ihre natürliche Begabung zum Schreiben, zum Journalismus wurde bald erkannt und gefördert. Schon als blutjunge Reporterin machte sie sich mühelos einen Namen und erwarb sich den Respekt und die lebenslange Freundschaft der First Lady Eleanor Roosevelt. Das Schreiben fiel ihr leicht, ihr Blick für das Wesentliche war scharf und untrüglich, und ihr Engagement für die gute und richtige Seite war immer leidenschaftlich – sie schien auch stets sicher zu wissen, welche die richtige Seite war. Ihre Texte waren begehrt und wurden gedruckt, ihre Stimme wurde gehört; kein Geringerer als Adlai Stevenson, der Gouverneur von Illinois und zweimalige demokratische Präsidentschaftskandidat, bat sie auf dem Höhepunkt der McCarthy-Hexenjagd 1953 um ihre Einschätzung des politischen und intellektuellen Klimas in Europa hinsichtlich der USA. Ihre Reportagen erschienen in großen Publikumszeitschriften wie »Collier's« oder »Saturday Evening Post«, ihre Honorare waren schon ganz früh ganz exorbitant: 1 500 Dollar pro Reportage, und das in den 1930er Jahren.

Und dennoch verstand es Martha Gellhorn nie, ihr Glück und ihren Erfolg zu genießen. Dass ihr das Leben alle Wünsche augenblicklich erfüllte, machte sie nur reizbar, ungeduldig und unzufrieden und erwies sich als ihr dauerhaftes Unglück, über das sie in ihren Briefen desto mehr klagte, je älter sie wurde. Sie schreibt: Alle reichen Gaben der zwölf guten Feen seien ihr verdorben worden durch die Verwünschung der dreizehnten Fee: »Mein schwarzer Fluch, meine destruktive Rastlosigkeit.«

1970, als sie ihres selbstgewählten ostafrikanischen Exils am Naivasha See bereits bis zum Ekel überdrüssig war, schrieb sie in einem Moment rarer Selbsterkenntnis: »Mir scheint, als hätte ich mein ganzes Leben darauf verschwendet, mich zu drehen und zu winden, zu kratzen, zu krümmen und mich hin und her zu werfen, damit ich mich endlich in meiner Haut und auf Erden wohlfühlen kann: nie ist es mir gelungen. Ich kann mein Glück und meine Segnungen nicht festhalten. Meine Natur ist auf Vergeudung und Selbstzerstörung angelegt.«

Sie erkannte das Grundparadoxon ihres Lebens: »Was ich tue, ist das klassische Rezept für katastrophales Unglück: erfüllte Wünsche, keinerlei Druck, keine Probleme, keine finanziellen Härten, gute Gesundheit, ein Haus an dem Ort, den ich wollte. Alles stimmt. Aber es ist zum Verrücktwerden, und ich stelle mir eine ganz grundsätzliche Frage: Warum leben?«

Erst hoch in ihren Sechzigern schaffte es Martha Gellhorn, innezuhalten und sich ihren Dämonen zu stellen. Verwundert fragte sie sich in einem Brief an einen Intimus: »Wer ist diese hochgewachsene, ungestüme, reizbare, ungeduldige, sonnenverbrannte, getriebene Frau?« Erstmals gestand sie sich ihr inneres Chaos ein und gab sich selbstkritisch Rechenschaft darüber, was sie bisher getrieben hatte und wovon sie sich hatte treiben lassen. Sie erkannte sogar, woran ihre kurze und turbulente Ehe mit Ernest Hemingway gescheitert war: nicht nur an der beruflichen Rivalität zweier ehrgeiziger Kriegsberichterstatter und an der fehlenden sexuellen Harmonie, sondern daran, dass der weibliche Macho Martha Ernests Attitüde des Super-Kerls nicht aushielt, umso weniger, als sie seine geheime Schwäche erspürte, die sich dahinter verbarg.

Allenthalben sah sich Martha Gellhorn nun mit ihren eigenen ungelösten Konflikten konfrontiert. Kopfschüttelnd las sie in ihren alten Tagebüchern vom Jahr 1949 und wunderte sich über »meinen ewigen Refrain, wie einsam ich bin. In diesem einen Jahr hatte ich drei große Liebesaffären (ich meine richtige: inklusive Leidenschaft und der Entscheidung, NICHT zu heiraten), dazu vier Nebenaffären, und ich wurde von einem achten Liebhaber schwanger. Und trotzdem klagte ich im Selbstgespräch unentwegt, dass ich niemanden kenne und ganz allein bin … ach Scheiße; mein Problem hat nichts mit den Fakten zu tun, sondern nur mit meiner dunklen Natur. Ich bin unter dem Zeichen des Saturn geboren.«

Erst als ihre außergewöhnliche Schönheit im Verschwinden war, ihr natürlicher Glamour allmählich abnahm und der Glanz ihrer Erscheinung verblasste, erkannte Martha Gellhorn das Erfolgsgeheimnis ihres Lebens: die Siegessicherheit. »Ich habe mein gutes Aussehen immer für selbstverständlich genommen, aber es war essentiell – der Körper, das Gesicht«, schrieb sie an Betsy Drake. »Das war mein Passierschein, darauf konnte ich bauen. Und wenngleich ich mein gutes Aussehen nie als sexuelles Lockmittel verwendet habe, so war es doch mein Pass, meine Einlass-Karte, meine Zugangsberechtigung. Diese Schönheit machte die Interventionen einer zornigen Frau erträglich, die die Mächtigen kujonierte, damit sie sich um die Machtlosen annahmen und kümmerten. Ich hatte keinerlei Hemmungen, mein Auftreten war völlig ungeniert und selbstsicher, mein Selbstvertrauen war eingebaut aufgrund meines guten Aussehens. Ich begann erst darüber nachzudenken und ihr Fehlen zu bedauern, als meine Schönheit am Schwinden war.«

Fortan wurde ein Satz zur Standardklage in Martha Gellhorns Briefen: »Ich bin hässlich geworden.« Was übrigens bis in ihr hohes Alter hinein nicht stimmte: Sie war und blieb eine eindrucksvolle, elegante, zornmütige Erscheinung, auch mit weit über achtzig. Mit eiserner Disziplin hielt sie ihr Jugendgewicht und ihre mädchenhafte Figur. Bis zuletzt behielt sie die Kontrolle über sich und ihr Auftreten. Und als diese ihr zu entgleiten drohte, machte sie selbst Schluss, im Alter von fast neunzig Jahren, und nahm Gift. Ihre Wohnung war peinlich aufgeräumt, ihre Angelegenheiten waren penibel geordnet. Denn die pedantische äußere Ordnung war für Martha Gellhorn stets unabdingbar gewesen, als Antidot gegen die innere Unordnung.

Martha Gellhorn hat sich die längste Zeit ihres Lebens selbst verkannt. Ihrer größten literarischen Leistung etwa wurde sie sich nie bewusst. Auch die eigene Wirkung auf andere machte sie sich nicht immer hinreichend klar – zumal ihre Wahrnehmung der Gefühle und Empfindlichkeiten anderer Menschen durch ihre Selbst- und ihre Herrschsucht etwas eingeschränkt war.

Dass sie etwa am Lebensunglück und am dauernden Scheitern ihres Adoptivsohnes Sandy Gellhorn Mitschuld tragen könnte, weil sie ihn zwar als süßes Baby im Waisenhaus augenblicklich besitzen wollte, den Heranwachsenden in seinem Kummerspeck aber vernachlässigte und als störend abschob – das verdrängte sie die meiste Zeit. Gelegentlich neigte sie zu Taktlosigkeit und barscher Offenheit, selbst mit alten Freunden konnte sie brüsk und brutal brechen. Sie war beispielsweise imstande, den tödlich an Lungenkrebs erkrankten Leonard Bernstein brieflich anzuherrschen, sich gefälligst am Riemen zu reißen und mit seinem peinlichen Selbstmitleid aufzuhören.

Andererseits war Martha Gellhorn auch zu selbstloser Hilfe für Freunde bereit. Und beim einen oder anderen dieser hochherzigen Unterstützungsakte wahrte sie sogar völlige Diskretion – sonst nicht eben ihre Stärke. Und bis zu ihrem letzten Tag widmete sie voller Passion und Empörungsbereitschaft ihr überpersönliches Engagement allen Erniedrigten und Beleidigten dieser Erde, namentlich allen von den USA Erniedrigten und Beleidigten.

Je älter sie wurde, desto höhere Ansprüche stellte sie an sich selbst und die eigene Arbeit. Die unbekümmerte natürliche Leichtigkeit ihrer literarischen Anfänge war dahin, sie quälte sich mit dem Schreiben immer mehr, und oft verzweifelte sie an ihrem Talent und haderte mit jeder Zeile, die sie sich abrang.

Gleichzeitig aber schrieb sie tagaus tagein Abertausende Briefe an Freunde und Bekannte in aller Welt – und diese Briefe strömten so mühelos, so leicht und frisch und lebhaft dahin wie ein munteres Gespräch unter Freunden. Martha Gellhorn korrespondierte mit Liebhabern und Exliebhabern, die zu Freunden geworden waren, mit Ehemännern, Söhnen (Adoptiv- oder Stief-), Autoren und Verlegern, mit Redakteuren, Freundinnen und ihrer alten Lehrerin aus Bryn Mawr; und fast täglich schrieb sie an ihre Mutter, ihren Lebensmenschen, inniger geliebt als sonst jemand. Wie allen unzärtlichen Naturen fiel es ihr leichter, ihre Gefühle schriftlich zu zeigen: Kaum ein Brief, der ohne ungestüme Liebeserklärung schließt – »I love you« ist ihre gebräuchlichste Abschiedsfloskel. Und kaum ein Brief, in dem sie nicht den fernen Korrespondenzpartner an ihren inneren und äußeren Turbulenzen freimütig teilhaben lässt. »Ich habe Briefe geschrieben, statt mich zu verabreden.« In ihren Briefen ist Martha Gellhorn hinreißend: temperamentvoll, selbstironisch, ichbesessen, launenhaft, emotional, unstet, gedankenflüchtig, fordernd, exzessiv, indiskret und obsessiv mitteilsam, aber niemals langweilig.

Und natürlich schilt sie sich selbst für ihre manische Briefschreiberei: »Ich spreche per Post, wie im 18. Jahrhundert. Das ist ein sicheres Zeichen, an dem man den Einsamen erkennt. Für einen Schriftsteller ist es Wahnsinn: Das alles sollte in Form gebracht werden, in richtige Literatur – und genau das tue ich nicht.« Sie wirft sich vor, nicht auf Hemingway gehört zu haben, der ihr predigte: Ein Autor dürfe keine Briefe schreiben, er dürfe seine Essenz nicht auf Briefe vergeuden – doch genau das tue sie.

Und dies ist vielleicht der eklatanteste Widerspruch, der ihr nicht auffiel: In ihren Briefen klagt sie unentwegt über Schreibhemmung und Stilkrampf, hadert mit ihrem Prosastil und jammert über die »Zementsätze«, die sie sich abquält und die ihr die eigene Erzählprosa vergällen – doch diese Klagen sind so anmutig formuliert, wie es dem mühelosen Parlando ihres Briefstils entspricht. Nie wurde leichtfüßiger, federnder und eleganter über die eigene Schwerfälligkeit lamentiert.

Martha Gellhorn schwankte in ihrem Urteil über den eigenen Rang als Schriftstellerin. Je nach Stimmung hielt sie ihr literarisches Werk abwechselnd für zweitklassig und für unterschätzt. Dass ihre monumentale Korrespondenz sie zu einer der bedeutendsten Briefschreiberinnen des Jahrhunderts machen könnte, das wäre ihr nie in den Sinn gekommen. Und doch ist dieses Brief-Œuvre vielleicht Martha Gellhorns eigentlicher *Claim to Fame.*

Berlin, im Mai 2009 *Sigrid Löffler*

Anmerkungen

13, 4 *Matie:* Neben Fotsie und Omi einer der Spitznamen für ihre Mutter.

13, 6 *Stix:* Die Eltern von Johnny Stix, einem von Marthas engsten Freunden aus der Kindheit.

19, 28 *Pierre:* Pierre de Lanux, der französische Journalist, in dessen Büro Martha Bertrand kennengelernt hatte.

39, 25 *Mein Buch: What Mad Pursuit* war im Herbst erschienen und hatte gemischte Besprechungen bekommen. Die *Buffalo Evening News* nannte ihre Heldin »hektisch«, die *New York Times* jedoch fand darin »etwas Frisches und Ansprechendes«.

47, 9 *Der Tod …:* Dr. Gellhorn war nach einer Operation am 25. Dezember 1935 unerwartet gestorben. Er hatte *What Mad Pursuit* sehr kritisch aufgenommen, das Manuskript von *The Trouble I've Seen*, dessen Titel Martha dem Spiritual entliehen hatte, jedoch zu ihrer Erleichterung mit Bewunderung gelesen.

56, 15 *Herbert:* Herbert Matthews, Korrespondent der *New York Times*. Hemingway widmete später *Wem die Stunde schlägt* Martha und Matthews.

56, 16 *Freddy Keller:* Freiwilliger der Internationalen Brigaden, der achtzehn seiner Männer rettete, indem er zweimal im Kugelhagel den Ebro durchschwamm.

56, 27 *Mein Buch: The Trouble I've Seen*, als *La Détresse Americaine* veröffentlicht und als »eines der großen Bücher unserer Zeit« gepriesen.

63, 1 *Allen Grover:* Wirtschaftsjournalist des *Time magazine;* nach der Beendigung ihrer Affäre waren Martha und er gute Freunde geblieben.

80, 10 *Duran:* Gustavo Duran, Komponist und Freund von Robert Capa, Ernest Hemingway und John Dos Passos, wurde Oberstleutnant der Republikanischen Armee und entkam später mit Hilfe der Briten. Er kehrte nie wieder nach Spanien zurück.

84, 20 *Robert Jordan:* Der amerikanische Held in *Wem die Stunde schlägt.*

89, 17 *Das Buch: Wem die Stunde schlägt.*

91, 2 *Mr. Willkie:* Wendell Willkie, von den Republikanern 1940 zum Präsidentschaftskandidaten gekürt, unterlag Roosevelt bei der Wahl. Dieser schickte Willkie später als Sondergesandten nach Großbritannien und Rußland.

94, 8 *Nazi-Artikel:* Viele der großen spanischen Kolonien in Havanna traten offen gegen Amerika und für die Achsenmächte ein, und Hemingway hatte den amerikanischen Botschafter Spruille Braden und den dortigen FBI-Agenten, Robert Leddy überredet, 500 Dollar im Monat zur Ausrüstung der *Pilar* beizutragen, damit sie Nazi-U-Boote jagen konnte. *Collier's* hatte Interesse an einem Artikel bekundet. Marthas Brief zeugt im Ton davon, daß sie gegenüber Redakteuren und Verlegern allmählich zu einer neuen, entschlosseneren und selbstbewußteren Haltung fand.

104, 1 *Max Perkins:* Maxwell Perkins, Lektor bei Scribner's, hatte Martha als Autorin angenommen.

104, 6 *Das Buch: The Heart of Another,* Marthas erste Kurzgeschichtensammlung. Kritiker fanden, der Band sei enorm von Hemingway beeinflußt.

106, 22 *Bowen:* Elizabeth Bowen (1899–1973), irische Schriftstellerin von Romanen und Kurzgeschichten.

107, 5 *Kay Boyle:* Kay Boyle (1902–1992), Schriftstellerin und Europa-Korrespondentin des *New Yorker* in den späten 1940ern, aktiv in Fortschrittsbewegungen der USA.

107, 6 *Katherine Anne Porter:* Katherine Anne Porter (1890–1941), Autorin von Romanen und Kurzgeschichten aus Texas, bekannt vor allem durch *Das Narrenschiff* (1961).

107, 28 *Mr. James M. Cain und das Buch:* James M. Cain (1892–1977), amerikanischer Journalist, Drehbuchschreiber und Krimiautor, dessen Romane *Wenn der Post-*

mann zweimal klingelt und *Mildred Pierce* durch das amerikanische Kino zu Klassikern wurden. *Pus* (engl.): Eiter.

112, 11 Hemingway jagte auf der *Pilar* nach deutschen U-Booten.

118, 10 *Der Film:* Der Film *Wem die Stunde schlägt* war gerade angelaufen.

123, 9 *Miss Helburn:* Verwaltungsdirektorin der Theatre Guild, die nach dem Ersten Weltkrieg zur Förderung neuer Schauspieler und Drehbuchautoren gegründet worden war.

126, 27 *Hunnen:* MG meint Deutsche.

136, 15 *Die Geschichte von Rose Hanks:* Der Autor war Stanley Pennell, Marthas Lehrer und Freund aus St. Louis.

136, 26 *Crane:* Stephen Crane (1871–1900), bekannt durch den Roman *Die rote Tapferkeitsmedaille,* der den amerikanischen Bürgerkrieg aus der Sicht eines einfachen Soldaten schildert.

136, 28 *Lady Chatterley:* Roman des englischen Schriftstellers D. H. Lawrence (1885–1930).

141, 24 *SHAEF:* Supreme Headquarters Allied Expeditionary Force, von Ende 1943 bis zum Ende des Zweiten Weltkrieges Hauptquartier der alliierten Streitkräfte in Nordwesteuropa.

169, 8 *Ernests neues Buch: Über den Fluß und in die Wälder.*

172, 15 *Margaret Case:* Herausgeberin von *Vogue,* zur international bestgekleideten Frau des Jahres 1964 gewählt.

188, 4 *Ann Rothermere:* Frau von Lord Rothermere, Besitzer der *Daily Mail,* später verheiratet mit Ian Fleming. Sie war eine legendäre Gastgeberin.

192, 16 *Sheila:* das Kindermädchen.

194, 8 *Shim:* Shim oder Chim war der Spitzname von David Seymour, dem Fotografen, der zusammen mit Capa und Cartier-Bresson im Jahre 1947 die Fotoagentur Magnum gegründet hatte.

197, 1 *Adlai Stevenson:* Adlai Stevenson (1900–1965), Gouverneur von Illinois und enger Freund von Mrs. Roosevelt, war 1952 demokratischer Präsidentschaftskandidat. Er unterlag Eisenhower und wurde 1956 erneut von ihm geschlagen.

197, 19 *McCarthyismus:* Im Februar 1950 behauptete der republikanischer Senator aus Wisconsin, Joseph McCarthy (1909–1957), er habe die Namen von 57 »verbrieften« Kommunisten im State Department. Der McCarthyismus, die Praxis, Individuen ohne stichhaltige Beweise der Mitgliedschaft in kommunistischen Vereinigungen zu bezichtigen, schuf eine Art »rote Bedrohung« und half den Republikanern 1952 zum Wahlsieg. Stevenson hatte Martha gebeten, von den Folgen der Repressalien in Italien zu berichten.

203, 5 *Tom:* Tom Matthews, ehemaliger Chefredakteur des *Time Magazine.*

203, 27 *Olga:* Olga Gellhorn, verheiratet mit Marthas jüngerem Bruder Alfred.

211, 7 *Ich denke die ganze Zeit an Chim:* Chim, David Seymour, war nahe dem Suezkanal von ägyptischen Soldaten erschossen worden.

213, 7 *Ihre Lieblingsgeschichte:* »Bis der Tod uns scheide«.

227, 1 *Sandy Matthews:* Sandy war Toms jüngster Sohn. Zunächst kamen weder Martha noch Sandy mit der Beziehung zurecht, doch dieser Brief zeugt als einer der ersten von einer aufkeimenden Freundschaft zwischen den beiden, die mit den Jahren an Zuneigung und Bedeutung gewann. Martha schrieb Sandy in den folgenden neununddreißig Jahren Hunderte von Briefen.

231, 6 *Heute ist ein Tag, an dem man beieinander sein müßte:* Eleanor Roosevelt starb am 7. November 1962 im Alter von achtundsiebzig Jahren. Martha erfuhr am achten November – ihrem vierundfünfzigsten Geburtstag – von deren Tod. Sie hatte Eleanor 1934, an ihrem sechsundzwanzigsten Geburtstag, kennengelernt. Später schrieb Martha: »Eine Frau ihres Formats hat es in der Öffentlichkeit nicht noch einmal gegeben und wird es wahrscheinlich auch nie mehr geben.«

237, 3 *Bull Connor:* Bull Connor (1897–1973), ausgesprochener Befürworter der Rassentrennung aus Selma, Alabama, der die Hunde auf Bürgerrechtsaktivisten gehetzt hatte.

238, 6 *Ich habe es erst heute morgen gehört:* Präsident Kennedy war am 22. November in Dallas erschossen worden.

247, 1 *Meyer Levin:* Meyer Levin (1905–1981), Schriftsteller, Journalist und Dramatiker, bekannt für seinen Roman *Zwang* über den Fall Leopold und Loeb, hatte Martha sein Theaterstück über Anne Frank geschickt. Ihm waren die Rechte an dem Stück verwehrt worden, und obwohl er gegen die Produzenten eines weiteren Anne-Frank-Stücks von einer Jury Schadenersatz zugesprochen bekam, bescherte ihm der erbittert geführte Prozeß Feinde in jüdischen wie literarischen Kreisen. Meyer behauptete, benachteiligt zu werden, weil sein Stück »zu jüdisch« sei.

262, 1 *Lucy Moorehead:* eine der engsten Freundinnen von MG, Frau des Auslandskorrespondenten Alan Moorehead, Mutter von Caroline.

268, 16 *»Bis der Tod uns scheide«:* Basierend auf ihrer Freundschaft zu Robert Capa.

269, 12 *Mrs. Hapgood:* In *Aufstieg und Fall der Mrs. Hapgood* hatte sich Martha ihren Zorn über das Ende ihrer Ehe mit Tom Matthews von der Seele geschrieben.

272, 24 *Mary McCarthy:* Mary McCarthy (1912–1989), amerikanische Schriftstellerin und Frauenrechtlerin; ihr Roman *Die Clique* (1963) handelt von einer Gruppe befreundeter Kommilitoninnen am Vassar College in den 1930er Jahren.

277, 7 *Greuel von München:* Am 5. September nahmen PLO-Terroristen auf der Olympiade in München neun israelische Sportler als Geiseln und verlangten die Freilassung von 234 arabischen Häftlingen. Der Befreiungsversuch schlug fehl, 11 Israelis, 5 Terroristen und ein deutscher Polizist starben.

278, 8 *Miss Khaled:* Leila Khaled war nach einer Flugzeugentführung entlassen worden, hatte sich dann über sechs

Monate plastischer Chirurgie unterworfen, um ihr Aussehen zu verändern, bevor sie eine zweite Flugzeugentführung unternahm. Diesmal wurde sie bei der Landung der Maschine in London verhaftet, doch von Edward Heath gegen sechsundfünfzig westliche Geiseln ausgetauscht.

279, 1 *Harry Redcay Warfel:* Herausgeber von *American Novelists Today* (1973).

289, 12 *die neue schreckliche Narbe:* Anfang September 1973 war Martha die Gebärmutter entfernt worden

294, 17 *Lillian Hellman:* Lillian Hellman (1903–1984), amerikanische Theaterschriftstellerin.

294, 25 *Willy Brandt:* Willy Brandt (1913–1992), der während der Mauerkrise 1961 internationales Ansehen gewann, hatte im April 1974, nachdem sein enger Berater Günter Guillaume als ostdeutscher Spion entlarvt worden war, als Bundeskanzler zurücktreten müssen.

294, 25 *Golda Meir:* Golda Meir (1898–1978), israelische Premierministerin, war 1974, nachdem ihre Friedensbemühungen durch den vierten arabisch-israelischen Krieg blockiert worden waren, zurückgetreten.

296, 17 *Ich brauche folgende Infos:* Diese Art Fragen, regelmäßig an Freunde in der ganzen Welt verschickt, geben einen Eindruck von der Detailgenauigkeit und Recherche, die in Marthas Werk floß.

298, 7 *Lord Bangor:* Edward Ward, 7ter Vicomte Bangor (1905–1993), Reuters-Korrespondent in China und Fernost, später Antiquitätenhändler in der Londoner Portobello Road.

299, 12 *Lionel Trilling:* Lionel Trilling (1905–1875), Kritiker, Autor und viele Jahre im Lehrkörper der New Yorker Columbia University. Seine Aufsätze verbanden gesellschaftliche, psychologische und politische Reflexionen mit Literaturkritik.

302, 10 *Ein gewisser Knightley:* Philip Knightley veröffentlichte 1975 *The First Casualty* über den Reporter als Helden und Mythenbildner und spekulierte darin – wie schon viele zuvor – über die Frage, ob Capas gefeiertes Foto des gefällten republikanischen Soldaten im Spanischen Bürgerkrieg gestellt sei.

303, 3 *Dotty Parker:* Dorothy Parker (1893–1967), amerikanische Schriftstellerin, Theater- und Literaturkritikerin.

304, 14 *Mistinguett:* Die französische Kabarettsängerin Jeanne Marie Bourgeois, als »Königin von Paris« bekannt, die in den 1920er Jahren mit Maurice Chevalier im Casino de Paris sang.

305, 1 *Gary Brenner:* Emeritierter Anglistik-Professor an der Montana University und namhafter Hemingway-Experte.

308, 1 *Moshe Pearlman:* Moshe Pearlman, israelischer Historiker und Autor einer Reihe von Büchern über den Staat Israel und das Heilige Land.

308, 8 *Das Ereignis an sich:* Am frühen Morgen des 4. Juli 1976 brachten drei Hercules-Transportflugzeuge israelische Kommandos von Tel Aviv nach Uganda, um 103 überwiegend jüdische Geiseln zu befreien, die von pro-palästinensischen Entführern festgehalten wurden. Auf dem Flughafen Entebbe starben alle sieben Flugzeugentführer, 20 ugandische Soldaten und drei Geiseln.

312, 1 *George Plimpton:* George Plimpton (1927–2003), Herausgeber und Mitbegründer der *Paris Review,* hatte Martha aufgefordert, einen Artikel zu kommentieren, den Stephen Spender für die Zeitschrift geschrieben hatte. Darin beschrieb Spender ein Mittagessen in der Brasserie Lipp in Paris in den 1930er Jahren, an dem sowohl Hemingway als auch Martha teilgenommen hätten und bei dem sich Spenders Frau Inez geweigert habe, Kalbsbries zu essen, darauf von Hemingway als »Memme« beschimpft worden sei, der dann fortgefahren habe zu berichten, er habe die »Memme« Martha geheilt, indem er sie in Madrid jeden Morgen vor dem Frühstück ins Leichenschauhaus mitgenommen habe.

315, 3 *Miss McCarthy:* In der Dick Cavett Show in den USA hatte Mary McCarthy behauptet, jedes von Lillian Hellman geschriebene Wort sei »eine Lüge, einschließlich ›ist‹ und ›und‹«.

321, 1 *Gip Wells:* 1983 brachte H. G. Wells' Sohn Gip das in den 1930er Jahren geschriebene und nie veröffentlichte »Postskript« seines Vaters zu dessen Autobiographie heraus. Darin führt Wells Martha als eine der »Frauen, die ich geküßt, umworben, umarmt und gehabt habe« auf – was Martha vehement bestritt. Bevor er *On Loves and the Shadow-Lover* herausbrachte, zeigte Gip Wells Martha das Manuskript. Martha schrieb: »All die Märchen über Hemingway reichen schon, einem das Leben zu verdüstern. Da brauche ich nicht auch noch H. G.«

325, 6 *Dieses schreckliche Hemingway-Frauen-Buch: Die Frauen Hemingways. Die ihn geliebt haben – Ehefrauen und andere* von Bernice Kert.

327, 21 *Sport-Aid-Woche:* Nach den Live-Aid-Konzerten im Juli 1985 gegen die Hungerkatastrophe in Äthiopien organisierte der Sänger Bob Geldof Sport Aid, womit er dreißig Millionen Menschen in 132 Ländern dazu brachte, Geld für die Hungernden in Afrika zu erlaufen.

332, 2 *Rebecca:* Rebecca West (1892–1983), britische Schriftstellerin und Journalistin. Victoria Glendinning hatte 1987 ihre Biographie herausgebracht – *Rebecca West: Ein Leben.*

334, 18 *Vargas Llosa:* Mario Vargas Llosa, peruanischer Romancier, Drehbuchautor und Essayist, geboren 1936.

340, 5 *Primo Levi: Ist das ein Mensch?*, 1947 in Italien veröffentlicht, Levis Bericht seiner Zeit in Auschwitz.

342, 14 *... und in eine halbwegs menschliche Gestalt zurückfinden:* Leonard Bernstein starb ein Jahr später, am 14. Oktober 1990.

346, 1 *Milton Wolff:* Milton Wolff (1915–2008), Kommandant im Spanischen Bürgerkrieg, später Friedensaktivist und Buchautor. In den 1980er Jahren hatten er und MG wieder an ihre alte Freundschaft angeknüpft.

346, 22 *Helen Hayes:* Helen Hayes (1900–1993), US-Schauspielerin, die mit sechs zu schauspielern anfing.

354, 5 *Trollope:* Anthony Trollope (1815–1882), englischer Schriftsteller, dessen Biographie Glendinning 1992 herausbrachte.

357, 5 *Krauts: Granta* 42, 1. Dezember 1992. Marthas Beitrag hatte den Titel: »*Ohne mich*: Weshalb ich nie wieder nach Deutschland zurückkehren werde«.

364, 15 *Der Mord an Rabin:* Jitzchak Rabin (1922–1995), Generalstaabschef der israelischen Streitkräfte, Verteidigungsminister, 1974–1977 sowie 1992–1995 Ministerpräsident von Israel, ausgezeichnet mit dem Friedensnobelpreis, wurde am 4. November 1995 bei einer Friedenskundgebung von einem jungen israelischen Extremisten ermordet.

367, 6 *Bara-Geschichte:* »Bis der Tod uns scheide«.

370, 20 *Edith Wharton:* Edith Wharton (1862–1937), amerikanische Schriftstellerin, vor allem bekannt durch ihren Roman *Zeit der Unschuld*, für den sie 1920 den Pulitzerpreis erhielt.

371, 13 *Deine Vita:* Victoria Glendinning, *Vita Sackville-West: eine Biographie* (1990); Vita Sackville-West (1892–1962), englische Schriftstellerin und Gartengestalterin, Vorbild für Virginia Woolfes *Orlando*.

373, 12 *Ian Jack:* Herausgeber von *Granta*. Der Artikel erschien schließlich im *London Review of Books*.

Register

Inhalt

Afrika und Vietnam 1963–1974   235

Ein Leben in Freundschaft 1974–1998   291

Anhang

Danksagung

Ganz besonders möchte ich mich bei Sandy Matthews, Marthas Stiefsohn und dem Gellhorn Literary Estate für die Erlaubnis zur Publikation der vorliegenden Auswahl von Martha Gellhorns Briefen bedanken. Sowohl Sandy als auch seine Ehefrau Shirlee waren mir in jeder Phase des Projektes eine große Hilfe. Dank auch an Alfred Gellhorn, Marthas Bruder, und Sandy Gellhorn, Marthas Adoptivsohn, für ihre Hilfe und dafür, daß ich einige der vielen an sie gerichteten Briefe verwenden durfte.

Der größte Teil von Marthas gewaltigem Briefverkehr ist im Howard Gotlieb Archival Center der Boston University zu finden. Ich danke dem verstorbenen Dr. Gotlieb und seinen Mitarbeitern für ihre Unterstützung während meiner vielen Besuche in Boston. Die vorliegende Auswahl von Briefen hätte ohne ihre Hilfe nicht zusammengestellt werden können. Sie beinhaltet insbesondere Marthas Briefe an folgende Personen: Edna Gellhorn, Campbell Bennett, John Gunther, Averell Harriman, Alexander Woollcott, Bill und Annie Davis, Gip Wells, H. G. Wells, Nelson Algren, Robert Sherrod, Adlai Stevenson, Evelyn Gendal, Iris Origo, Alvah Bessie, Levin Meyer, Virginia Deutsch, Winifred Hill, Daniel Ellsberg und Valerie Forman.

Ebenfalls bedanken möchte ich mich bei: Susan Wrynn, der Hemingway-Kuratorin in der JFK-Bibliothek in Boston, für die Briefe Marthas an Ernest Hemingway und an William Walton; AnnaLee Pauls und Margaret Rich von der Special Collections Library der Princeton University für die Briefe an Charles Scribner, Max Perkins und William Walton; den Mitarbeitern der Franklyn Roosevelt-Bibliothek im Hyde Park, New York, für die Briefe an Eleanor Roosevelt; der Bibliothek des Eton College für die Briefe an Lady Diana Cooper; Jane Bernstein und der Library of Congress für die Briefe an Leonard Bernstein; Rob Grover für die Briefe an seinen Vater Allen Grover; Agi Paloczi-Horvath für die Briefe an sie selber und ihren Ehemann George; David Pearlman für die an seinen Bruder Moshe geschickten Briefe; Sybille Bedford und dem Harry Ransom

Humanities Research Center der University of Texas in Austin für die Briefe an Sybille Bedford; Fiorella Superbi vom Harvard University Center for Italian Renaissance Studies in der Villa I Tatti in Florenz für die Briefe an Bernard Berenson; Marsha Presnell für die Briefe an ihren Ehemann Robert; Hugues de Jouvenel für die Briefe an seinen Vater Bertrand; beim Departement of Rare Books and Special Collections der University of Louisville, Kentucky, für die Briefe an Hortense Flexner und Wyncie King; bei der Manuscripts and Archives Division der New York Public Library für die Briefe an die Zeitschrift Collier und an deren Herausgeber.

John Hatt, James Fox, Bill Buford, Victoria Glendinning, Betsy Drake, Nikki Dobskri, Rosie Boycott, George Feifer, Bernard Perlin, Ruth and Sol Rabb, Nicholas Shakespeare, Raleigh Trevelyan, Milton Wolff und Mary Blume waren so freundlich mich einige der an sie über die Jahre verfassten Briefe Marthas benutzen zu lassen. Auch bei ihnen möchte ich mich herzlich bedanken.

Und wie immer danke ich auch Penny Hoare und Patrick Hargadon von Chatto & Windus, Vanessa Mobley und Jennifer Barth von Henry Holt sowie meiner Agentin Clare Alexander.

Zur Autorin, zur Herausgeberin, zur Übersetzerin und zu der Verfasserin des Nachworts

Martha Gellhorn wurde am 8. November 1908 in St. Louis geboren. Sie studierte in Bryn Mawr, ging 1930 nach Paris. 1937 folgte sie Ernest Hemingway in den Spanischen Bürgerkrieg. Bis zum Ende des Kalten Krieges war sie bei jedem wichtigen internationalen Konflikt an vorderster Front dabei, um als Kriegsreporterin darüber zu berichten. Martha Gellhorn starb auf eigenen Wunsch am 16. Februar 1998 im Alter von 90 Jahren in London. In deutscher Übersetzung erschienen zuletzt ihre Erzählbände *Paare* (2007), *Muntere Geschichten für müde Menschen* (2008) und *Das Wetter in Afrika* (2008).

Caroline Moorehead, angesehene Autorin mehrerer Biografien, verfaßte bereits eine Biografie über Martha Gellhorn, bevor sie die vorliegenden Briefe herausgab.

Miriam Mandelkow, 1963 in Amsterdam geboren, arbeitet als Übersetzerin. Sie übersetzte u. a. Patrick Hamilton und Michael Frayn. Sie lebt in Hamburg und in Arkadien, Griechenland.

Sigrid Löffler hat viele Jahre für das Nachrichtenmagazin *profil* gearbeitet. Sie war Mitglied des Literarischen Quartetts im ZDF und Feuilletonchefin der *Zeit.* 2000 begründete sie *Literaturen* und war bis Ende 2008 deren Herausgeberin. 1989 führte Sigrid Löffler ein langes Interview für *profil* mit Martha Gellhorn.